國家古籍整理出版專項經費資助項目

教育部人文社會科學重點研究基地重大項目（2009JJD770035）

寧夏大學『二一一』工程重點學科建設項目

甘肅省古籍文獻整理編譯中心重大整理項目

中國藏黑水城民族文字文獻

塔拉 杜建録 高國祥 主編

天津古籍出版社
天津出版传媒集团
中華書局

圖書在版編目:（CIP）數據

中國藏黑水城民族文字文獻/塔拉,杜建録,高國祥主編.--天津:天津古籍出版社,2013.12
ISBN978-7-5528-0187-3

Ⅰ.①中…Ⅱ.①塔…②杜…③高…Ⅲ.①出土文物-少數民族-文獻-介紹-額濟納旗Ⅳ.①K877.9

中國版本圖書館CIP數據核字(2013)第215930號

責任編輯：楊蓮霞　李寧

封面設計：五涼設計室

ISBN 978-7-5528-0187-3

書　　名　中國藏黑水城民族文字文獻
著　　者　塔　拉　杜建録　高國祥　主編
出 版 人　張　瑋

出　　版　中華書局　天津古籍出版社
發　　行　天津古籍出版社（天津市西康路35號）
銷售電話　022-23517902　23332341
郵　　編　300051
網　　址　http://www.tjabc.net
電子郵箱　huaiwenmu@163.com

甘肅省古籍文獻整理編譯中心（甘肅省蘭州市第一新村81號）
銷售電話　0931-8124248　8124165
郵　　編　730030
網　　址　http://www.ch5000.cn
電子郵箱　gswul2000@163.com

國內總經銷　新華書店
印　　刷　蘭州大衆彩印包裝有限公司

開　　本　787毫米×1092毫米　1/8
印　　張　45.75
版　　次　2013年12月第1版　2013年12月第1次印刷

書　　號　ISBN978-7-5528-0187-3
定　　價　2200.00圓

編輯單位：

內蒙古自治區博物院
寧夏大學西夏學研究院　編
甘肅省古籍文獻整理編譯中心

學術顧問：

饒宗頤　香港中文大學教授

宿　白　北京大學教授

蔡美彪　中國社會科學院研究員

李學勤　中國社會科學院研究員

史金波　中國社會科學院研究員

照那斯圖　中國社會科學院研究員

統稿：
高國祥　杜建録
文獻擬題：
段玉泉
編輯（按姓氏筆畫排序）：
王麗鶯　朱玉君　段玉泉
高　娃　霍海珊
特邀編輯：
李民發
技術處理：
五涼設計室

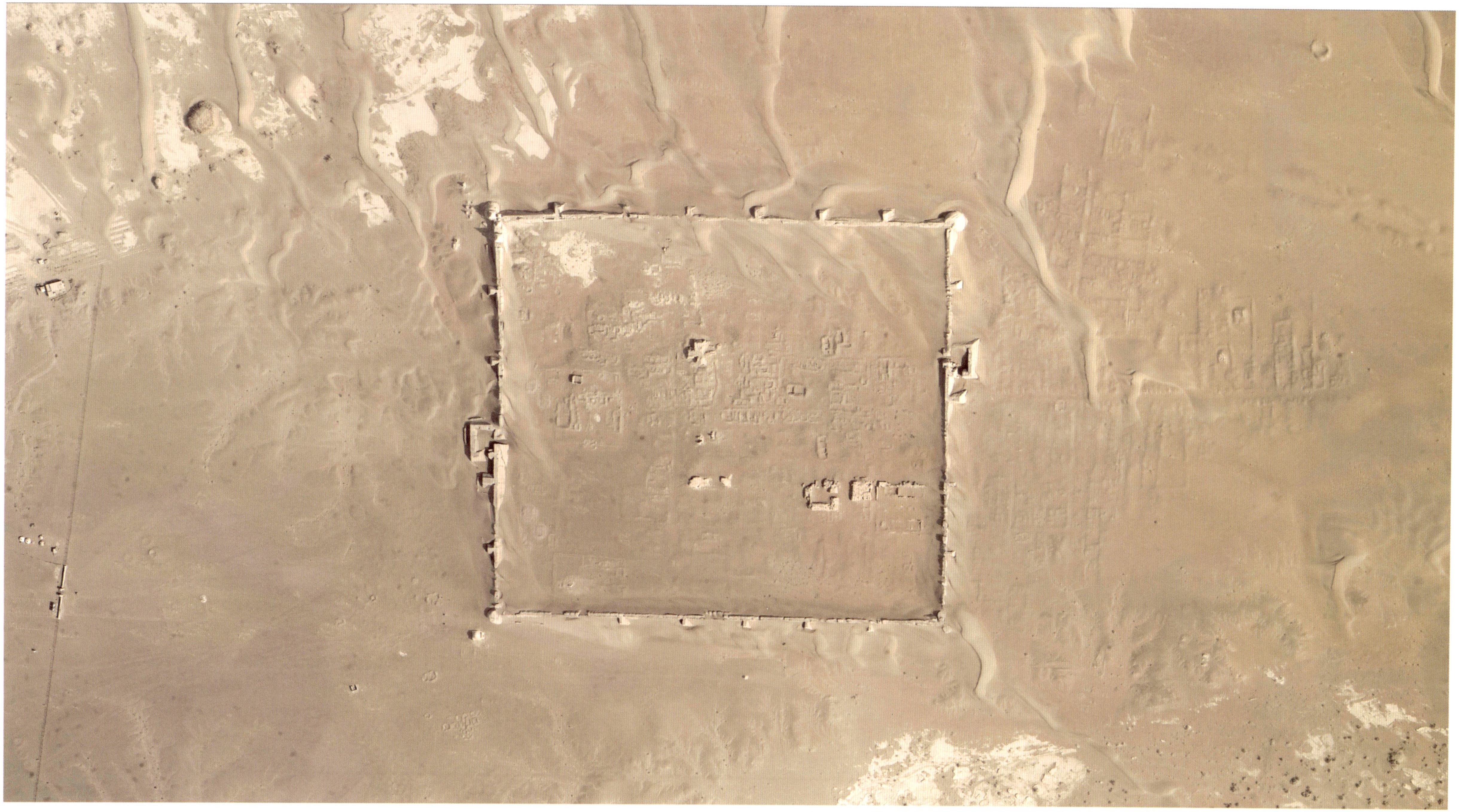

黑水城遺址鳥瞰圖

中國國家博物館遥感與航空攝影考古中心
內蒙古自治區文物考古研究所
中測新圖（北京）遥感技術有限公司
聯合攝製

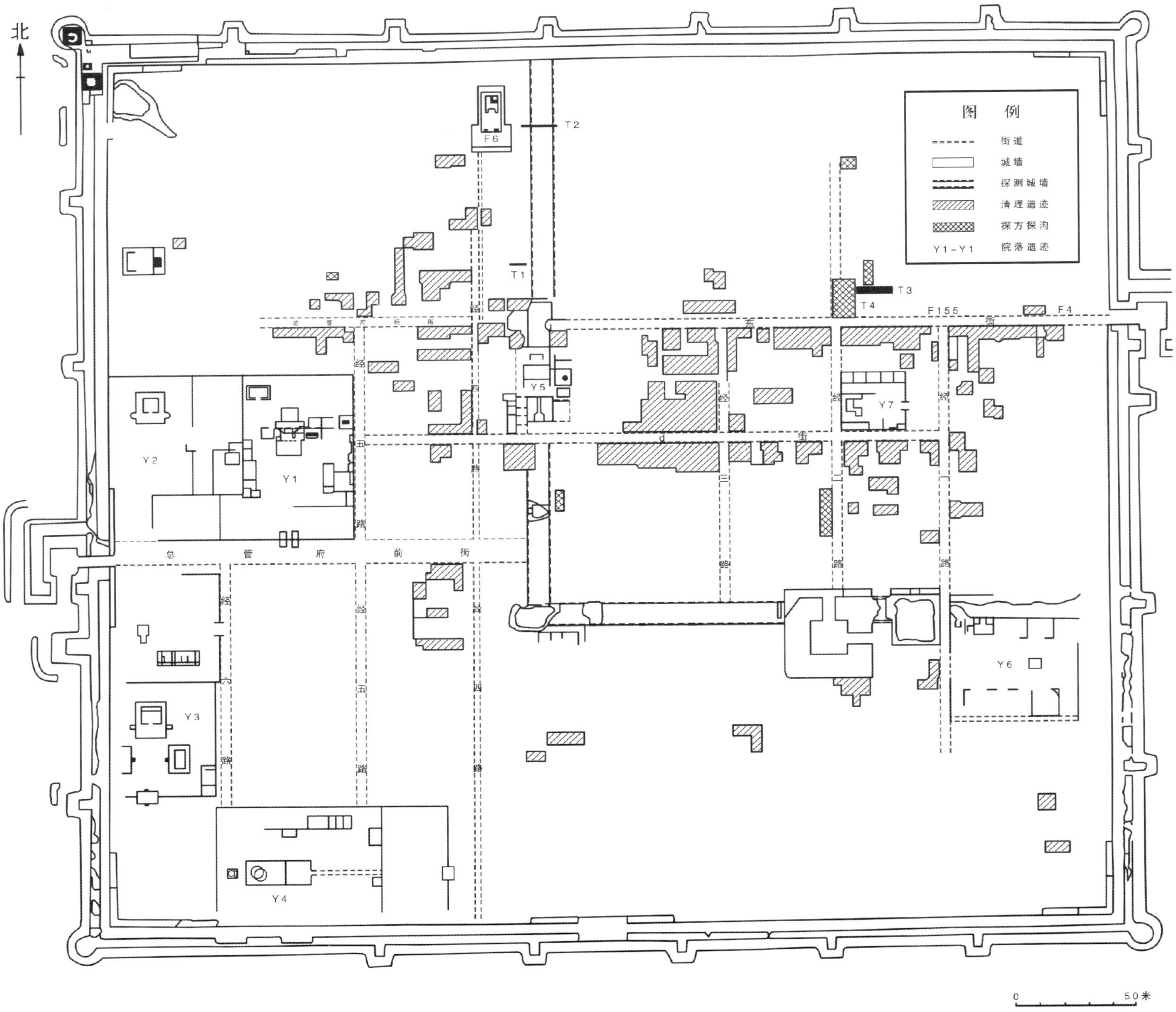
北
图　例
街道
城墙
探测城墙
清理遗迹
探方探沟
Y1－Y1
院落遗迹
F6
T1
T2
T3
T4
F155
F4
Y1
Y2
Y3
Y4
Y5
Y6
Y7
总管府前街
0
50米

黑水城遺址平面圖

前　言

一、黑水城與黑水城文獻的發現

黑水城位於今内蒙古自治區額濟納旗達賴庫布鎮東南約二十五千米的荒漠中，歷史上這裏曾是一片宜於耕牧的緑洲。發源於祁連山的黑水（古稱『弱水』）流經這裏，灌溉着兩岸的農田草場。西夏立國後，在此設置黑水監軍司，作爲北方的軍事重鎮。西夏寶義元年（公元一二二六年），蒙古大軍攻破黑水城，元世祖至元二十三年（公元一二八六年）在此設亦集乃路總管府，歸甘肅行省管轄。『亦集乃』爲『黑水』的西夏語稱呼，『亦集』意即『水』，『乃』意即『黑』。元朝沿用西夏舊稱，仍名『亦集乃』，後世異稱爲『額濟納』。元亡以後，黑水改道西移，草場農田淪爲沙丘，城郭隨之廢棄。

没有河水灌溉的黑水城周圍，當代年降雨量不足二十毫米，而年蒸發量在三千毫米以上，夏季最高温度達攝氏四十五度左右，冬季最低温度在攝氏零下二十度左右，夏秋之交日温差約攝氏三十度，常年有五六級大風[一]。正是這種極度幹旱的内陸性沙漠氣候，使埋在地下的文書得以幸存下來。

據一九八三年、一九八四年内蒙古自治區考古隊的調查，黑水城遺址有大城和小城之分，大城套着小城，小城爲西夏黑水古城，東、北墻與大城套合，大城爲元朝擴建，從西、南兩面進行了延伸。小城呈方形，邊長二百三十

註釋：

〔一〕李逸友：《黑城出土文書》（漢文文書卷），科學出版社一九九一年版，第三頁。

八米，墻基寬九點三米，夯層零點零八米。正南開城門，有瓮城、馬面、角臺等設施。大城城垣基本完好，東西長四百二十一米，南北長三百七十四米，墻基寬十二點五米，頂殘寬四米左右，殘高十米左右。東、西墻各開城門，相互對錯。東門偏北，約在原西夏城東墻中，當屬西夏時期的城門。西門偏南，爲元朝在新築的城墻所開之門。城門外拱衛正方形瓮城，城墻四周設十九個馬面，城西北角矗立着佛塔群〔一〕。城内街道、官衙、寺廟、店鋪、民居皆有遺存，亦集乃路總管府位於西城，總管府前街直對着西城門。

黑水城廢棄五百多年後，一九〇八年四月，由俄國皇家地理學會會員科兹洛夫大佐率領的探險隊穿過外蒙古草原，進入内蒙古地區，打算長途跋涉去青藏高原進行所謂的『中亞細亞』考察。當他們途經額濟納旗時，聽到黑水城内埋藏有大批金銀珠寶的傳説，於是暫時放棄了原定計劃，在黑水城停了下來，尋找挖掘，盗走大批珍貴文物。一九〇九年五月，科兹洛夫再次返回黑水城，挖出更多的文獻與文物，用駱駝運到聖彼得堡，現藏俄羅斯科學院東方學研究所聖彼得堡分所與艾爾米塔什博物館（即冬宫博物館）。俄藏黑水城文獻有西夏文、漢文、古藏文、蒙古文、回鶻文等多種民族文字類型，其中，西夏文文獻數量最多，約佔百分之九十，漢文文獻次之，不足百分之十。由於俄藏黑水城文獻主要是西夏文文獻，人們往往把它和西夏文文獻等同起來。這裏要特别指出的是，科兹洛夫不是考古發掘，他没有做考古學記録，極大地破壞了地層關係，給黑水城考古研究留下了無法挽回的損失。

一九一四年，英國人斯坦因步科兹洛夫後塵，也到黑水城尋找挖掘，得到了不少西夏遺物〔二〕，現藏大英博物館。一九二七年中瑞（瑞典）中國西北科學考察團到達内蒙古時，中方團員黄文弼考察了額濟納旗黑水城及附近遺址，在城内採集到數百件文書，現藏中國社會科學院考古研究所，這是中國人第一次考察黑水城〔三〕。新中國成立後，黑水城所在的額濟納旗先後歸屬甘肅省和内蒙古自治區，兩省區文物考古部門先後對黑水城進行了多次調查發掘。一九六二年和一九六三年，内蒙古自治區文物工作隊調查古居延時，在黑水城採集到少量文書〔四〕

註釋：

〔一〕内蒙古文物考古研究所、阿拉善盟文物工作站：《内蒙古黑水城考古發掘紀要》，《文物》一九八七年第七期。

〔二〕向達：《斯坦因黑水獲古記略》，《國立北平圖書館館刊》四卷三號『西夏文專號』。

〔三〕徐旭生：《徐旭生西游日記》，寧夏人民出版社二〇〇〇年版。

〔四〕内蒙古文物工作隊：《額濟納旗沙漠中古廟清理記》，《内蒙古文物考古》一九八一年創刊號。

現藏內蒙古自治區博物館；一九七六年和一九七九年，甘肅省文物工作隊兩次到黑水城調查，分別採集到少量文書〔一〕，現藏甘肅省博物館。一九八三年經國家文物局批准，並下撥專款，由內蒙古自治區文物考古研究所會同阿拉善盟文物工作站對黑水城遺址進行了大規模的考古發掘。經一九八三年和一九八四年兩次發掘，基本上將全城勘察完畢，重點發掘面積一萬一千平方米，揭露出房屋基址二百八十多處，探明了古城的佈局和沿革。出土三千多件文書，主要是漢文文書，約佔四分之三以上，其餘爲西夏文、畏兀爾蒙古文、八思巴蒙古文、古藏文、亦思替非字、古阿拉伯文等多種民族文字文書，現藏內蒙古自治區文物考古研究所〔二〕。我們整理出版的黑水城民族文字文獻主要是這兩次考古發掘所獲，少量是近二十年來當地文物管理部門陸續採集到的殘件。一九八三年至一九八四年，內蒙古自治區文物考古研究所與阿拉善盟文物工作站在黑水城發掘的西夏文文獻，在《中國藏西夏文獻》『內蒙古編』中整理出版〔三〕，漢文文獻在《中國藏黑水城漢文文獻》出版〔四〕。

二、中國藏黑水城民族文字文獻的種類與數量

目前所見內蒙古藏黑水城民族文字文獻三百〇五件，其中：回鶻式蒙古文文書八十五件；八思巴文文書五十三件；古藏文文書四十一件；阿拉伯文文書十八件；回鶻文文書十七件；敘利亞文文書十七件；梵文文書二件；西夏文文書五十件（其中額濟納旗緑城出土四十五件）〔五〕；托忒蒙古文文書二十二件。

註釋：

〔一〕陳炳應：《黑城出土的一批元代文書》，《考古與文物》一九八三年第一期。

〔二〕內蒙古自治區文物考古研究所、阿拉善盟文物工作站：《內蒙古黑水城考古發掘紀要》，《文物》一九八七年第七期。

〔三〕寧夏大學西夏學研究中心、國家圖書館、甘肅省古籍文獻整理編譯中心編輯，史金波、陳育寧主編：《中國藏西夏文獻》，甘肅人民出版社、敦煌文藝出版社二〇〇五年至二〇〇七年版。

〔四〕內蒙古自治區文物考古研究所、寧夏大學西夏學研究中心、甘肅省古籍文獻整理編譯中心編輯，塔拉、杜建録、高國祥主編：《中國藏黑水城漢文文獻》，國家圖書館出版社二〇〇八年版。

〔五〕緑城和黑水城同處黑水地區，這裏出土的四十五件西夏文獻尚未公佈，故予以刊佈，以饗讀者。

三、國内外研究回顧

黑水城文獻的發現，引起了學術界的極大關注，但和夏、漢文字文獻研究相比較，民族文字文獻的研究略顯冷清。造成這種狀況的原因，一是材料數量較少，二是材料皆爲殘片，三是材料獲見不易。儘管如此，經過學界近一個世紀斷斷續續的整理研究，我們大體上摸清了這批材料的基本情況。

在這些民族文字文獻中，最早受學界關注的是蒙古文文獻。一九〇九年，在黑水城所獲物品運回俄羅斯後不久，科兹洛夫就開始其考察記的撰寫，在考察記中，他用到了波蘭傑出的東方學家科特維奇（W.Kotwicz，一八七二年至一九四四年）爲該書專門所作的對蒙古文文書的初步分析，這些蒙古文文書共有十七個編號〔一〕。三十多年後，一九五四年，普齊柯夫斯基發表《蘇聯科學院東方學研究所藏有蒙古文寫本及印本文獻》（《東方學研究所學術備忘録》，第九卷，一九五四年，第九〇至一二七頁），簡單地介紹了這批文獻，並公佈了其中一件契約文書G106的圖片。次年，F.W·柯立夫利用這一圖片發表了《黑水城出土一件早期蒙古文借貸文契》（《哈佛大學亞細亞研究學報》，第十八卷，一九五五年，第一至五三頁），對G106圖片進行了詳細的介紹、翻譯和註釋，這應該算是對這批蒙古文文書真正的解讀與研究了。又經過了很長一段時間的沉寂，一九七〇年，N.TS·孟庫耶夫發表了《黑水城出土兩件蒙古文印刷品殘片》（載李蓋提主編《蒙古學研究》，布達佩斯，一九七〇年，第三四一至三五七頁），對其中兩件回鶻式蒙古文印刷品殘片（G110與G111）進行了釋讀、轉寫、翻譯與註解，並認爲：殘片一（G110）大概就是《大元通制》蒙譯本『入官』條下有關各類官員及其責任和義務方面的内容；殘片二（G111）好像是一張紙的上半截，顯然是一本書的殘頁，殘存文字七行（無一完整）。關於殘片二，孟庫耶夫没有進一步地説明這是一件什麽性質的文書。二〇〇三年，G.卡拉發表了《東方學研究所聖彼得堡分所收藏哈喇浩特及西域出土中世紀蒙古文文獻研究》。在這部著作中，卡拉教授對黑水城出土的十七件蒙古文書中的十六件以及克洛特可夫收

註釋：

〔一〕該書原文爲俄文，科兹洛夫著，一九二三年出版，因此至少在此之前科特維奇就已經接觸這批文書了。其漢譯本見王希隆、丁淑琴譯《蒙古、安多和死城哈喇浩特》，蘭州大學出版社二〇〇二年版。

藏的一件西域所獲文書（G120）逐一介紹、轉寫、翻譯和評註，並且附上了全部的圖版。這一著作於二〇〇六年由敖特根先生翻譯成了漢文。這是目前爲止對俄藏黑水城出土蒙古文文獻的一個最全面的研究。

與俄藏黑水城出土蒙古文文獻祇有十七件相比，內蒙古藏黑水城出土蒙古文文獻數量相對豐富一些。這批文獻隨同大批的漢文及西夏文文獻由內蒙古文物考古研究所和阿拉善盟文物工作站於一九八三年、一九八四年從黑水城獲取。其中漢文文書的一部分由李逸友先生領銜整理，於一九九〇年以《黑城出土文書（漢文文書卷）》一書刊佈。這祇是內蒙古額濟納旗黑水城考古報告之一，按原計劃還應該有『西夏文文書卷』、『蒙古文文書卷』。『西夏文文書卷』由史金波先生初步過目，並列出了其中幾部佛教文獻的名稱〔一〕；『蒙古文文書卷』則交由內蒙古大學亦鄰真教授整理。由於李逸友先生及亦鄰真教授的先後辭世，此事不了了之。此後其西夏文文獻部分納入寧夏大學西夏學研究中心整理出版的《中國藏西夏文獻·內蒙卷》中刊佈。蒙古文部分則受到了日本學者吉田順一等的關注，一九九五年，吉田順一和井上治確認了這些蒙古文文書保管在亦鄰真教授手裏的事實，就開始了早稻田大學和內蒙古大學的合作研究。這一合作歷經十餘年，最後的研究成果爲《ハラホト出土モンゴル文書の研究》〔二〕。這一成果雖然以蒙古文（モンゴル）文書爲題，但實際上並不限於蒙古文文書，還包括回鶻文文書、藏文文書、西夏文文書、梵文文書、阿拉伯文文書、敍利亞文文書，這些民族文字文書涉及了突厥語、藏語、西夏語、梵語、阿拉伯語、波斯語、敍利亞語等。就蒙古文文書而言，該書公佈了一百〇一件回鶻式蒙古文和七十一件八思巴文的影印件資料。並對其中的八十六件文書進行較爲細致的考釋，分『契約文書』、『行政文書』、『宗教文書』三個類別編排，每篇文書的考釋包括文書尺寸的簡單介紹、轉寫與翻譯、註釋、解説幾個部分。經過這一研究，除了那些破損較爲嚴重的殘頁、殘片外，多數保存較爲理想的殘頁、殘片皆已獲得解讀。

此外，還有一些關於黑水城出土蒙古文文獻的單篇研究。二〇〇八年，照那斯圖先生在『遼夏金元歷史文獻國際學術研討會』上宣讀了一篇題爲《黑城出土文獻所鈐一方元國書官印譯釋》的文章。這方官印由八思巴文刻成，

註釋：

〔一〕史金波：《西夏佛教史略》之『附録三』，寧夏人民出版社一九八八年版，第三九三頁。

〔二〕吉田順一・チメドドルジ：《ハラホト出土モンゴル文書の研究》，日本雄山閣二〇〇八年版。

在多件漢文文獻中可見。照那斯圖考證出這方印的内容是：『河西隴北道肅政廉訪司分司印』〔一〕。在同一會議上，日本學者鬆川節也提交了一篇蒙古文寫本的介紹文章，題爲《黑水城出土的蒙古文寫本》〔二〕。

黑水城出土民族文字文獻中，受到較多關注的還有藏文文獻。俄藏黑水城出土藏文文獻的最早介紹見Michail Piotrovsky 主編的《絲路上消失的王國——西夏黑水城的佛教藝術》一書〔三〕。書中專設一節刊登了Lev Savitsky介紹俄羅斯科學院東方學研究所收藏的黑水城出土古藏文文獻〔四〕，其中涉及了XT-5、XT-16b、XT-21、XT-23、XT-67 五件文獻（含二件護輪）。二〇〇四年，日本學者白井聡子對XT-67 號文獻做了詳細的研究，提出這一文獻包括三個部分，並將其中的《大悲心經》與《西藏大藏經》中的'phags pa spyan ras gzigs dbang phyug thugs rjechen po'i gzungs phan yon mdor bsdus pa zhes bya ba'同定，且認爲與漢文大藏經中的《千手千眼觀世音菩薩廣大圓滿無礙大悲心陀羅尼經》的簡本相應〔五〕。松澤博先生在《大悲心經》部分斷片的研究過程中就利用到了白井聡子對XT67 號的轉寫〔六〕。二〇〇五年，史金波先生在《最早的藏文木刻本考略》一文中也比較詳細地提到了這一文獻，並根據黃明信先生的判斷，指出第十九頁有經名《頂髻尊勝佛母陀羅尼功德依經攝略》〔七〕。此後，沈衛榮先生完成了他關於漢、藏文本《大悲心經》比較研究的論文，明確了這份文書實際上就是俄藏黑水城漢文文書TK164、165 號的藏文版，並對白井聡子提出的『三部佛經』之説進行了修改，這三部分實際上包括的是《大悲心經》、《尊勝經》以及《御製後序發願文》〔八〕。二〇〇八年十月在北京召開的國際藏學研討會上，史金波先生對俄藏藏文文獻進行了一個全面概括，他提到俄藏的藏文文獻有七十多種，這些藏文文獻中有數量不多的世俗文獻。如XT-4，爲契約殘

註釋：

〔一〕文載聶鴻音、孫伯君編《中國多文字時代的歷史文獻研究》，社會科學文獻出版社二〇一〇年版，第三三三至三三九頁。

〔二〕Takashi MATSUKAWA,'Mongolian Manuscriptsfrom Khara-khoto'，文見上揭書，第三四〇至三四五頁。

〔三〕Michail Piotrovsky:*Lost Empireofthe Silk Road Buddhist Artfrom Khara Khoto*(*X-XIIthCentury*),Milan:Elcta,1993.該書漢譯本由許洋主翻譯，見《絲路上消失的王國——西夏黑水城的佛教藝術》，臺灣歷史博物館一九九六年版。

〔四〕LevSavitsky：《俄羅斯科學院東方研究所收藏的黑水城出土的十一、十二世紀古西藏文件》，見上揭書，第二七〇至二七八頁。

〔五〕白井聡子：《ロシア蔵チベット語袖珍本について》(1)，《京都大學言語學研究》第二十三卷，二〇〇四年，第一六七至一九〇頁。

〔六〕松澤博：《敦煌出土西夏語佛典研究序説》(四)，第六八至八六頁。

〔七〕史金波：《最早的藏文木刻本考略》，《中國藏學》二〇〇五年第四期，第七五至七六頁。

〔八〕沈衛榮：《漢、藏文版〈聖觀自在大悲心總持功能依經録〉之比較研究以俄藏黑水城漢文 TK164、165 號、藏文 X67 號文書爲中心》，『第五屆中華國際佛學會議(臺北)』論文，二〇〇六年。

頁；XT–7，爲私人信件；XT–8，爲有畫押的收據；XT–9，爲物品清單；XT–31，似爲詩文；XT–35，爲苯教醫學殘頁。但絶大多數是西夏時期藏文佛教經典。如XT–16，爲《聖勝慧到彼岸功德寶集偈》；XT–67，第十九頁有經名《頂髻尊勝佛母陀羅尼功德依經攝略》；XT–40，爲《般若經》；另有一些爲藏密經典，如XT–66、XT–20等〔一〕。同年十一月，蘇航先生在『遼夏金元歷史文獻國際研討會』上對XT–16號文獻進行了較爲詳細的探討，提出黑水城出土的藏文本《聖勝慧到彼岸功德寶集偈》與房山雲居寺本有所不同，應該就是通常所説的白則譯本〔二〕。英國國家圖書館也收藏有不少黑水城出土藏文殘片，W.Thomas曾在《斯坦因三探藏文文書》（Stein Tibetan Third Expedition）中做過編目，惜未公開出版。國内收藏的黑水城出土藏文文獻，《ハラホト出土モンゴル文書の研究》一書介紹的藏文文獻祇有五件，這一部分由武内紹人、石濱裕美子考釋，考釋方法同上，認爲這些文書是藏傳佛教的聽聞録〔三〕。

《ハラホト出土モンゴル文書の研究》一書刊佈的回鶻文文書共十六件，皆爲突厥語文獻，内容涉及契約、税收、商品交易、書信及佛教經典。阿拉伯文文書十七件，其中記録阿拉伯語的三件、波斯語十件、突厥語三件，内容涉及行政文書、内扎米的波斯文叙事詩《霍斯陸與西琳》以及有關伊斯蘭教神秘主義斯非的書之一部分。叙利亞文文書十一件，其中叙利亞語一件、夾雜叙利亞語的突厥語十件，内容多是基督教方面的文書。在俄藏黑水城文獻中，還發現有幾件女真文文獻。一九六九年，克恰諾夫先生等人合作發表了《紙抄女真文的首次發現》，對俄藏No.3775–1和No.3775–2兩件女真文殘頁進行了部分介紹和釋讀〔四〕。二〇〇八年，孫伯君發表了《聖彼得堡藏女真文草書殘頁匯考》，除對No.3775–1、No.3775– 2兩件文書作了更進一步的釋讀之外，還補充釋讀了新發現的四件文獻第5827、第799、第6348、第836號〔五〕。

註釋：

〔一〕史金波：《俄羅斯聖彼得堡東方學研究所藏黑水城出土藏文文獻簡介》，『二〇〇八北京藏學討論會』會議論文。

〔二〕蘇航：《西夏時期的〈聖勝慧到彼岸功德寶集偈〉版本研究：以黑水城出土藏文文獻XT16及相關藏、漢、西夏文文獻爲核心》，聶鴻音、孫伯君編《中國多文字時代的歷史文獻研究》，社會科學文獻出版社二〇一〇年版，第七五至一〇三頁。

〔三〕吉田順一·チメドドルジ：《ハラホト出土モンゴル文書の研究》，日本雄山閣二〇〇八年版，第二〇〇至二〇八頁。

〔四〕Д·卡拉、·E.N克恰諾夫、B·C·斯塔裏科夫：《紙抄女真文的首次發現》，原載《一九六九年東方文獻遺存·歷史語言研究》，莫斯科：一九七二年版，第二二三至二二八頁，姚鳳漢譯文見《北方文物》一九八五年第二期。

〔五〕孫伯君：《聖彼得堡藏女真文草書殘葉匯考》，《北方文物》二〇〇八年第三期。

四、歷史文獻學與版本學價值

黑水城民族文字文獻主要集中西夏、蒙元時期，其中以蒙元時期文書數量最多，爲研究西夏、蒙元史提供了珍貴的史料。

以契約文書爲例，黑水城漢文文獻中有數量可觀的契約文書，涉及借糧、貸錢、婚書、雇身、租賃等，極大地豐富了我們對夏元時期民間契約的認識。民族文字文獻中也有豐富的契約文獻，其中有不少是我們在漢文契約中不曾見到的内容和形式。内蒙古藏F61:W6是一件回鶻式蒙古文契約，這裏暫擬題爲『猪兒年三月二十九日申朵兒衹承運地租契』。契約内容是申朵兒衹承接了此前由兀迷修失等五人輪流搬運地租的差事，即將五石五斗米的地租運送到接收地税的徵税人處。承運地租的工錢是五十五錠鈔，承運物在規定期限之前出現閃失，承運人賠償；在規定期限之後運到，則按既定工錢的雙倍退還。契約還規定了搬運物在搬運過程中的『鼠耗』問題，其『鼠耗』按一石計一斗算，那麽五石五斗米的『鼠耗』就是五點五斗，加在搬運物中，應該就是六點零五石。承運物品的契約在現代社會非常普遍，在古代社會也應該是一種比較普遍的民間行爲。宋元時期，把專爲他人搬運行李、物品的人員稱爲『脚力』、『脚夫』。宋王明清《摭青雜説》：『又一年，金尉權一邑事，有一過往徐將仕借脚夫。』《元典章·兵部三·鋪馬》：『呵官司脚力搬運，其餘諸物，無搬運的體例。』這些『脚力』、『脚夫』最初可能是些大户人家的家奴或隨行人員，後來就發展成爲一個專斗的行業。吴自牧《夢粱録》所載：『凡顧倩人力及幹當人，俱各有行老引領……或官員大夫等人欲出路、還鄉、上官、赴任、遊學，亦有出陸行老，顧倩脚夫跟從，承攬在途服役，無有失節。』[一] 這裏的『顧倩脚夫跟從，承攬在途服役』，就反映了一種人力承攬關係。物品搬運也應該是这些人力承攬關係之一。内蒙古藏F61:W6號文書爲我們提供了一幅活生生的承運地租契約的細節：承運人享受的具體權益（怎樣計算工錢、怎樣計算耗損），承運人要承擔哪些義務（期限、違約的懲罰）。這則契約中出現的『鼠耗』也很值得

註釋：

[一]吴自牧：《夢粱録》卷十九『顧覓人力』，中國商業出版社一九八二年版，第一六九至一七〇頁。

我們關注。『鼠耗』字面上是指老鼠造成損耗，實際上却是加收的税糧之一。《元史》卷九十三《食貨志一·税糧》：『每石帶納鼠耗三升。』《元典章·户部七·倉庫》：『切恐侵破正糧，擬合每石帶收鼠耗分例五升。』又《元典章·户部·禄廪》：『至元二十三年摽撥職田，赴各官私衙送納子粒稱是，佃户每畝勒要白米六斗，比之官收子粒多要訖三斗八升。每斗又加斗面米三升五合、鼠耗米三升五合，仍復堆垛斗面高量，一畝納一石之上。』這些都是關於『鼠耗』的記載，而且多少均不一致。《元史》記載的是元朝官收民田税糧，『每石帶納鼠耗三升』；而至元二十三年的官田收租，一斗加鼠耗三升五合，重於民田税糧十倍；《元典章·户部七·倉庫》的記載却高達『每石五升』；内蒙古藏F61:W6的這則契約更是高得驚人，達『每石一斗』。看來此時黑水城的社會經濟的確發生了些動蕩。將『鼠耗』納入承運物中，既讓我們看到了元代晚期附加税的税額之高，同時也可以發現作爲『鼠耗』的那一部分『五斗五升』米似乎是白白地加在了承運人之身的。因此這實際上是對納税人、承運人的一種雙重剥削。

黑水城文獻中還常見有一種『諸王妃子分例』文書。『分例』是指按定例發放的錢物，黑水城出土分例文書涉及桑哥失里大王、卜魯罕妃子、納冬妃子及諸投下等的『分例』文書。這些文書李逸友先生在其《黑城出土文書》中有詳細録文。不過我們在整理民族文字文獻時，却發現原來在每一件這樣的文書前都有一部分回鶻式蒙古文的文字或者八思巴文[一]。結合這些民族文字文獻，我們可以發現這些分例文書實際上都是由一組前前後後的文書組成的，恰恰反映了分例的支取和發放過程，具體程序如下：先由某位大王或妃子位下的負責人向總管府提交支取的申請，這些申請就是用回鶻式蒙古文或八思巴文寫成的；然後由總管府指派某個譯史翻譯成漢文；再由錢糧房據此向總管府提交呈狀[二]，開列放支的數額（往往多人放在一起開列）；照驗後再由總管府發出支取牒文；最後向支持庫或廣積倉支取。因此，在『分例』的支取和發放過程中前後涉及多件不同類型的文書，這些文書往往有相當部分内容是重合的，特别是其中的回鶻式蒙古文或八思巴文經過了譯史翻譯成漢文，就使得一批蒙、漢雙語的文書呈現在我們面前，這些雙語的文書材料爲解讀前面的回鶻式蒙古文或八思巴文提供了極大的便利。

註釋：

[一]李逸友先生在部分材料中已經有所涉及。

[二]陳瑞青先生稱之爲『照驗狀』。

黑水城民族文字文獻的價值還表現在版本學方面。以藏文文獻爲例，俄藏保存了多種刻本文獻，這些文獻均有古藏文的書寫特徵。過去一般所見的藏文木刻本爲明代永樂版大藏經刻本，黑水城發現的這些藏文刻本比永樂版大藏經要早兩個世紀，應是目前所知最早的藏文刻本，無疑有重要文獻和文物價值的珍貴藏文文獻。史金波先生曾詳細介紹過XT67號藏文文獻，此文獻爲蝴蝶裝，紙幅高十三釐米、寬十七點五釐米，框高九點四釐米，寬十五點八釐米。頁分左右兩面，每面六行。經文頁面有的完整，有的缺右面，有的缺左面，有的缺全頁。現今保存的頁面情況如下：

二頁右	三頁全	四頁全	五頁全	六頁左	九頁右	十頁全	十一頁全
十二頁全	十三頁左	二十三頁全	二十四頁全	二十五頁右	二十六頁全	二十七頁左	三十四頁右
三十五頁左	三十七頁右	三十八頁左	四十九頁右	五十頁全	五十一頁全	五十二頁全	五十三頁全
五十四頁左	五十六頁右	五十七頁全	五十八頁全	五十九頁左	六十頁右	六十一頁左	

以上共涉及三十一頁，十五頁完整，十六頁各祇有一面，共計四十六面。因一頁分兩面，又是雙面印刷，實際上一頁有四面文字，如二頁右、三頁全、四頁左爲一頁，四頁右、五頁全、六頁左爲一頁，以此類推。兩面之間有版心，版心中有漢字頁碼。蝴蝶裝容易散頁，此經後又改綫訂。此藏文蝴蝶裝一改漢文、西夏文竪寫的形式，適應了藏文橫寫的傳統，創造了蝴蝶裝的橫寫方式。與漢文、西夏文蝴蝶裝自右而左成行、自上而下書寫、先書寫右半面、後書寫左半面不同，此本采用自左而右書寫、自上而下成行，更爲特殊的是每行寫到版心時，不是移至下一行書寫，而是越過版心繼續書寫，也就是説同一頁左右兩面的同一行是通讀的〔一〕。

註釋：

〔一〕史金波：《最早的藏文木刻本考略》，《中國藏學》二〇〇五年第四期，第七五至七六頁。

凡例

一、本書收録内蒙古自治區額濟納旗黑水古城出土、現收藏於内蒙古自治區文物考古研究所的宋、遼、夏、金、元時期的紙質少數民族文字文獻三百〇五件。

二、本書根據收録文獻文種，共分爲九類。即：

（一）回鶻式蒙古文，收録文獻八十五件。

（二）八思巴文，收録文獻五十三件。

（三）古藏文，收録文獻四十一件。

（四）阿拉伯文，收録文獻十八件。

（五）回鶻文，收録文獻十七件。

（六）敘利亞文，收録文獻十七件。

（七）梵文，收録梵文加西夏文文獻一件，梵文文獻一件。

（八）西夏文，收録文獻五十件。

（九）托忒蒙古文，收録文獻二十二件。

三、本書收録文獻在各分類内按三種情况排序：一是『整』，指保存完整或基本完整的文獻；二是『缺』，指損失少量文字的文獻；三是『殘』，指殘缺不全的文獻。『整』、『缺』、『殘』三種文獻中，有年款者按年代順序編排，無年款者續後。

四、本書收録文獻基本保持實際尺寸，因版面因素必須縮放的，則在文獻下方標明縮放比例。

五、本書在整理編輯時，對收録正、反兩面均書寫文字的文獻，做二件處理，並依據内容主次同時歸入主要件所屬類，將次要件另作定名。正、反兩面分別在原始編號後標註『正』、『反』，以示區別。

例：原始编号『83HF13』，正面为『83HF13正』，归入第一类《回鹘式蒙古文》中；反面为『83HF13反』，附在『83HF13正』后。

六、本書在整理編輯時，對收録原始編號相同而内容不同的文獻，分別在其原始編號後增加『a』、『b』、『c』……以示區别，並根據内容分別歸入所屬類。

例：原始编号『F9:W34』，分别处理为『F9:W34a』与『F9:W34b』，归入第一类《回鹘式蒙古文》中。

七、全書收録文獻均有定名，定名基本内容包括編號和文獻題目兩部分。

（一）編號：包括出版編號和原始編號。

1.出版編號：指本書整理自定義編號。包括收藏單位所屬省（區）代號+收藏單位代號+文獻序號。本書收藏單位所屬省（區）爲内蒙古自治區，代號統一用『M』等表示。收藏單位爲内蒙古自治區文物考古研究所，代號統一用『1』等表示。

2.原始編號：指考古發掘編號或收藏單位庫存編號等原始性編號，在出版編號後用『[ ]』表示。

（二）文獻題目：指文獻名稱。

八、本書通用繁體字。

九、本書爲方便讀者查閱，設全書分類總目及文獻細目。在每頁書眉標識分類名稱。

目録

四、阿拉伯文……一八九

一、回鹘式蒙古文

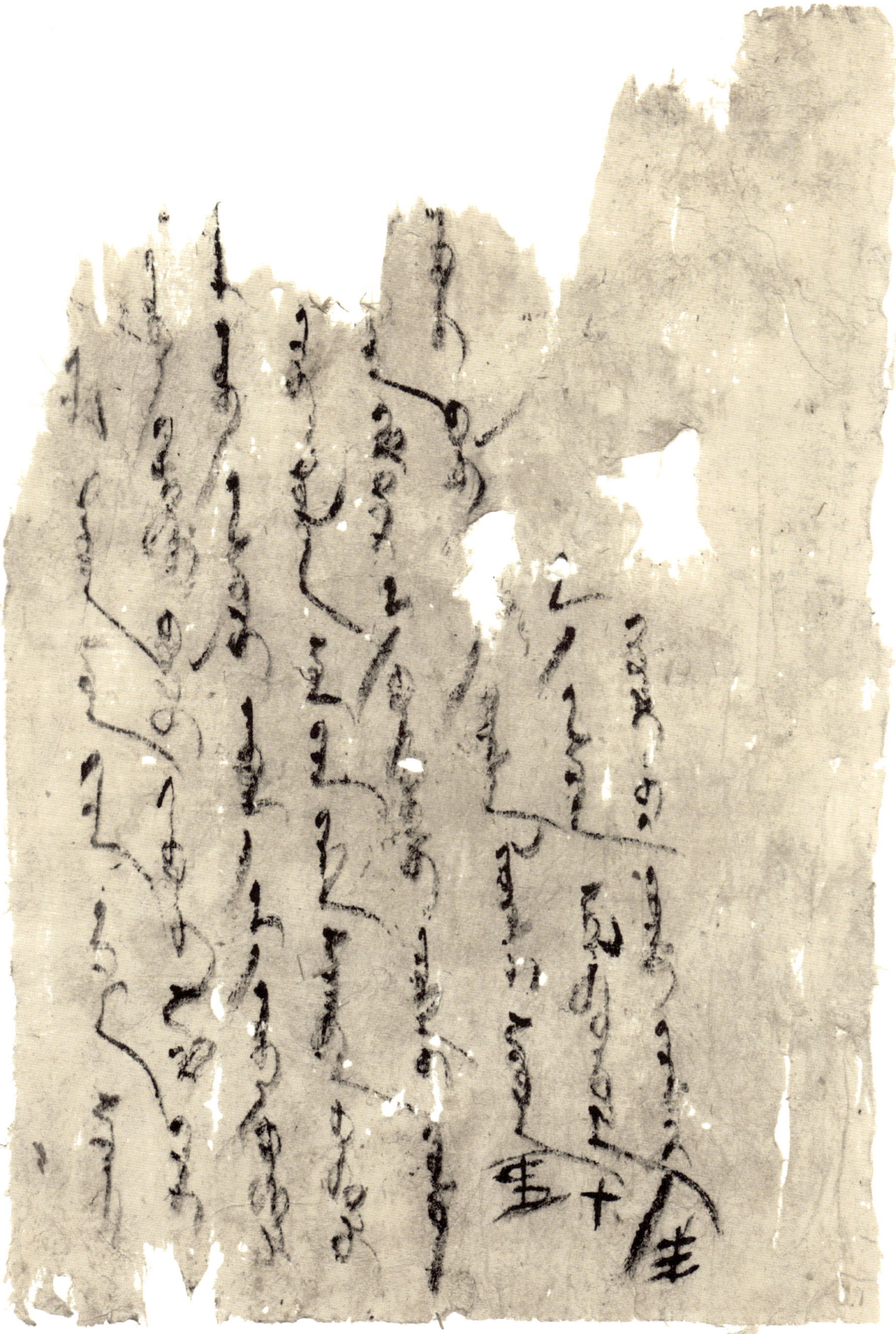

（一）某年五月初八日落失修加借麥契　**M1·001［F79:W7］**　尺寸：29.2cm×18.9cm（縮放比例：82%）

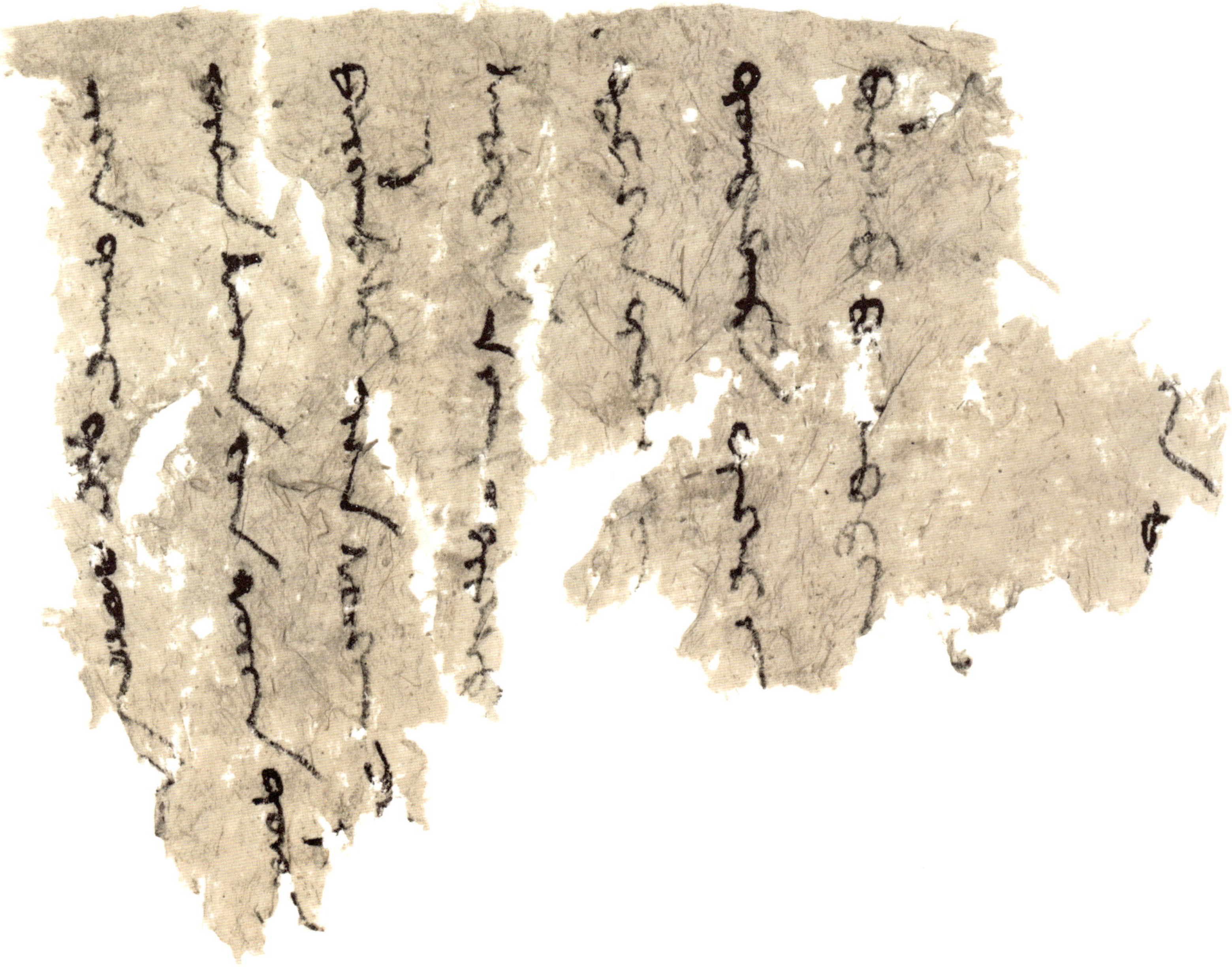

（二）某年八月二十七日借麥契　**M1·002**［**F224:W3**］　尺寸：18.1cm×14.6cm（縮放比例：116%）

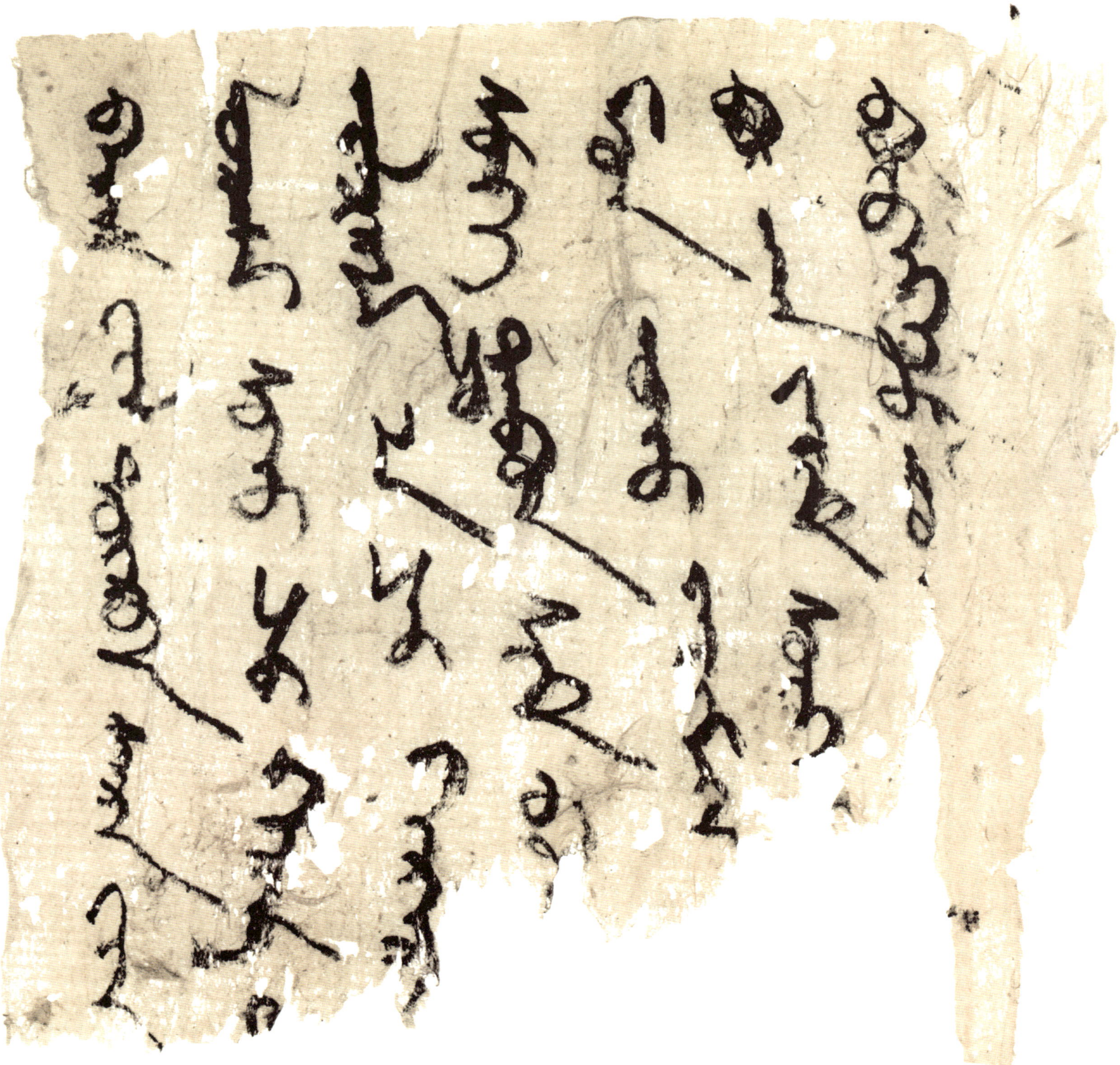

（三）虎兒年四月落失索那貸錢契 **M1·003［F79:W5］** 尺寸：13.3cm×13.2cm（縮放比例：158%）

（四）契約文書殘件　**M1·004［F124:W1］**　尺寸：27.9cm×15.5cm（縮放比例：86%）

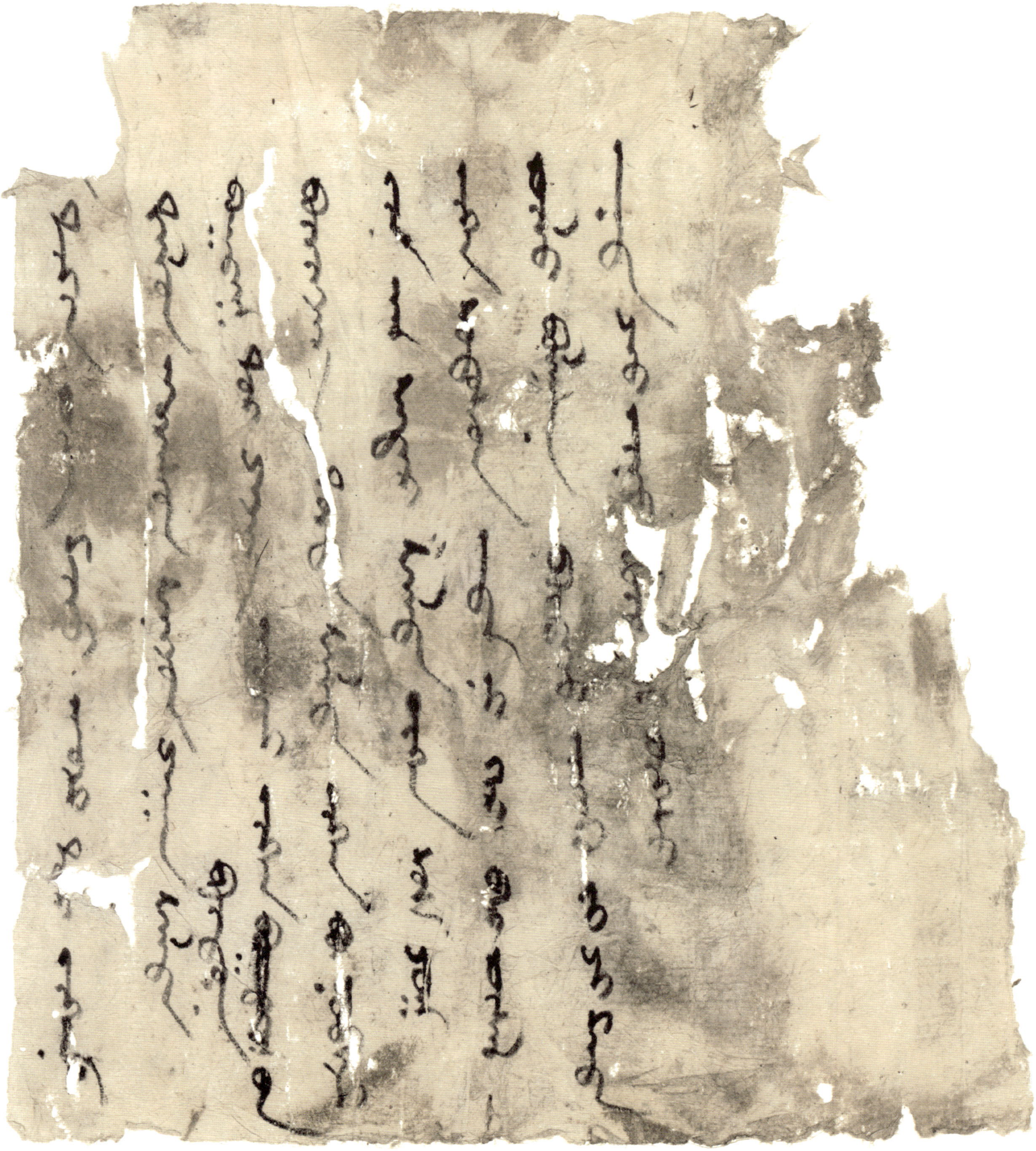

（五）定制裲襠、靴帽約　**M1·005［Y1:W119］**　尺寸：26.3cm×23.1cm（縮放比例：91%）

（六）契約文書殘件　**M1·006［F19:W72（1）上］**　尺寸：9.9cm×7.3cm（縮放比例：100%）

（七）桑哥失里大王分例文書 M1·007［F116:W204］ 尺寸：88.5cm×24.8cm（縮放比例：27%）

（八）桑哥失里大王分例文書 M1·008［F116:W521］ 尺寸：92cm×22.79cm（縮放比例：26%）

（九）桑哥失里大王分例文書 M1·009［F116:W595］ 尺寸：82.6cm×27.7cm（縮放比例：29%）

（一〇）桑哥失里大王分例文書 M1·010［84H·F116:W511/1683］ 尺寸：48cm×22cm（縮放比例：50%）

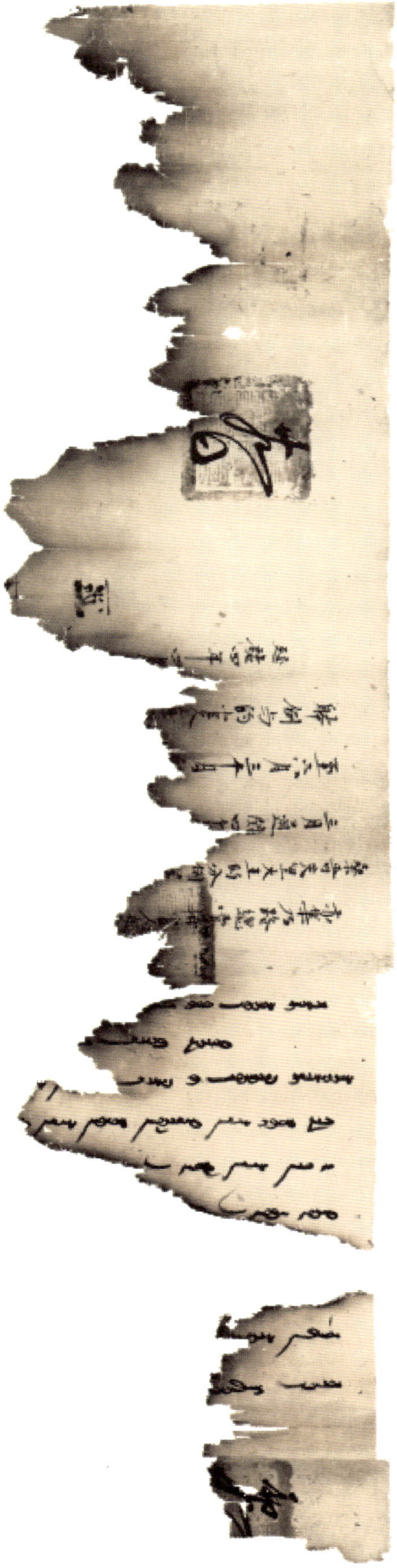

（一一）桑哥失里大王分例文書 M1·011［F116:W572］ 尺寸：101.7cm×25cm（縮放比例：24%）

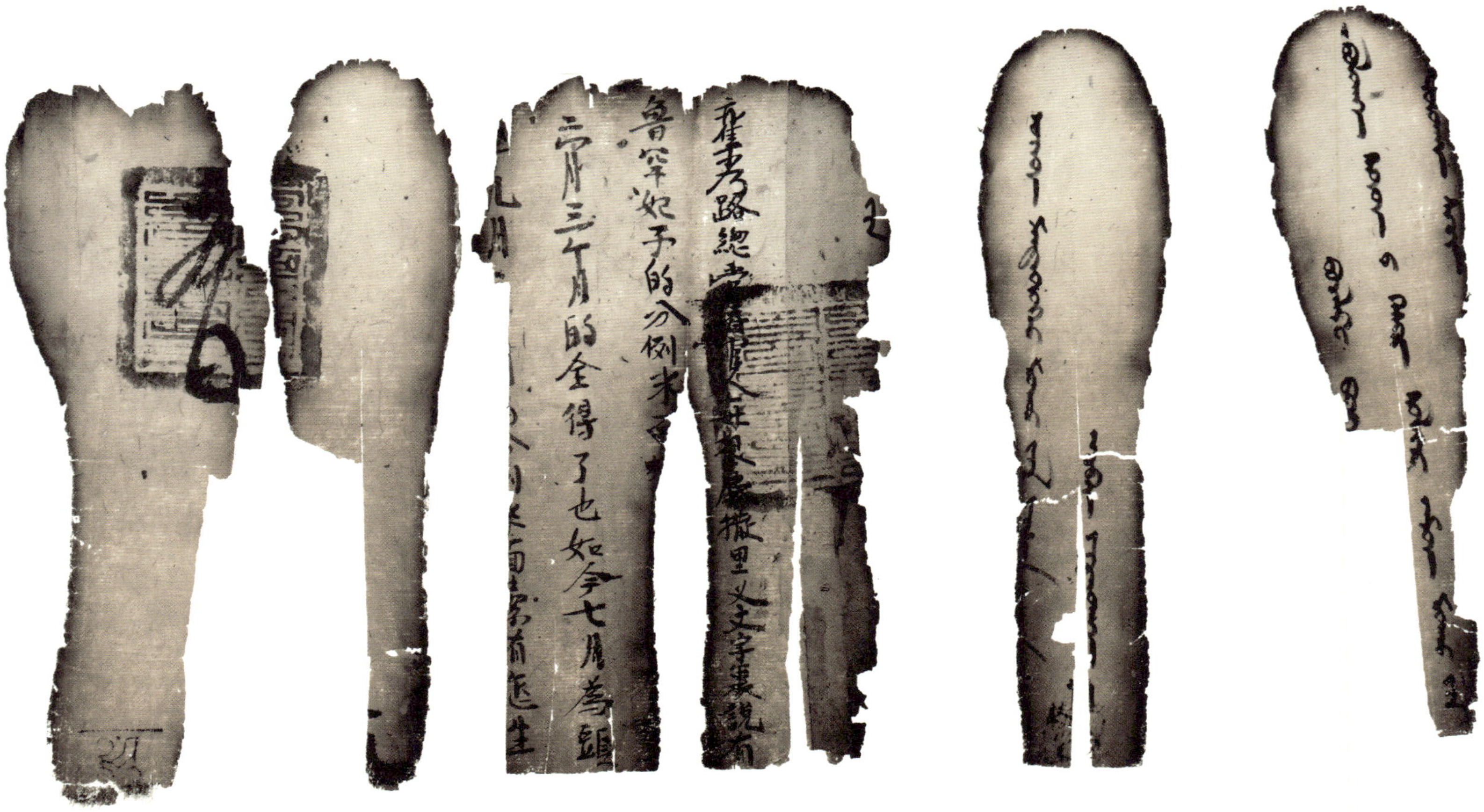

（一二）卜魯罕妃子分例文書　**M1·012［F116:W349］**　尺寸：51cm×28.5cm（縮放比例：41%）

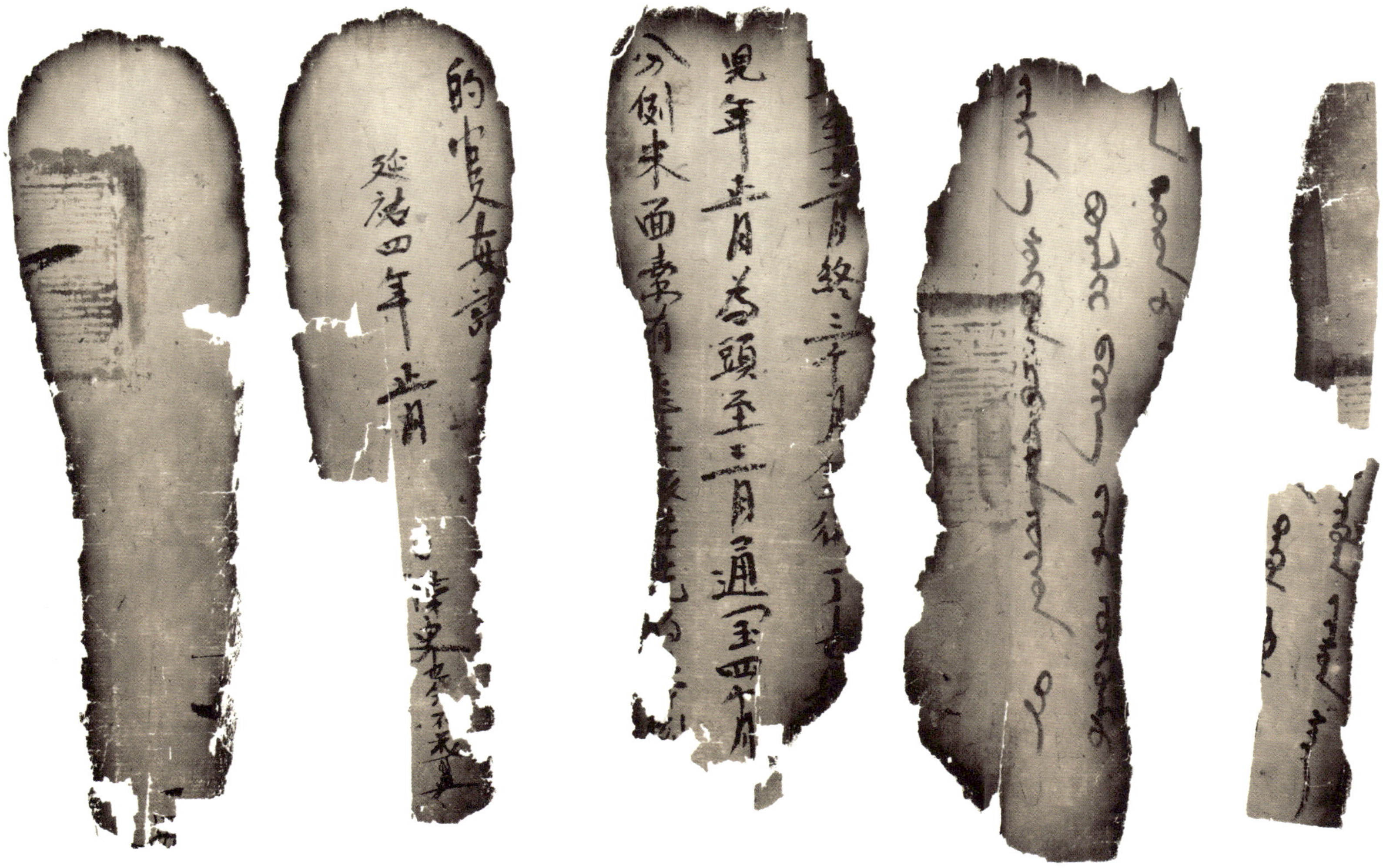

（一三）卜魯罕妃子分例文書　**M1·013［F116:W62］**　尺寸：43.4cm×28.2cm（縮放比例：48%）

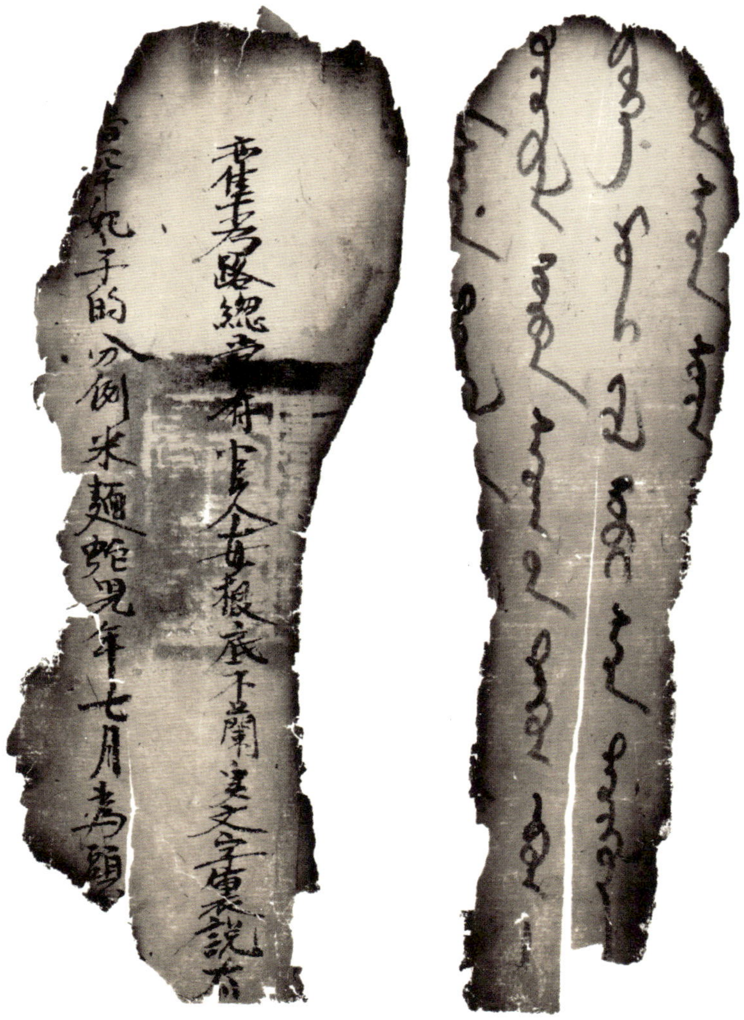

（一四）卜魯罕妃子分例文書　M1·014［F116:W92］　尺寸：26.7cm×18.9cm（縮放比例：52%）

（一四）卜魯罕妃子分例文書　M1·014［F116:W92］　尺寸：24.4cm×15cm（縮放比例：57%）

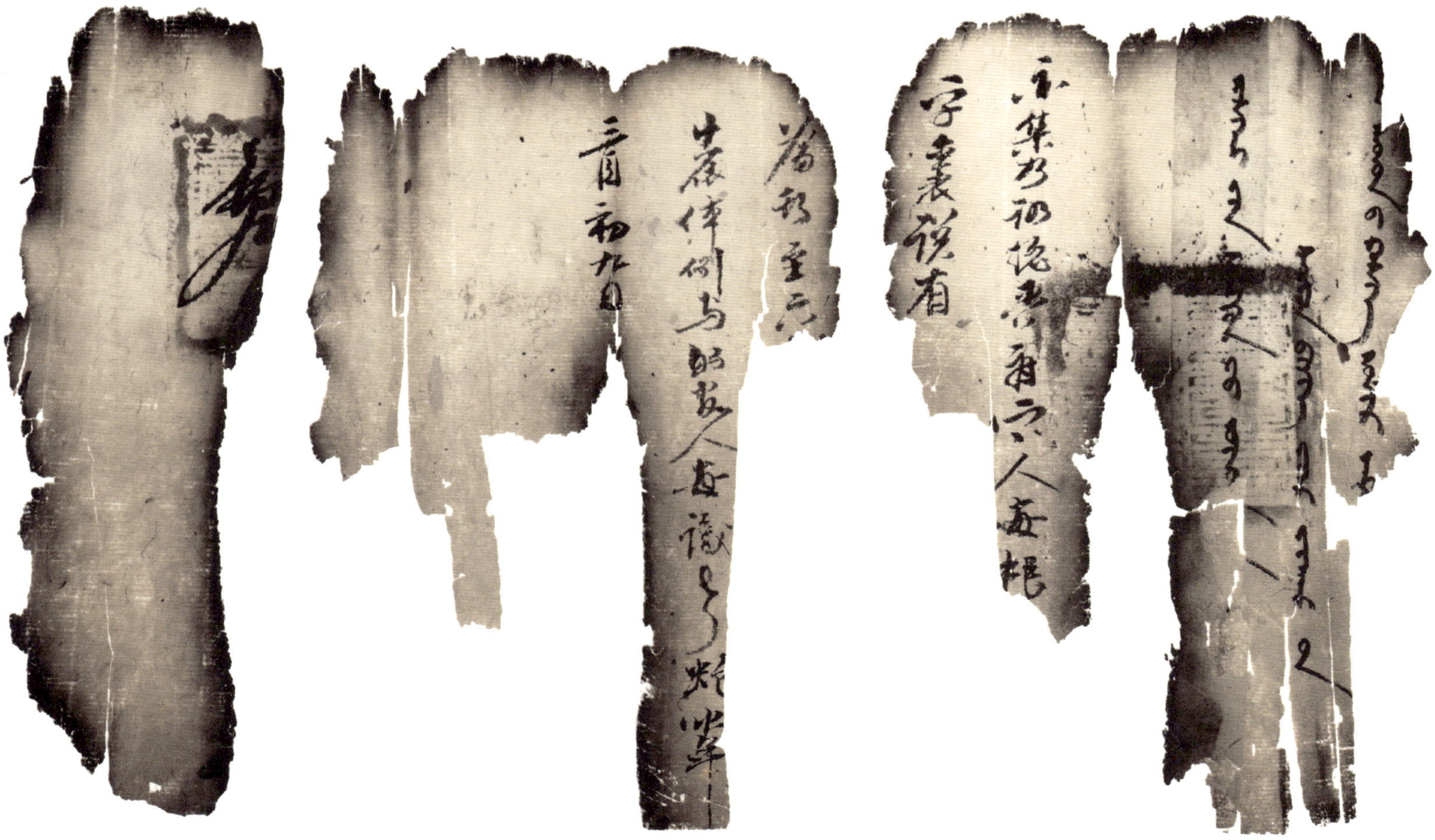

（一五）卜魯罕妃子分例文書　**M1·015［F116:W29］**　尺寸：43.6cm×27.2cm（縮放比例：45%）

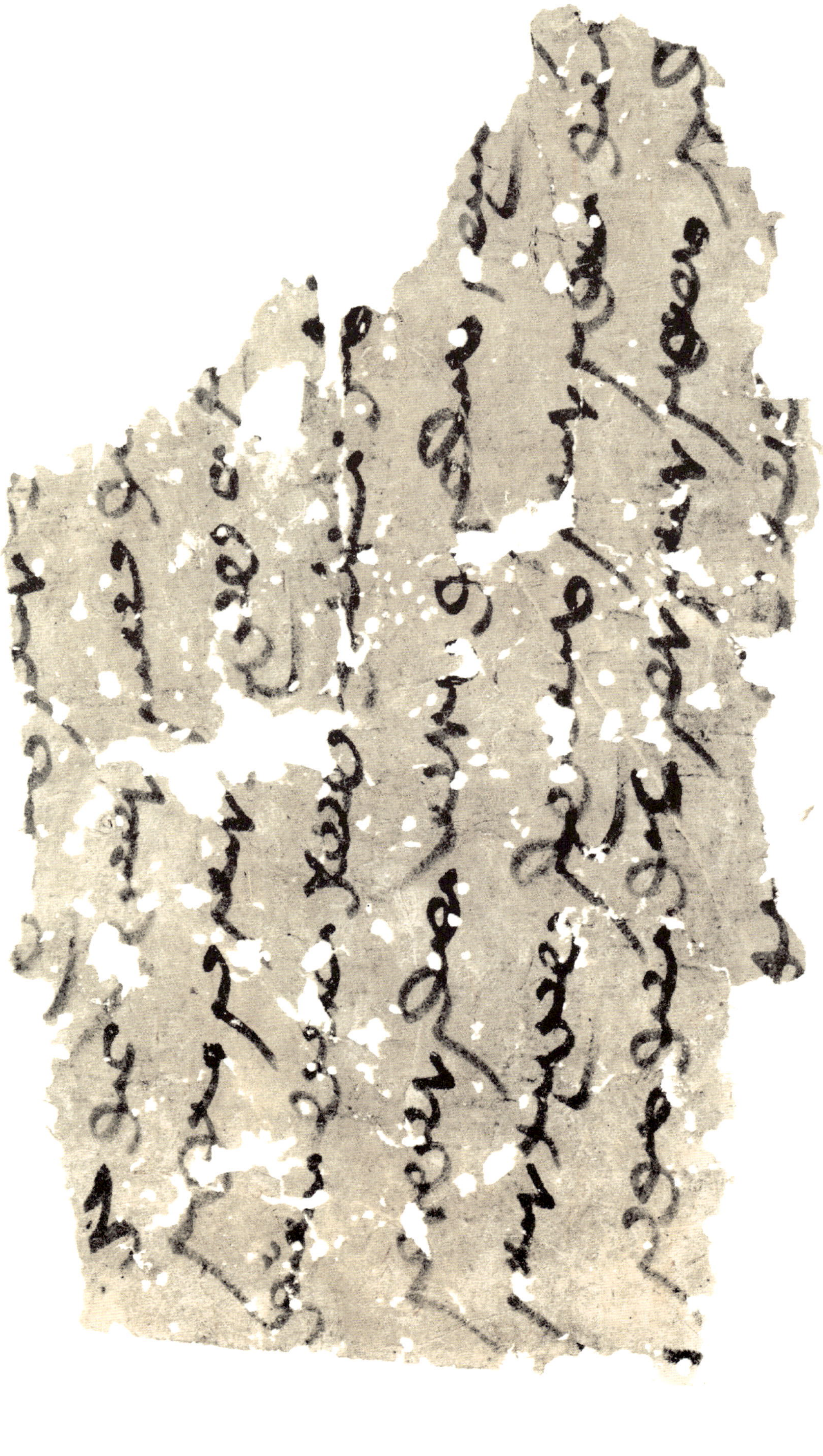

（一六）魯格妃子分例文書　**M1·016［F144:W3］**　尺寸：21.5cm×12.7cm（縮放比例：112%）

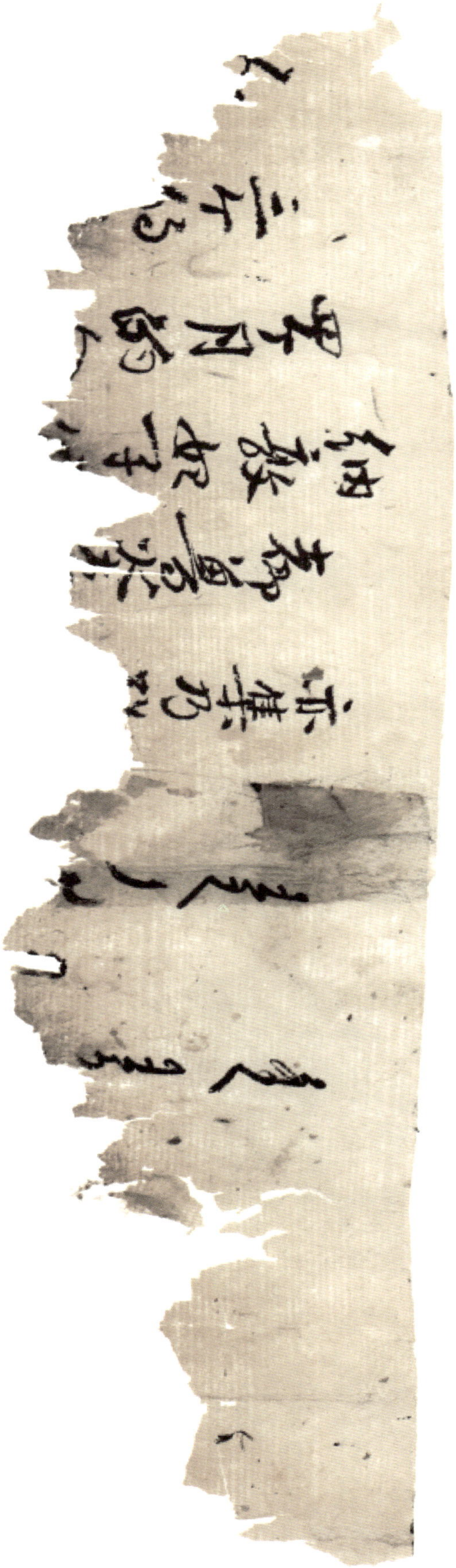

（一七）納敦妃子分例文書 M1·017［F116:W454］ 尺寸：33.3cm×9.4cm（縮放比例：72%）

（一八）分例文書　**M1·018［F116:W213］**　尺寸：12.2cm×11.7cm（縮放比例：179%）

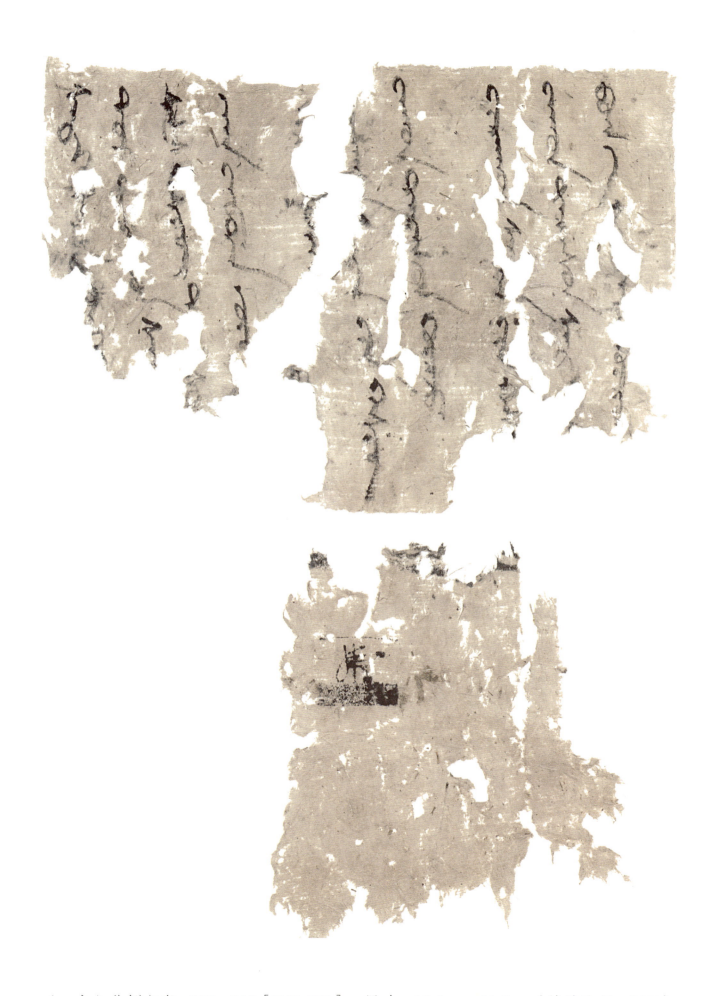

（一九）分例文書　**M1・019［F42:W1］**　尺寸：30.5cm×21.3cm（縮放比例：79%）

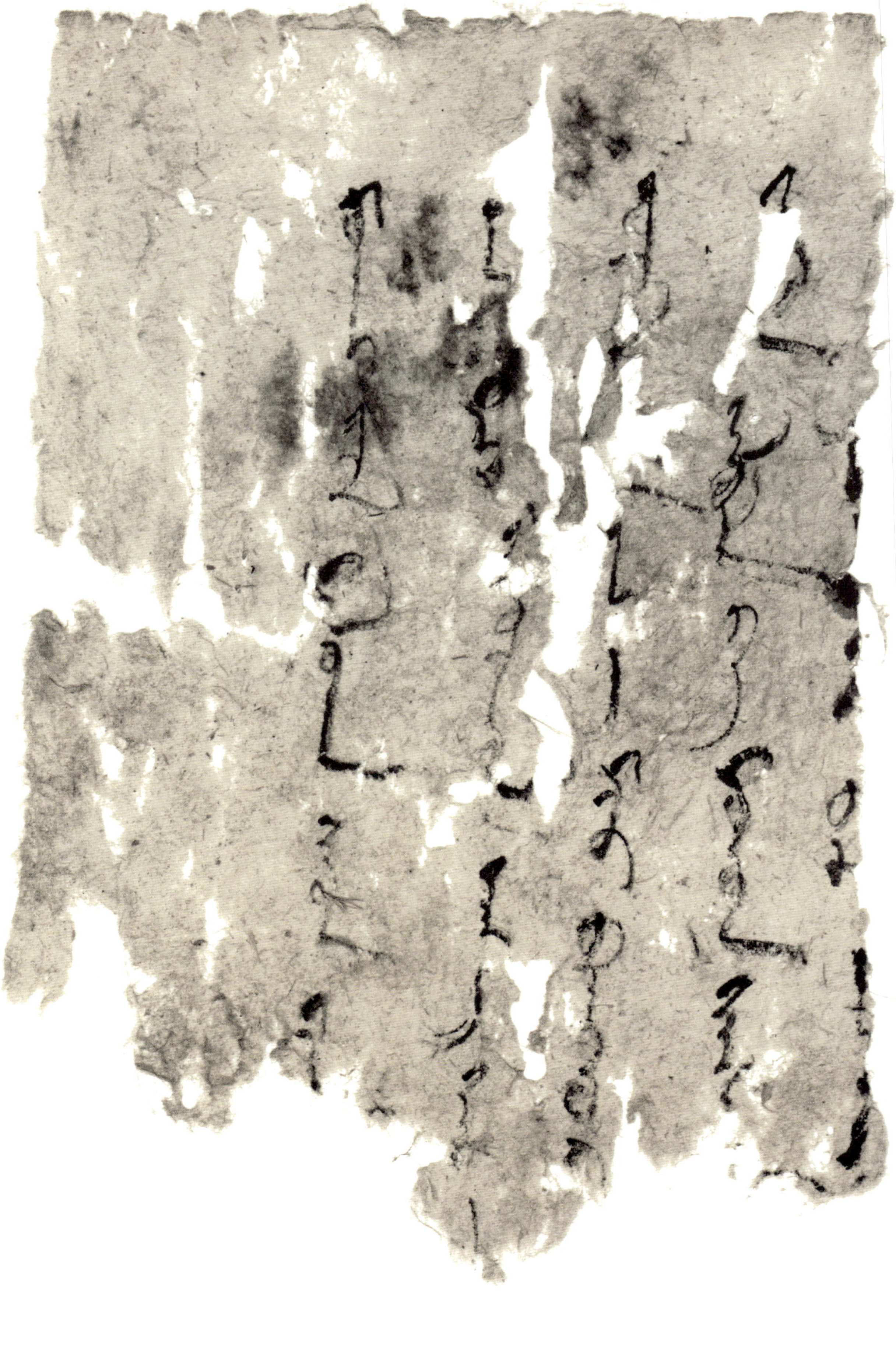

（二〇）站赤文書　**M1·020［F209:W67］**　尺寸：18.3cm×12.5cm（縮放比例：131%）

（二一）站赤文書　**M1·021［F111:W2］**　尺寸：20.7cm×13.1cm（縮放比例：116%）

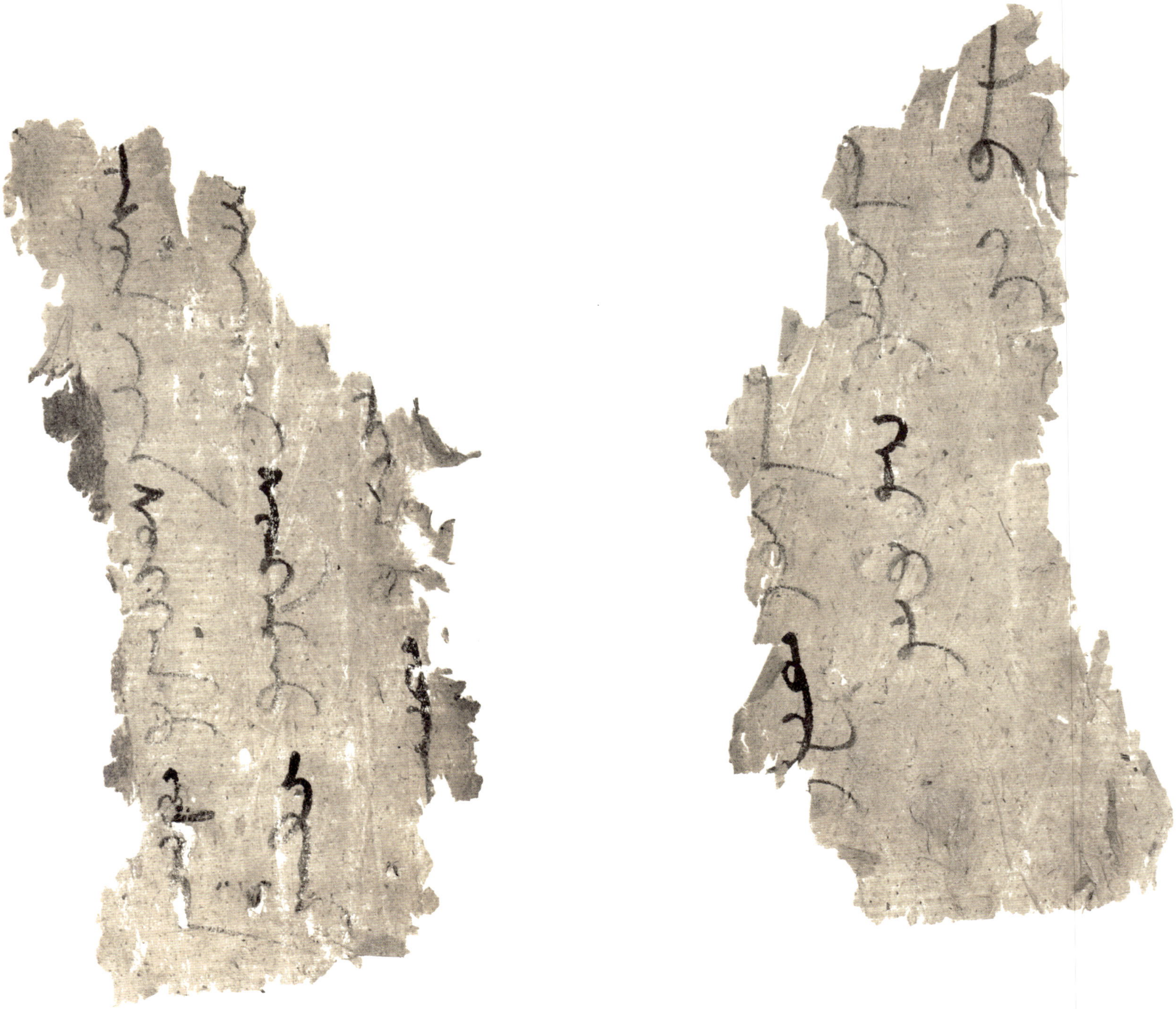

（二二）呈亦集乃總管府文　**M1・022**［**F116:W512**］　尺寸：18.9cm×16.7cm（縮放比例：111%）

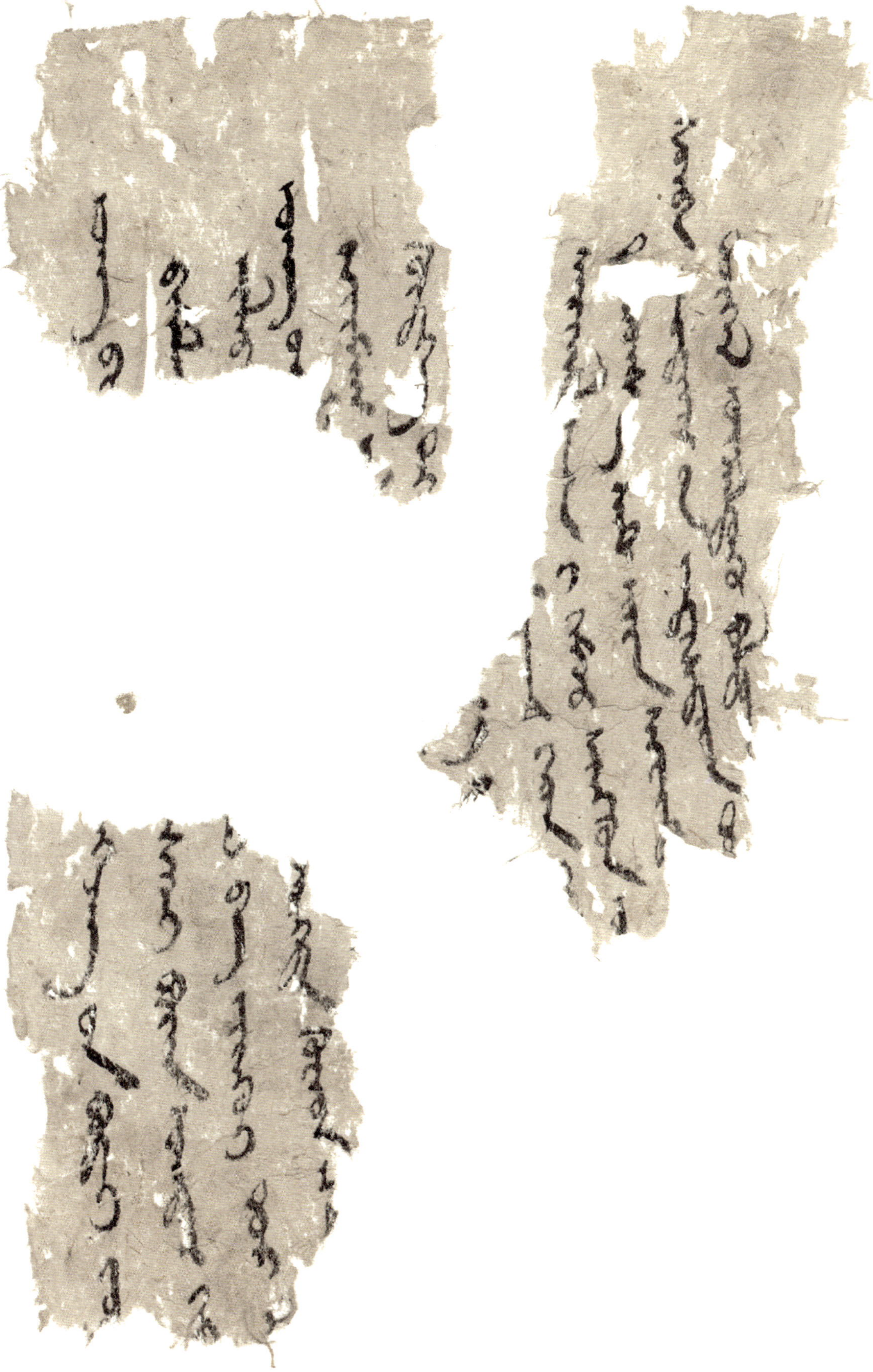

（二三）差遣文卷　**M1·023［F42:W3］**　尺寸：24.2cm×15.1cm（縮放比例：99%）

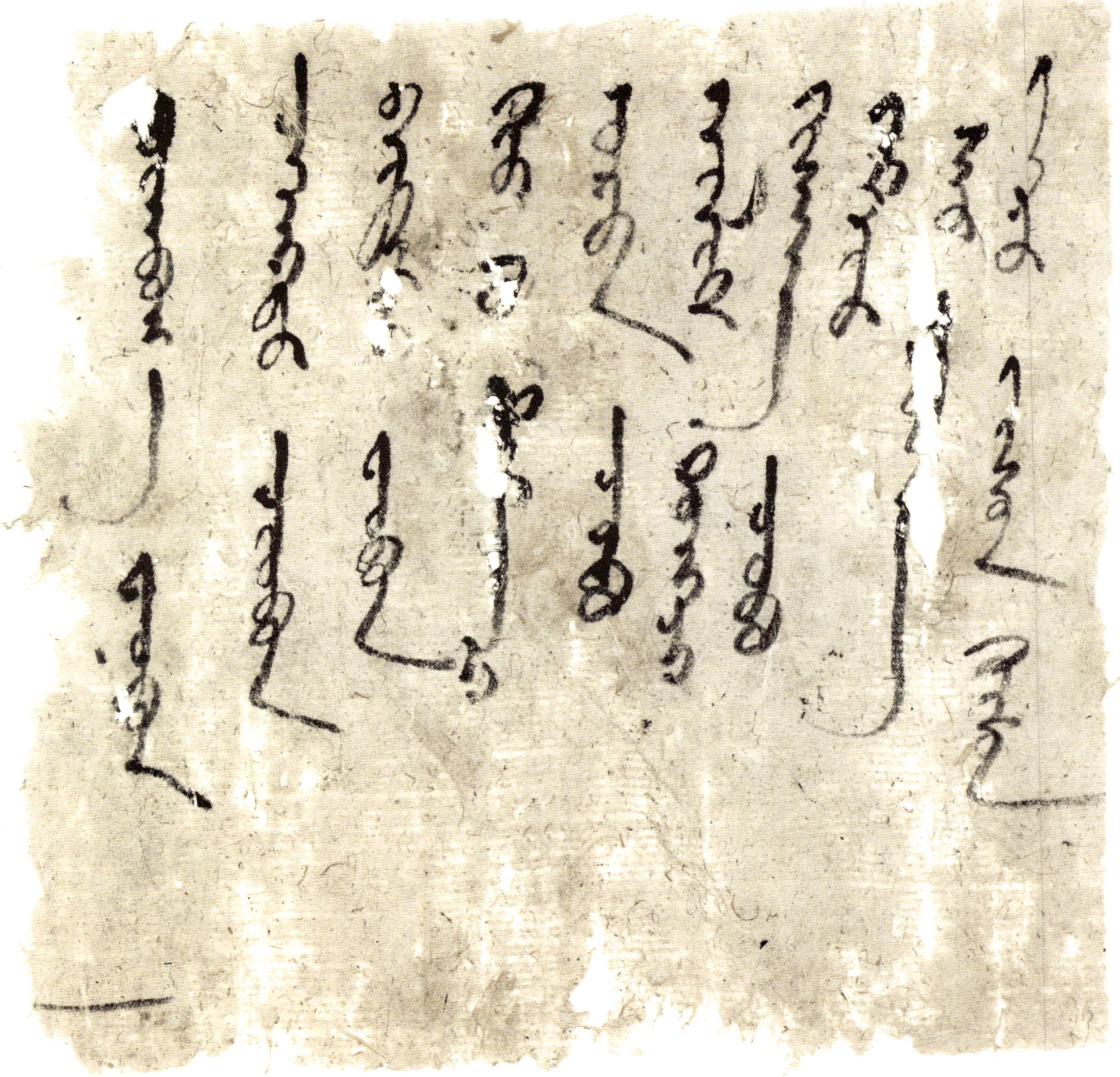

（二四）卜顏不花府判等九人名單　**M1·024［F245:W5］**　尺寸：18.3cm×18.1cm（縮放比例：115%）

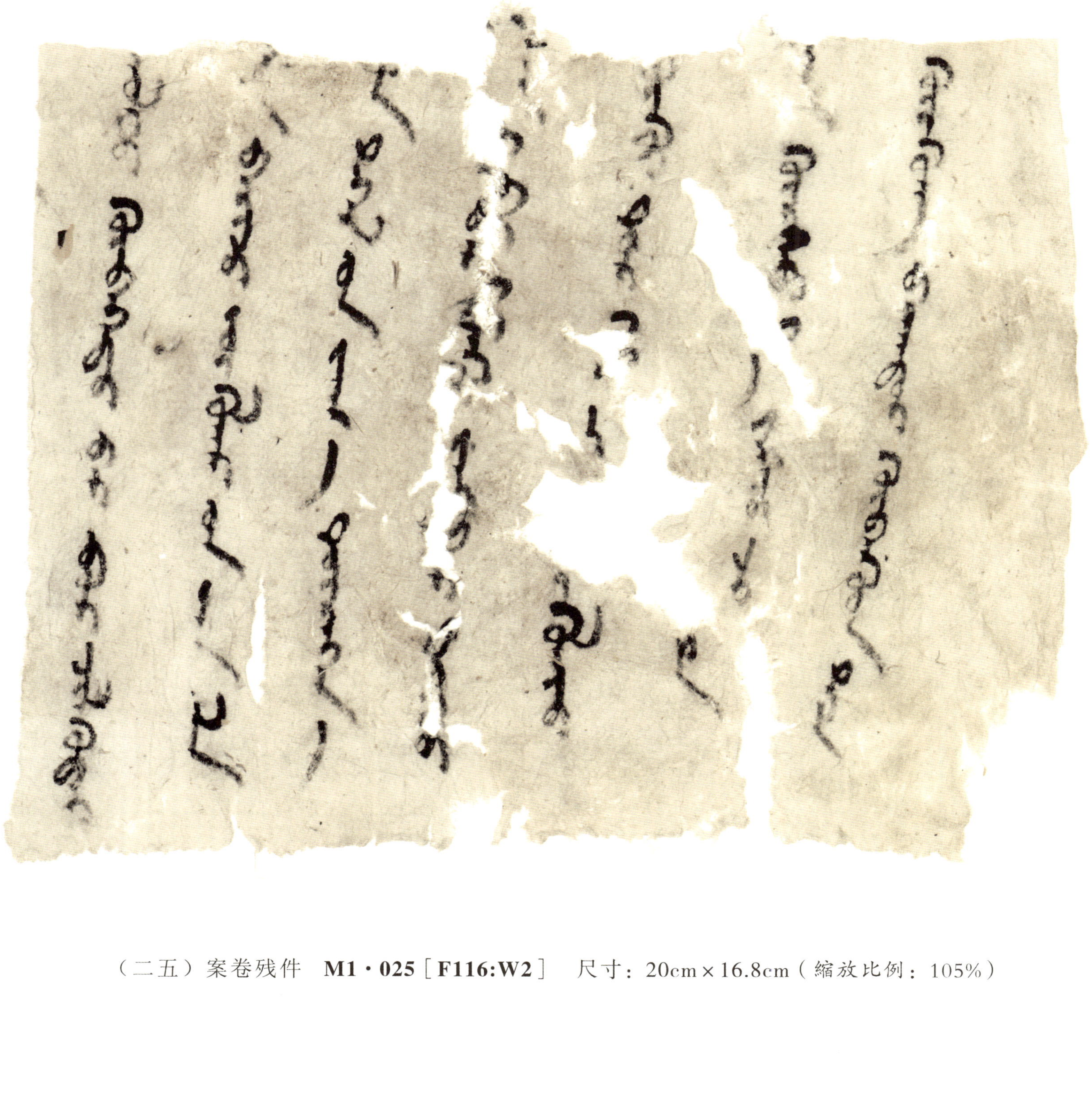

（二五）案卷残件　**M1 · 025［F116:W2］**　尺寸：20cm × 16.8cm（缩放比例：105%）

（二六）書信殘件　**M1·026［F21:W27］**　尺寸：11.9cm×8.6cm（縮放比例：200%）

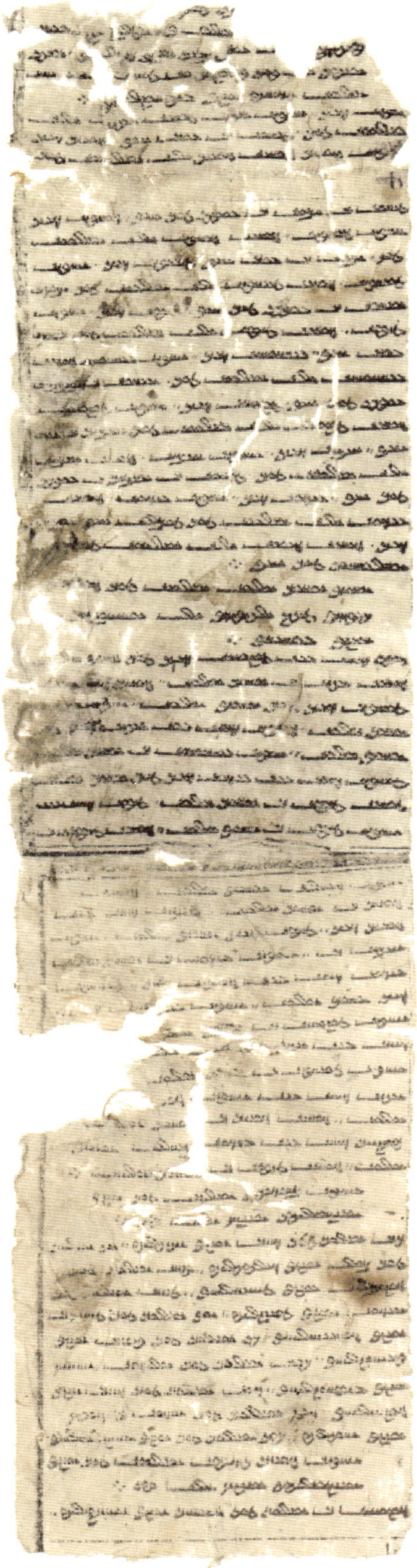

（二七）曆書 M1·027［F9:W57］ 尺寸：39.2cm×10cm（縮放比例：61%）

（二八）曆書 **M1·028［F192:W1］** 尺寸：15.8cm×14.2cm（縮放比例：133%）

（二九）道教典籍（刻本） **M1·029［HF125（反）］** 尺寸：57.5cm×31.5cm（縮放比例：37%）

（三〇）道教典籍（刻本） **M1·030［HF125（正）］** 尺寸：70cm×34.3cm（縮放比例：30%）

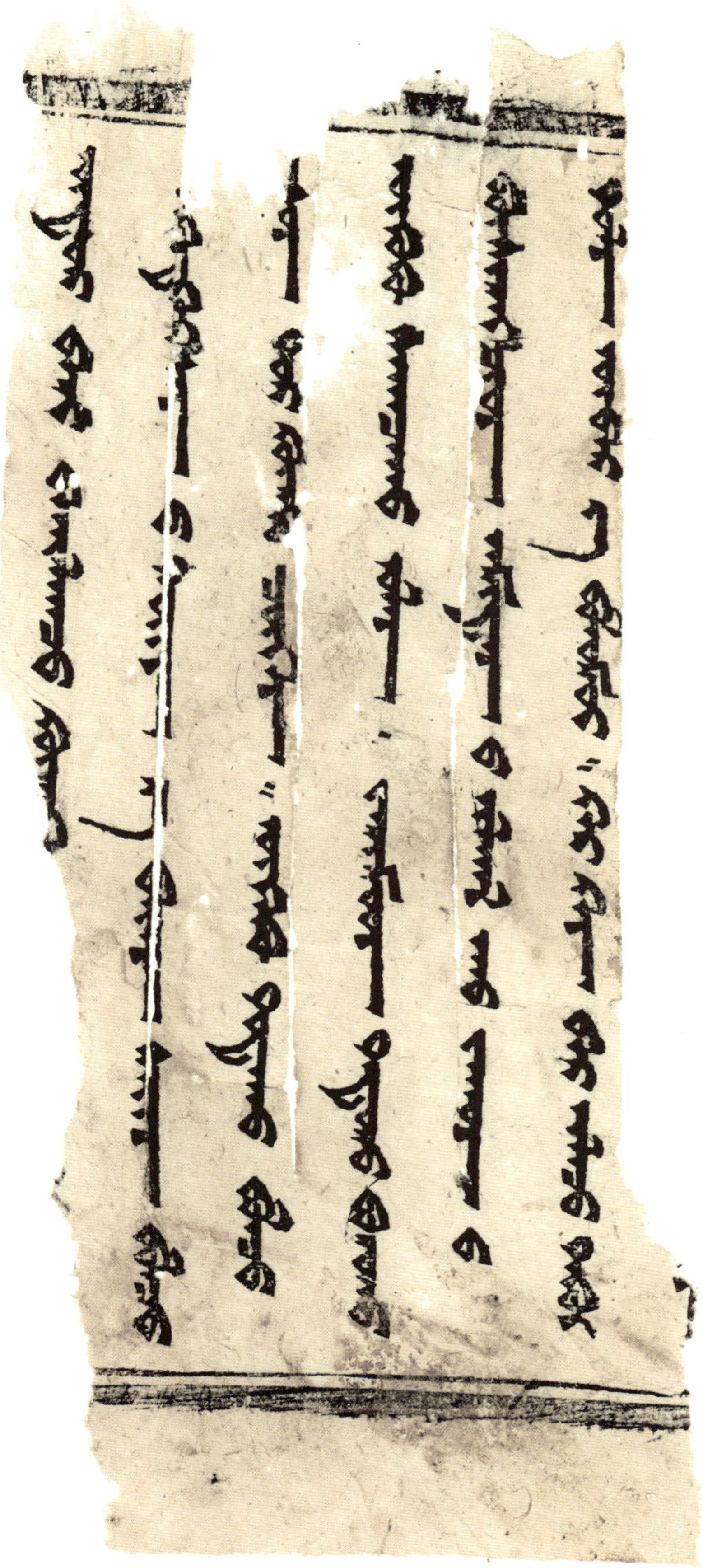

（三一）佛教文獻（刻本）　**M1·031［F20:W64］**　尺寸：21.3cm×9.7cm（縮放比例：113%）

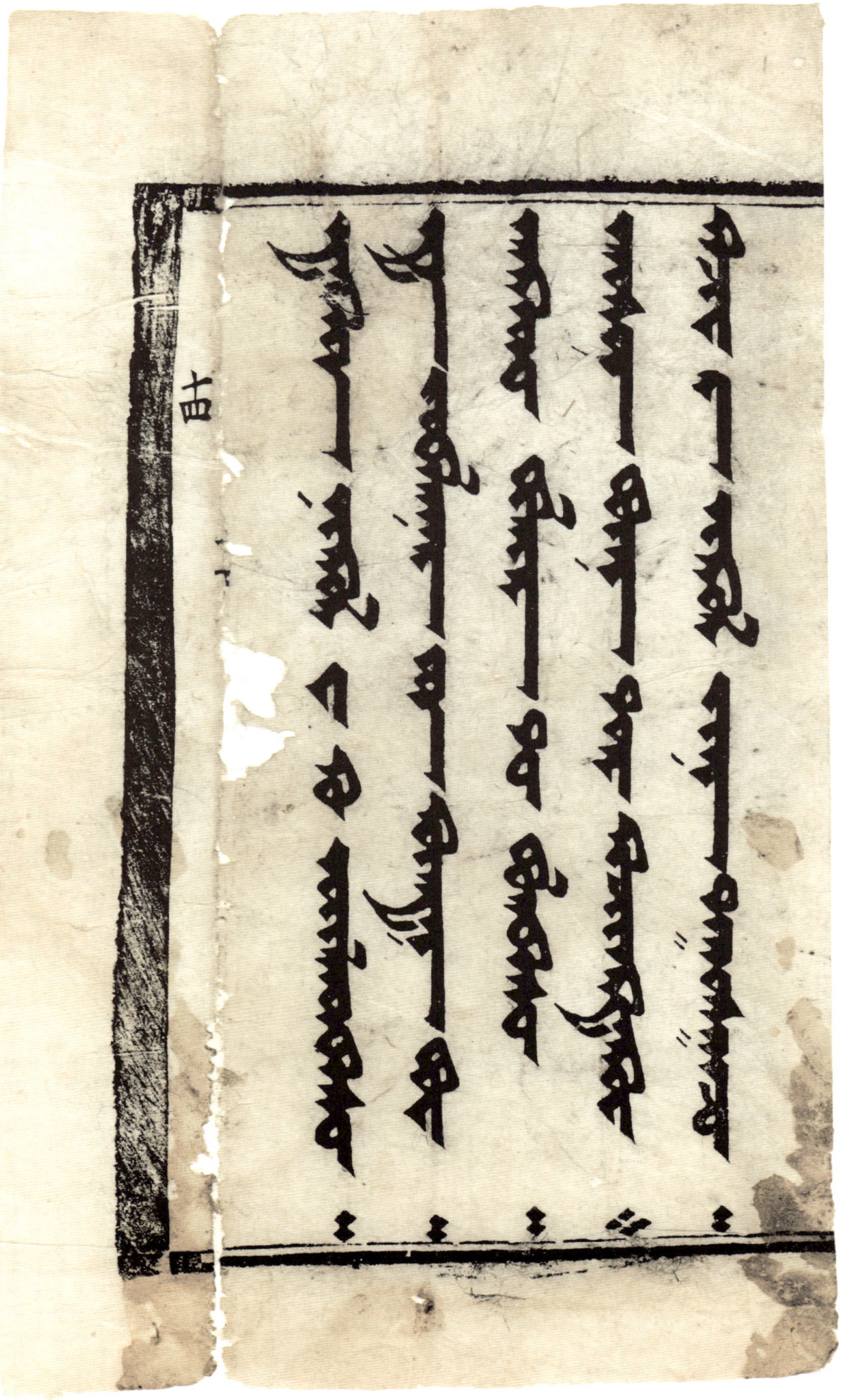

（三二）佛教文獻（刻本） **M1·032［F210:W23］** 尺寸：20.8cm×12.5cm（縮放比例：30%）

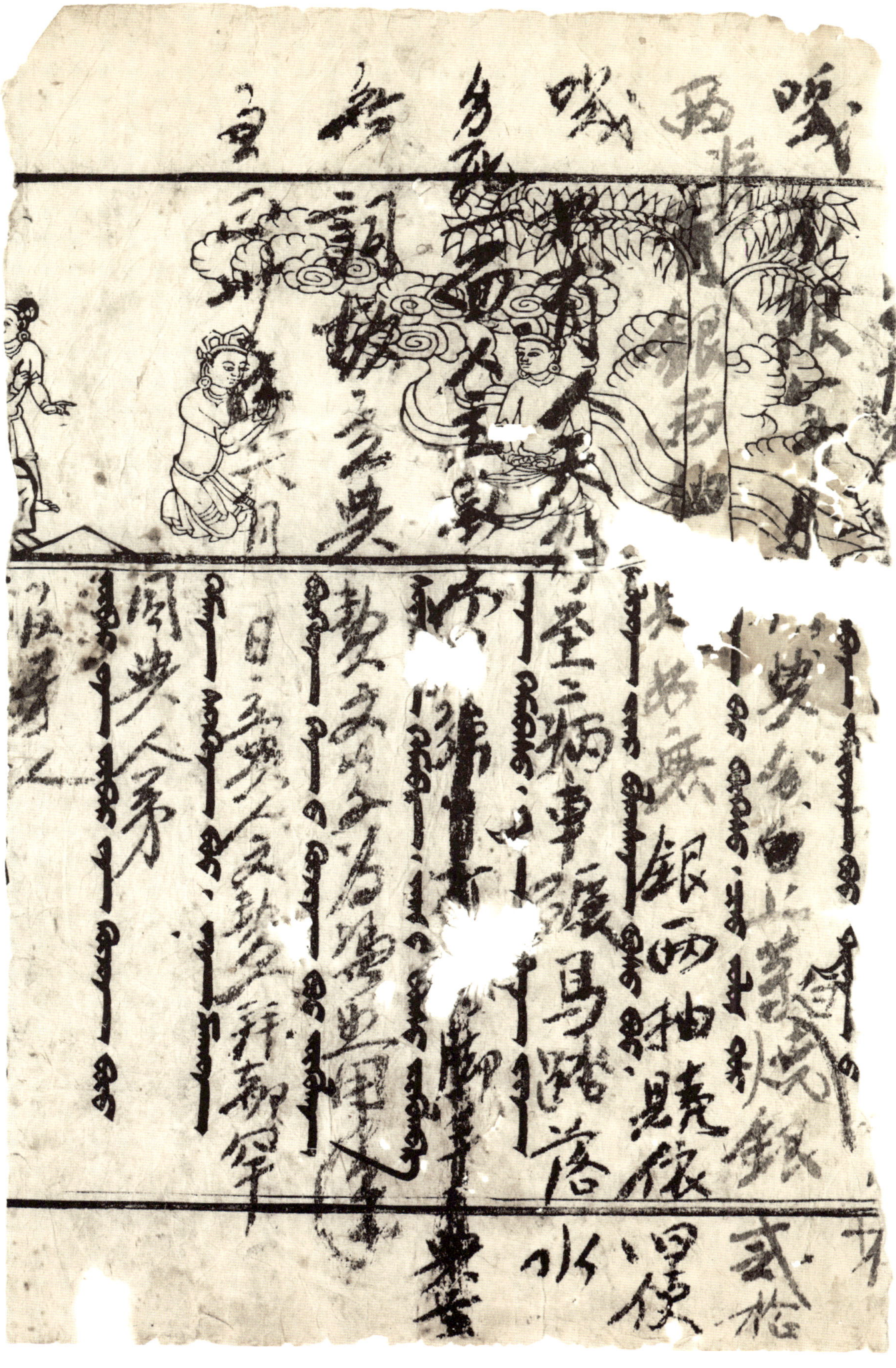

（三三）不知名宗教典籍（刻本） **M1·033［F277:W5反］** 尺寸：34.9cm×23.3cm（縮放比例：69%）

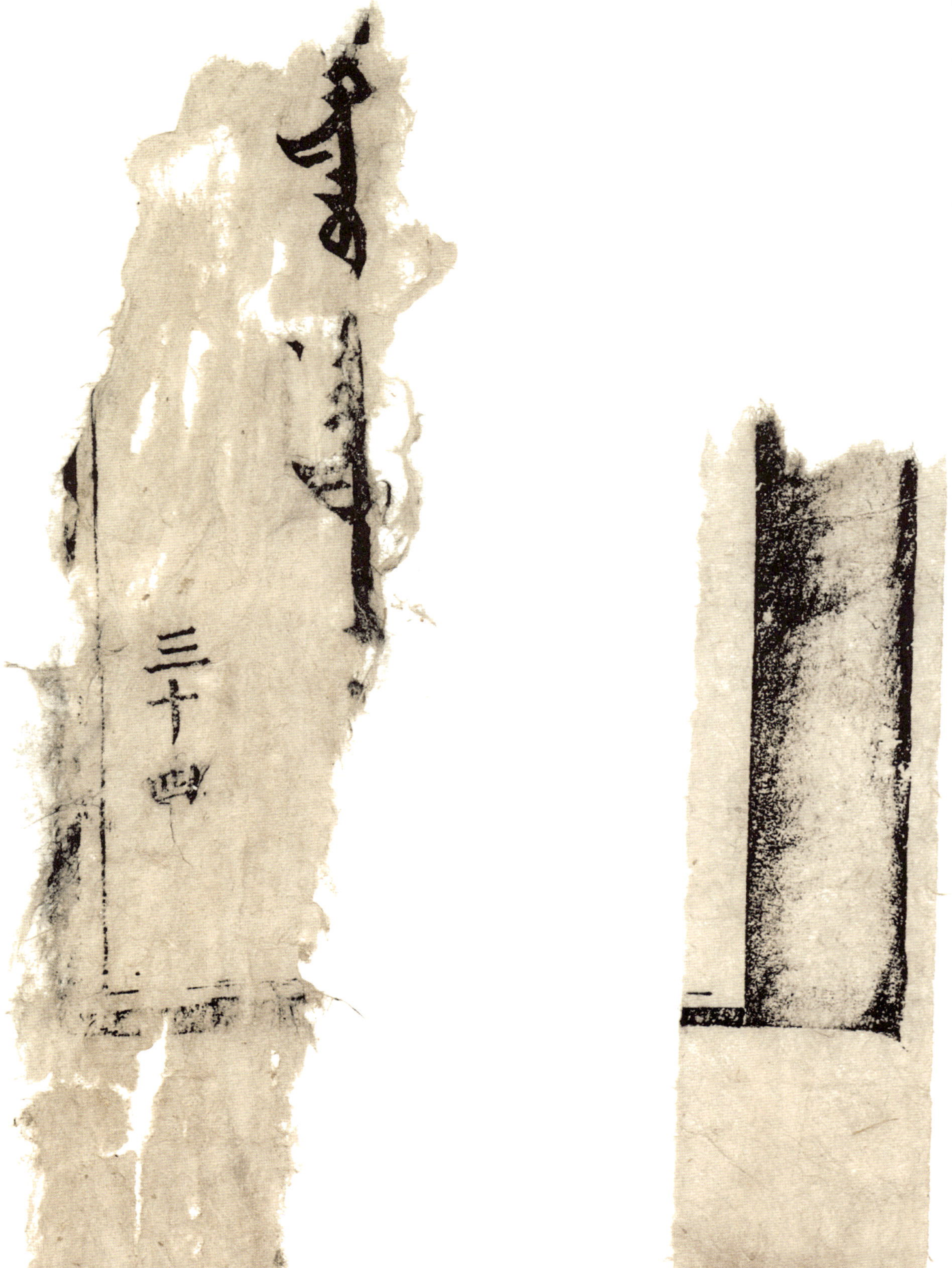

（三四）刻本殘件　**M1・034［F197:W31］**　尺寸：16.7cm×11.5cm（縮放比例：143%）

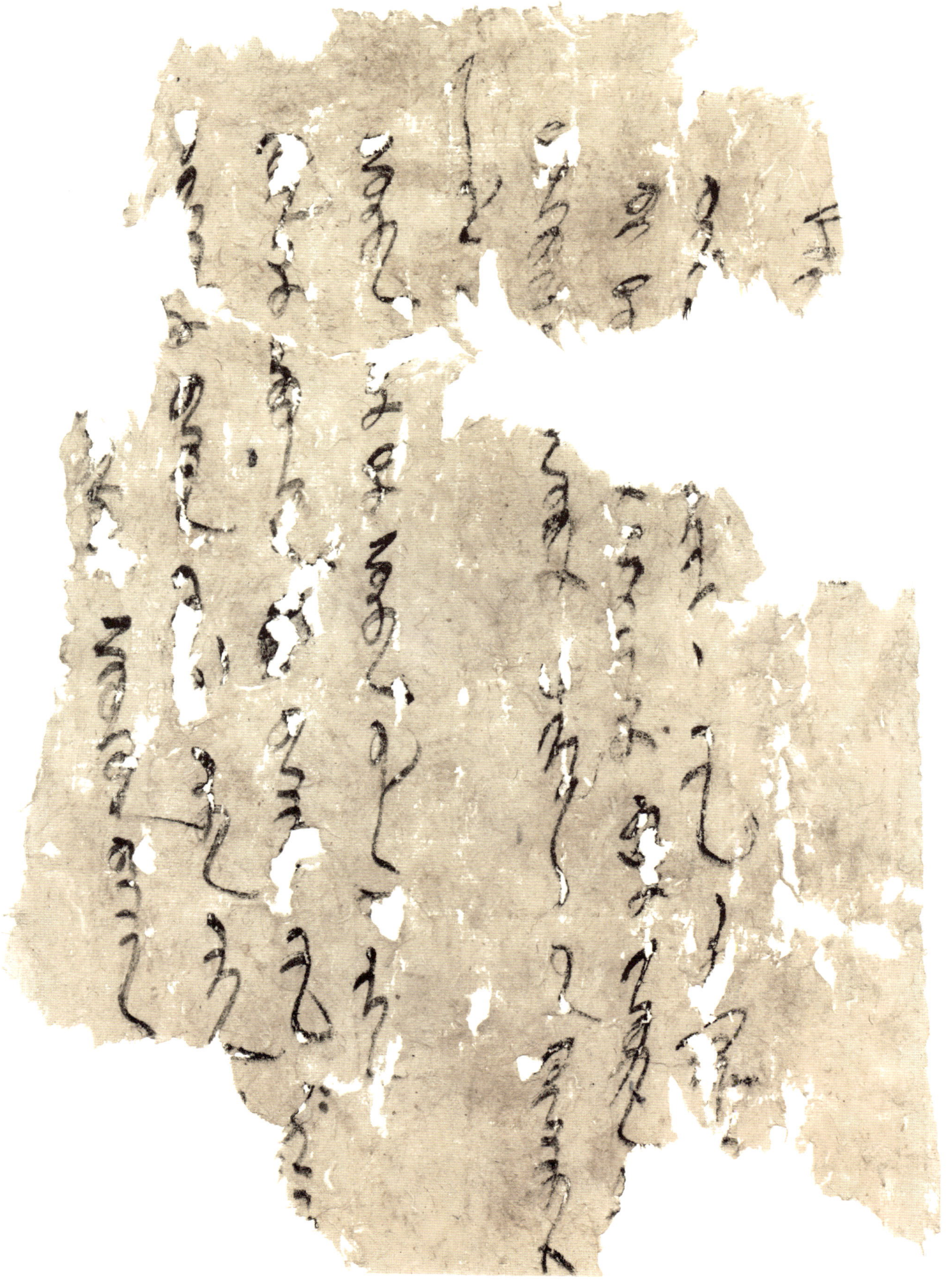

（三五）猴兒年文書殘件　M1·035［F14:W16］　尺寸：30.8cm×21.6cm（縮放比例：78%）

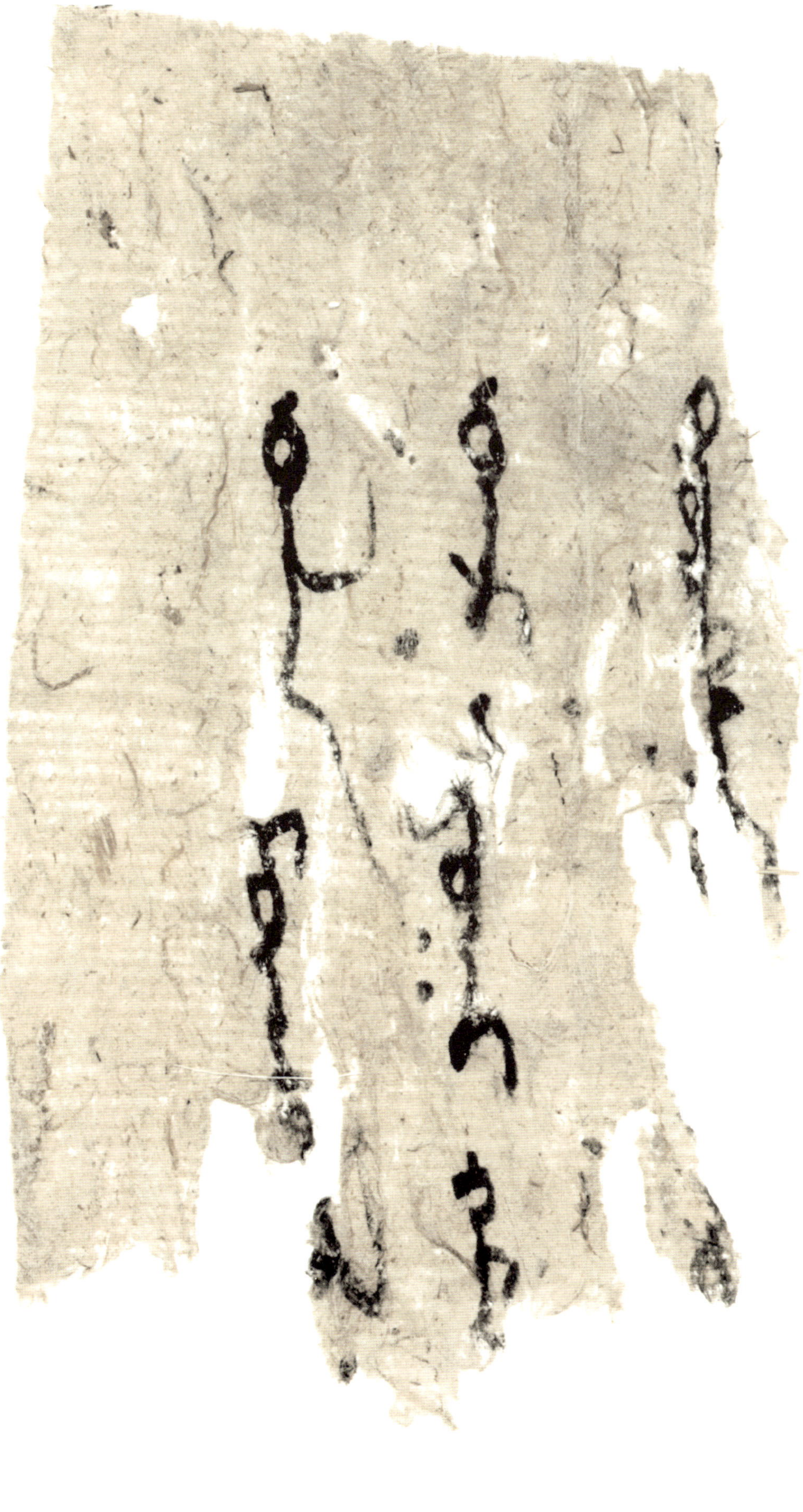

（三六）蛇兒年文書殘件　**M1·036［F111:W1］**　尺寸：12.9cm×7.1cm（縮放比例：186%）

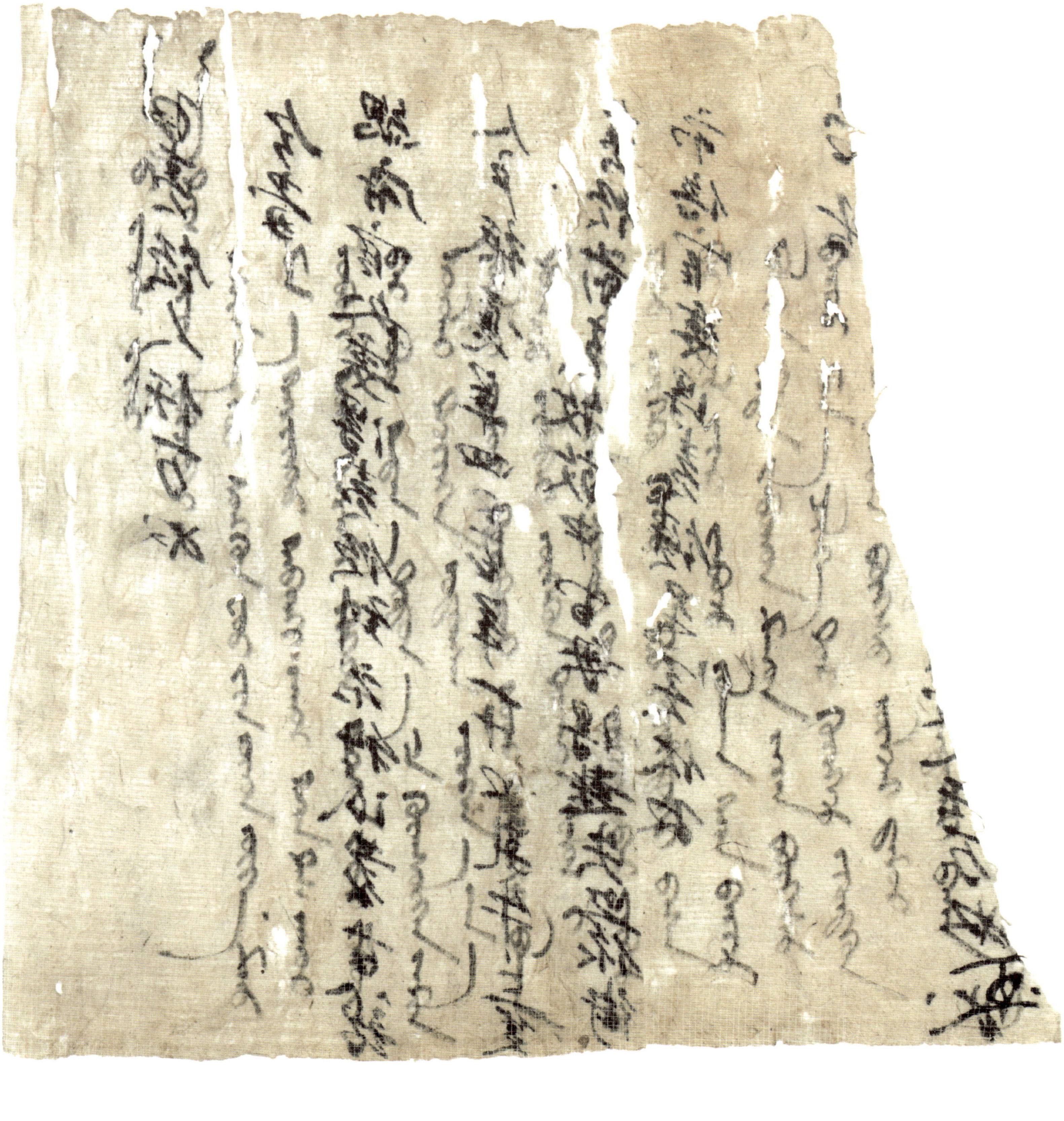

（三七）文書殘件 **M1·037［F9:W31（反）］** 尺寸：24.4cm×23.6cm（縮放比例：89%）

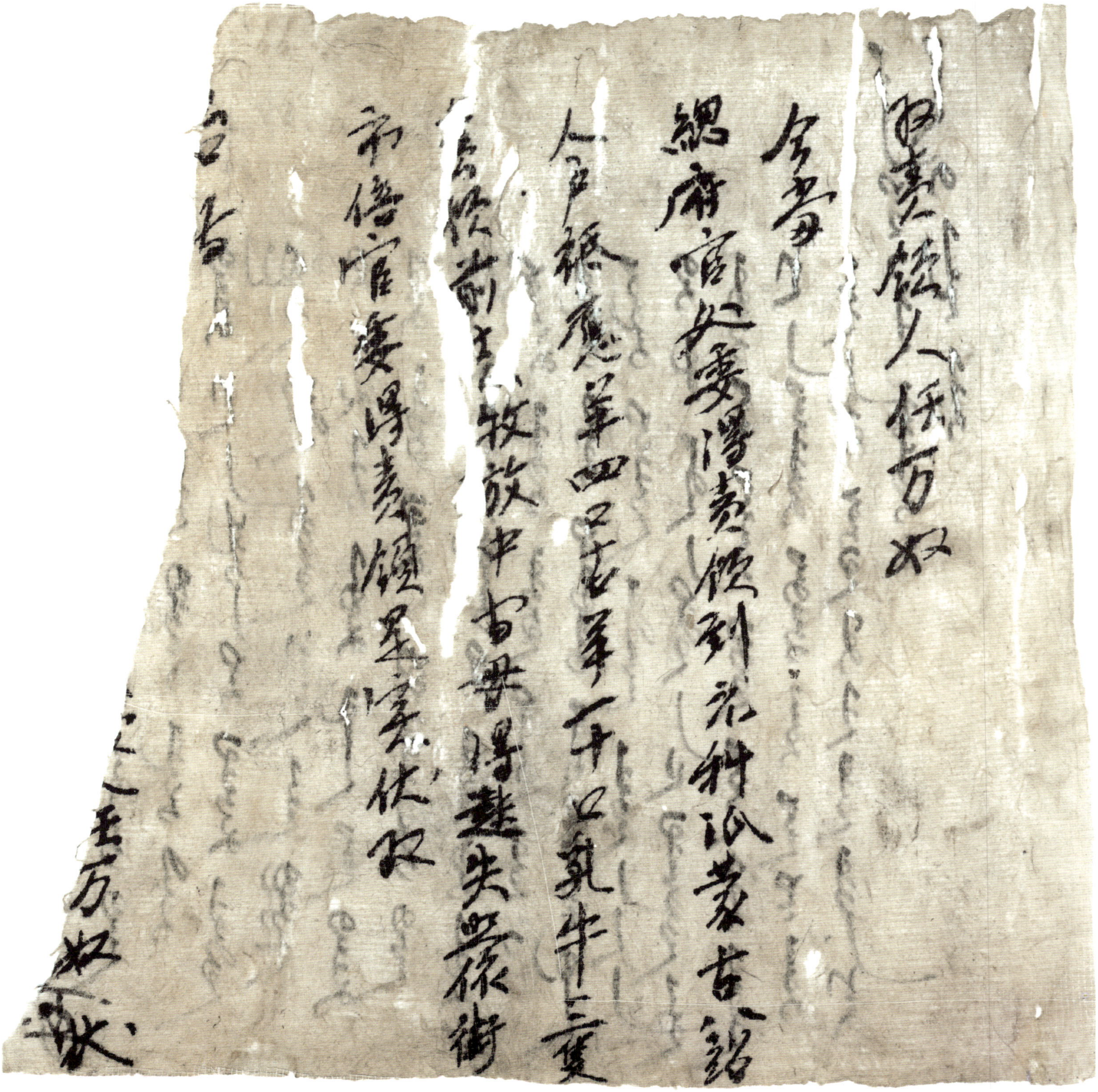

（三八）漢文文獻　**M1·038［F9:W31（正）］**　尺寸：24.4cm×23.6cm（縮放比例：89%）

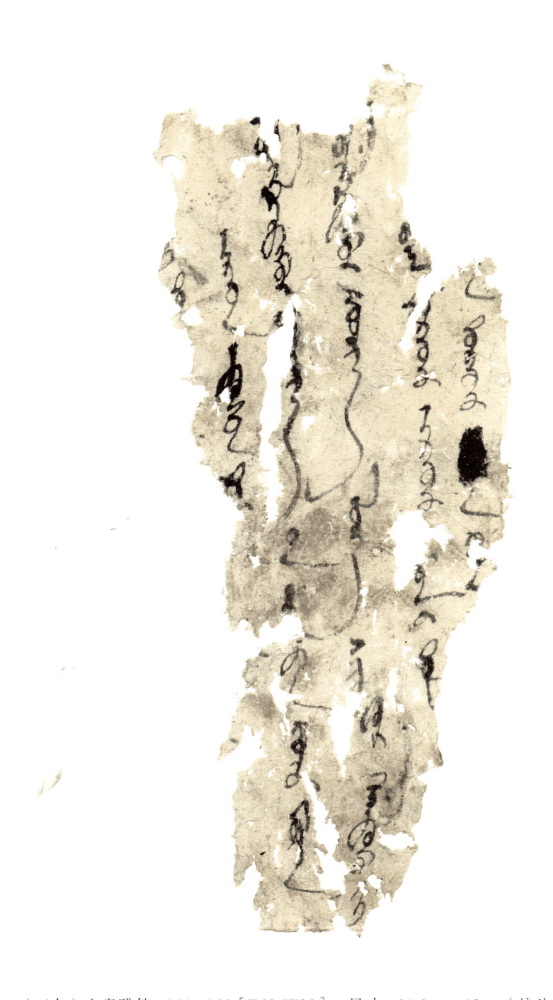

（三九）文書殘件　**M1·039［F43:W23］**　尺寸：31.3cm×13cm（縮放比例：77%）

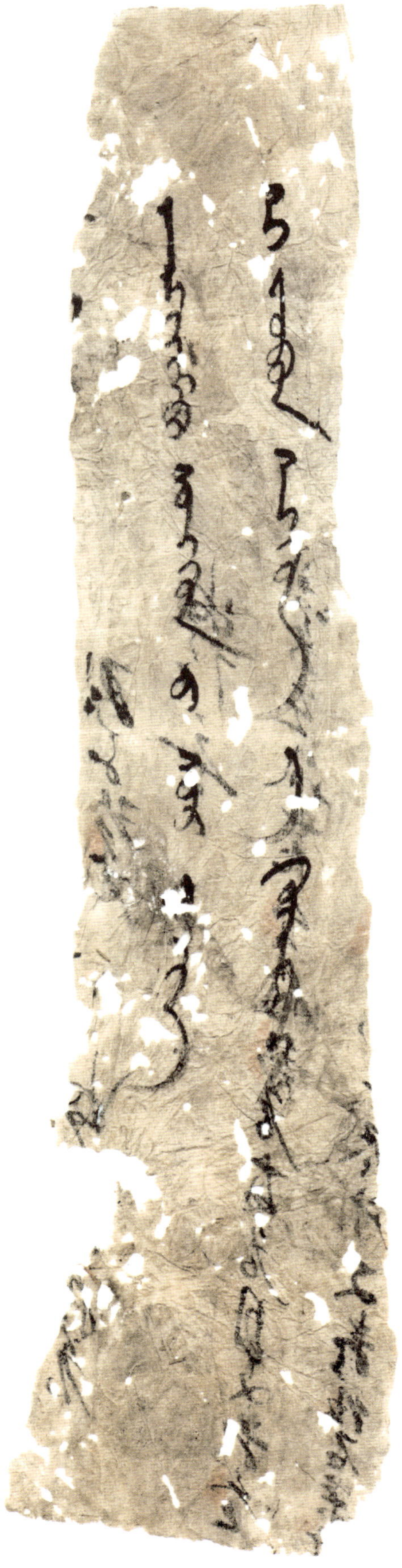

（四〇）文書殘件　**M1·040［84HFA205（反）］**　尺寸：32.2cm×8.2cm（縮放比例：75%）

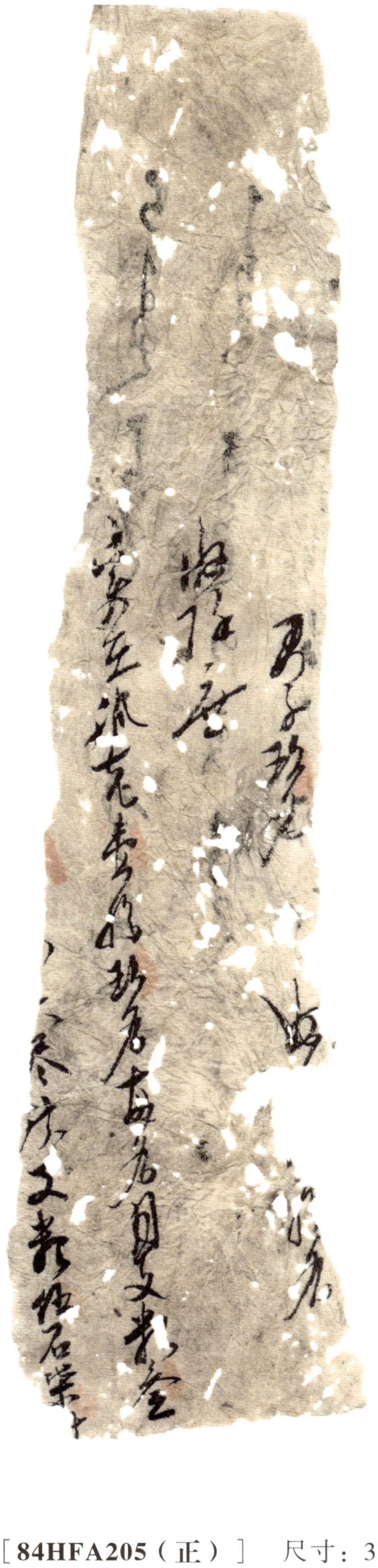

（四一）漢文文書殘件　**M1·041［84HFA205（正）］**　尺寸：32.2cm×8.2cm（縮放比例：75%）

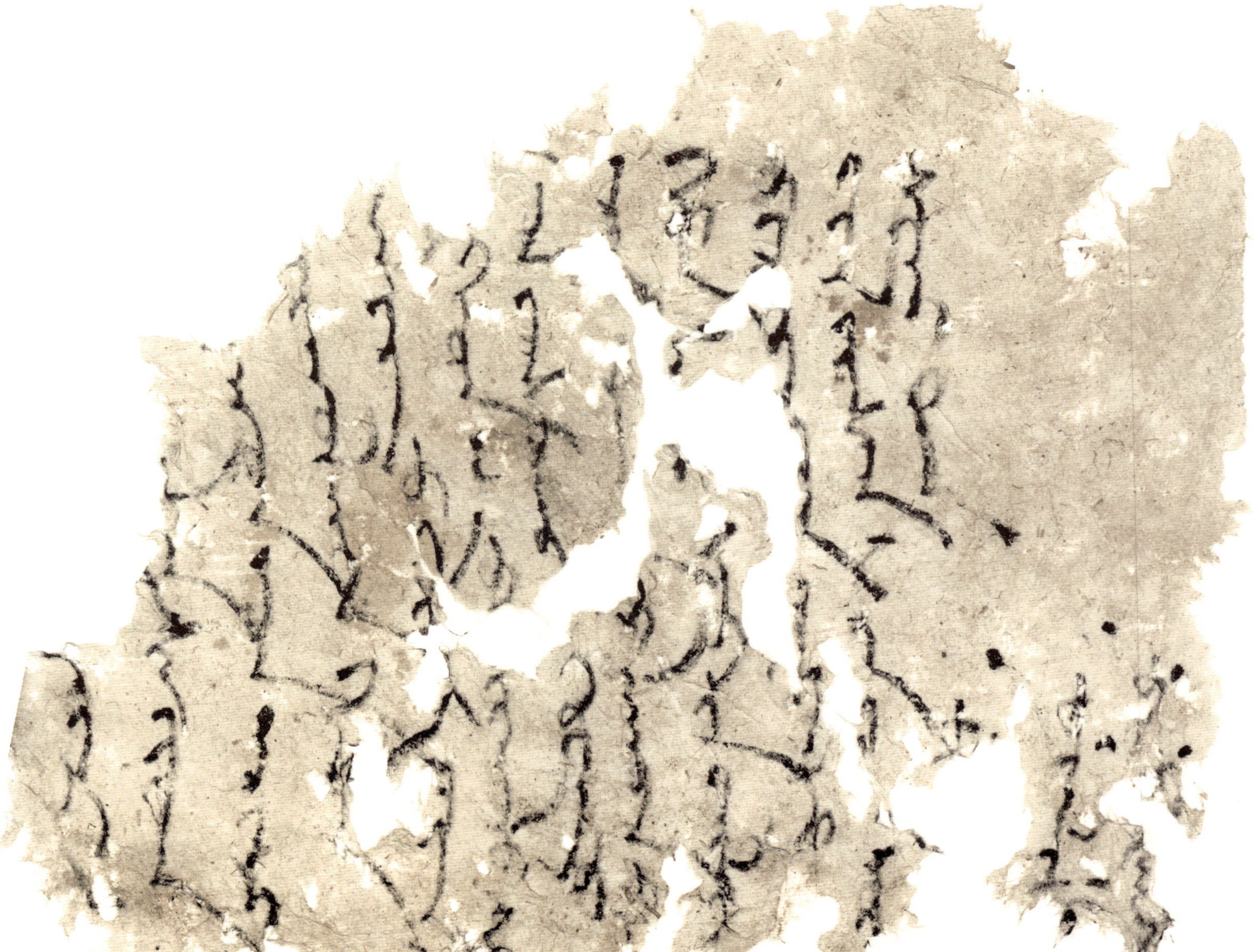

（四二）文書殘件 **M1·042［F234:W1］** 尺寸：22cm×21.1cm（縮放比例：95%）

（四三）文書殘件　**M1·043［F144:W4］**　尺寸：17.6cm×11.5cm（縮放比例：119%）

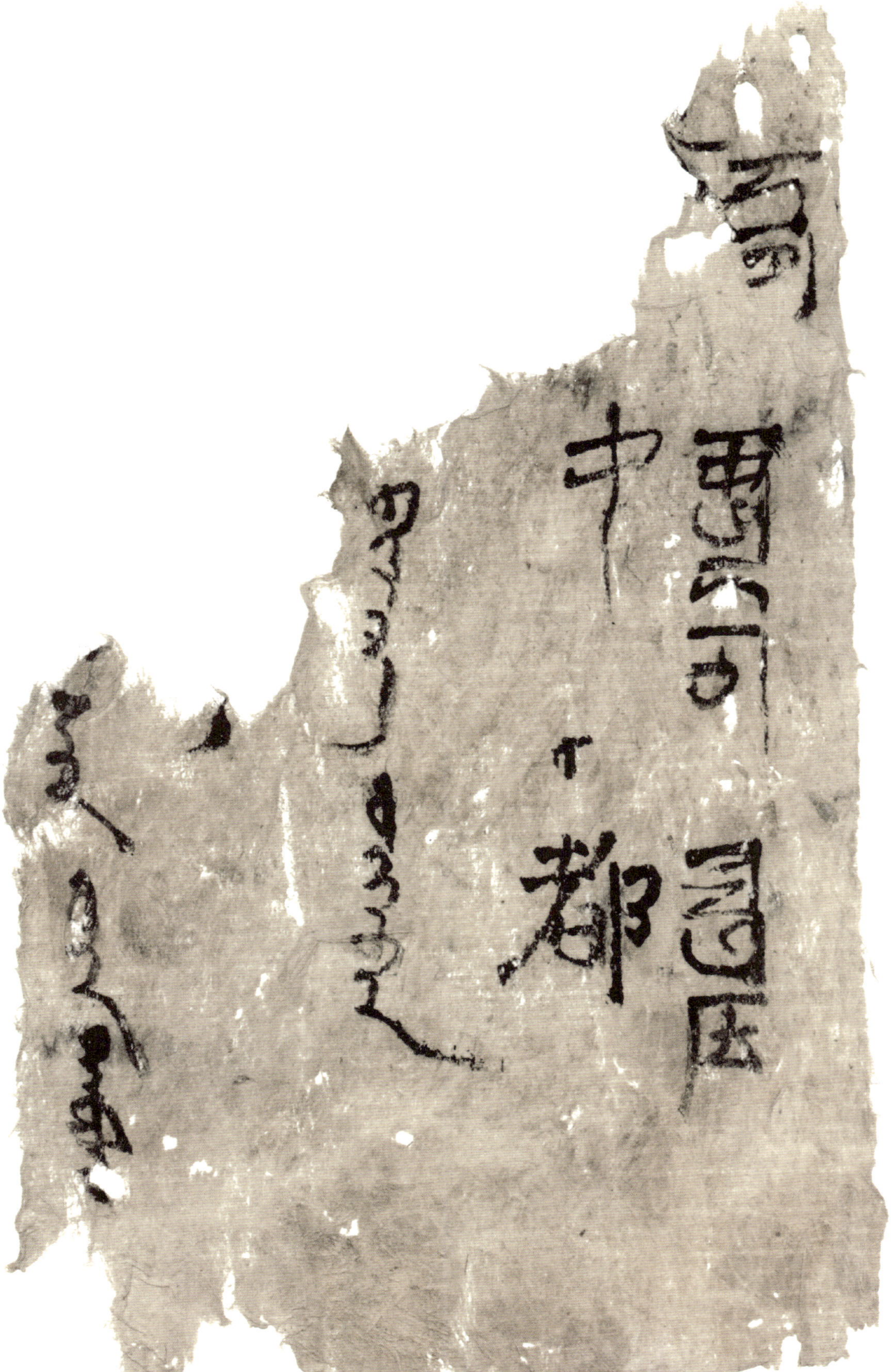

（四四）文書殘件（八思巴文、漢文、回鶻式蒙古文） **M1·044**［**F14:W15**］ 尺寸：19.6cm×12.1cm（縮放比例：122%）

（四五）文書殘件　**M1·045［84H·F116:W212/1384］**　尺寸：12.4cm×11.7cm（縮放比例：169%）

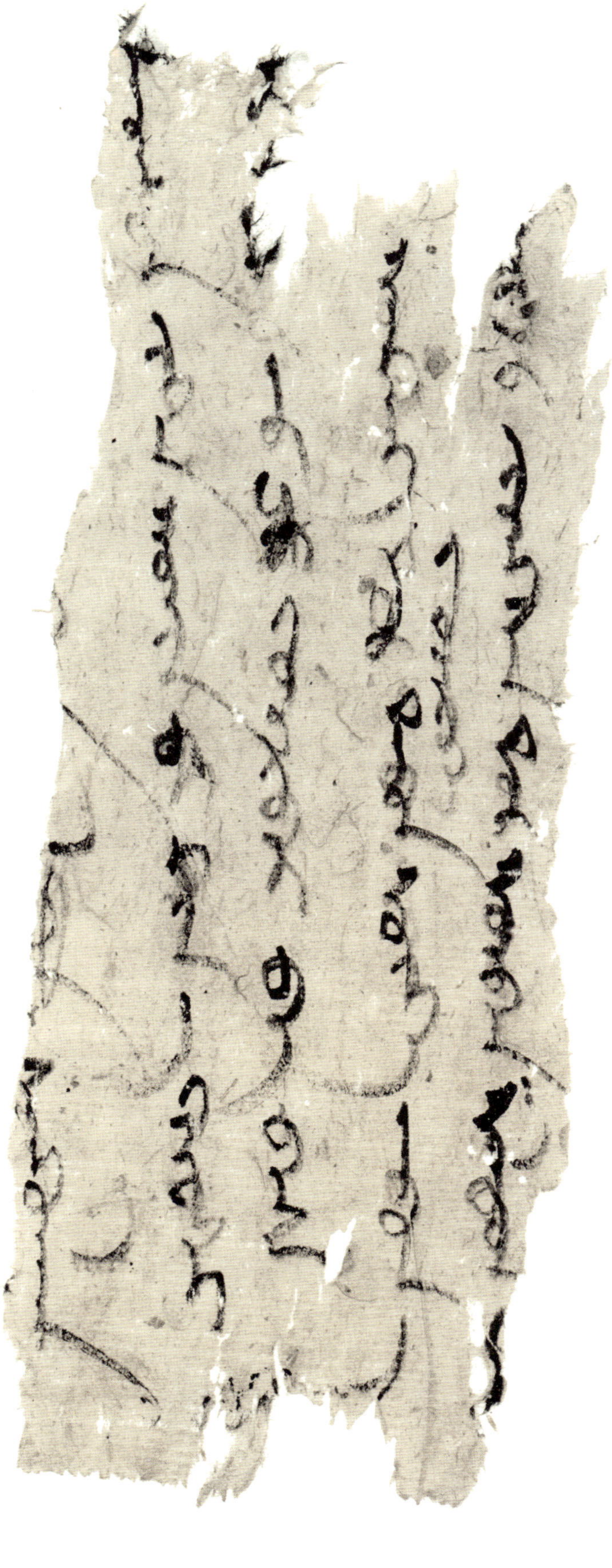

（四六）文書殘件 **M1·046［F211:W2］** 尺寸：21.2cm×9cm（縮放比例：93%）

（四七）文書殘件 **M1·047**［**F19:W72（2）下**］ 尺寸：16.3cm×8.1cm（縮放比例：100%）

（四八）文書殘件　M1·048［84H·F116:W507/1679］　尺寸：11.2cm×9cm（縮放比例：200%）

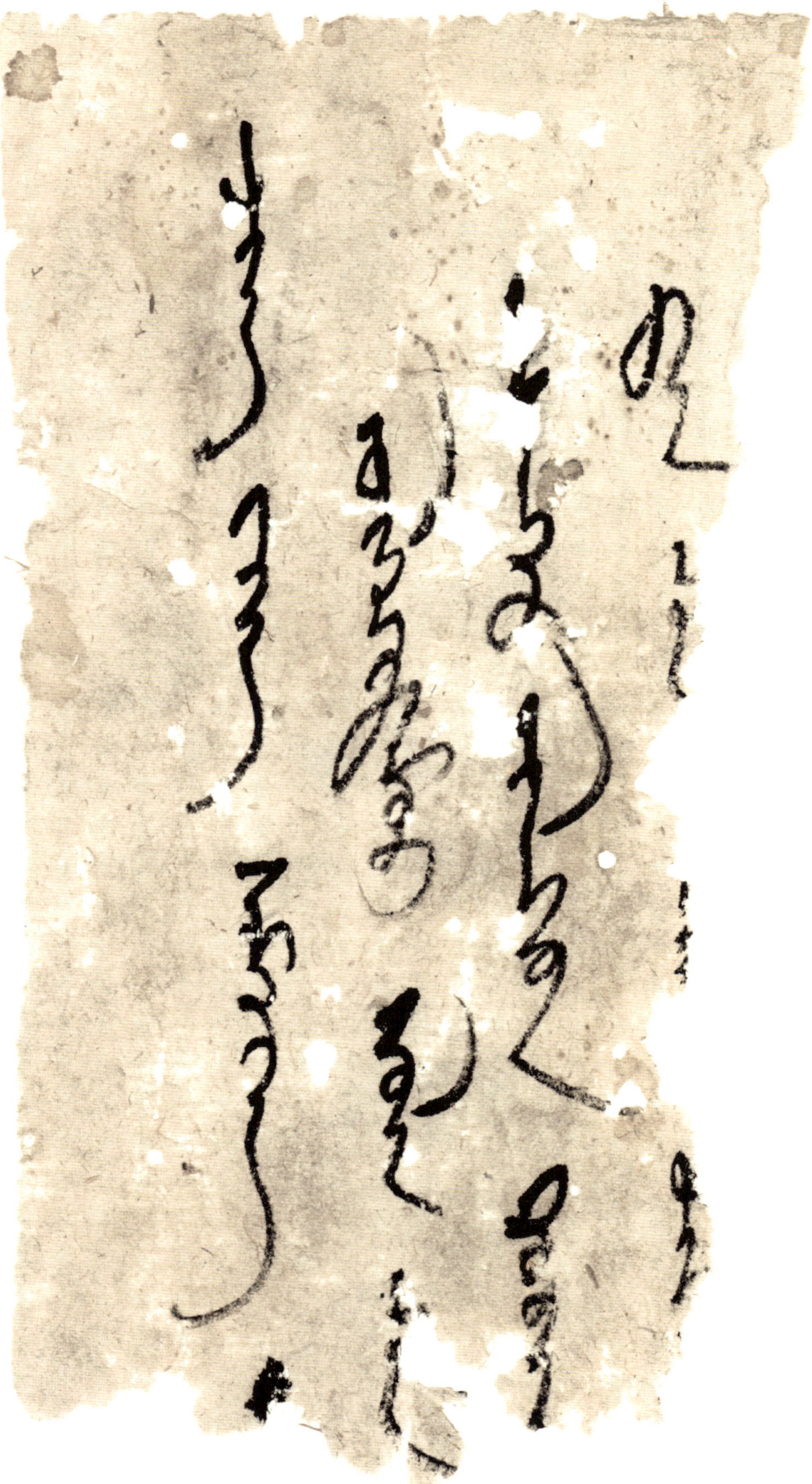

（四九）文書殘件　M1·049［F197:W30］　尺寸：16.9cm×8.8cm（縮放比例：142%）

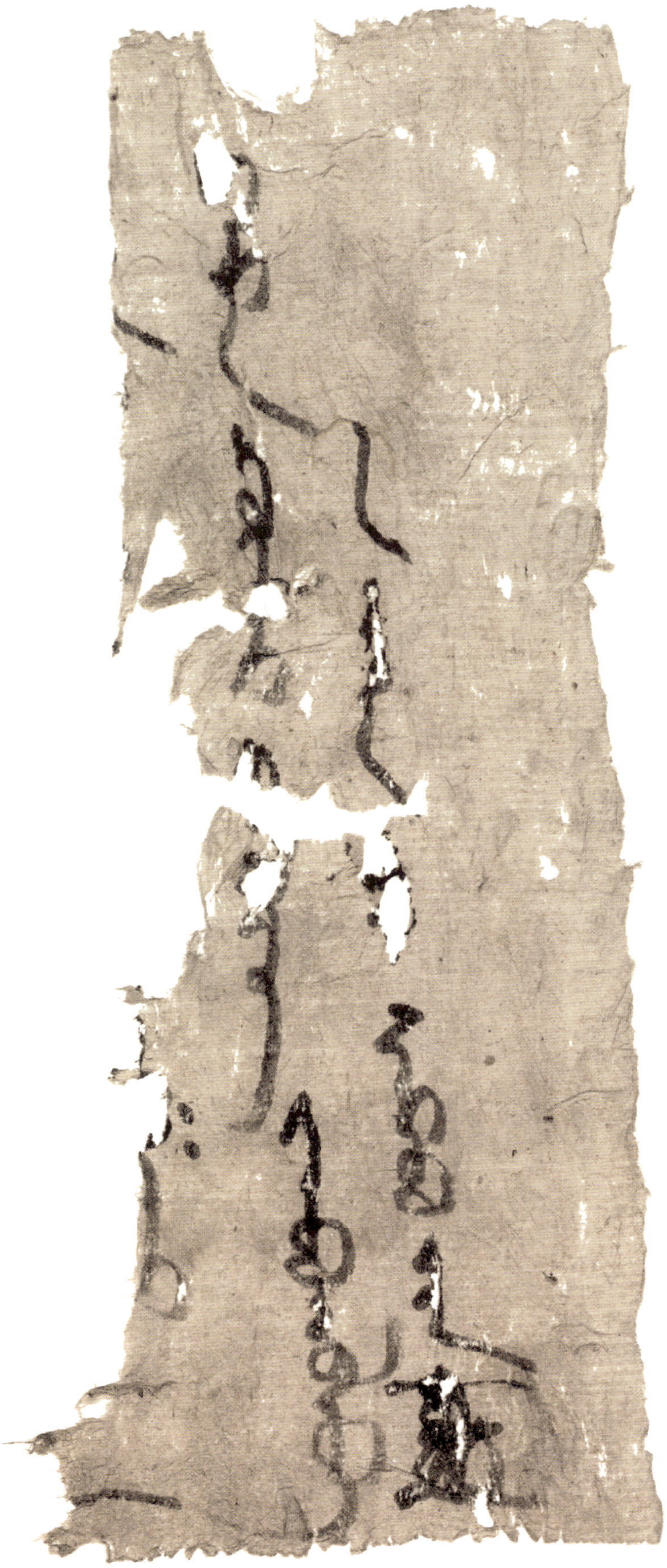

（五〇）文書殘件　**M1·050［F41:W10］**　尺寸：22.2cm×10cm（縮放比例：108%）

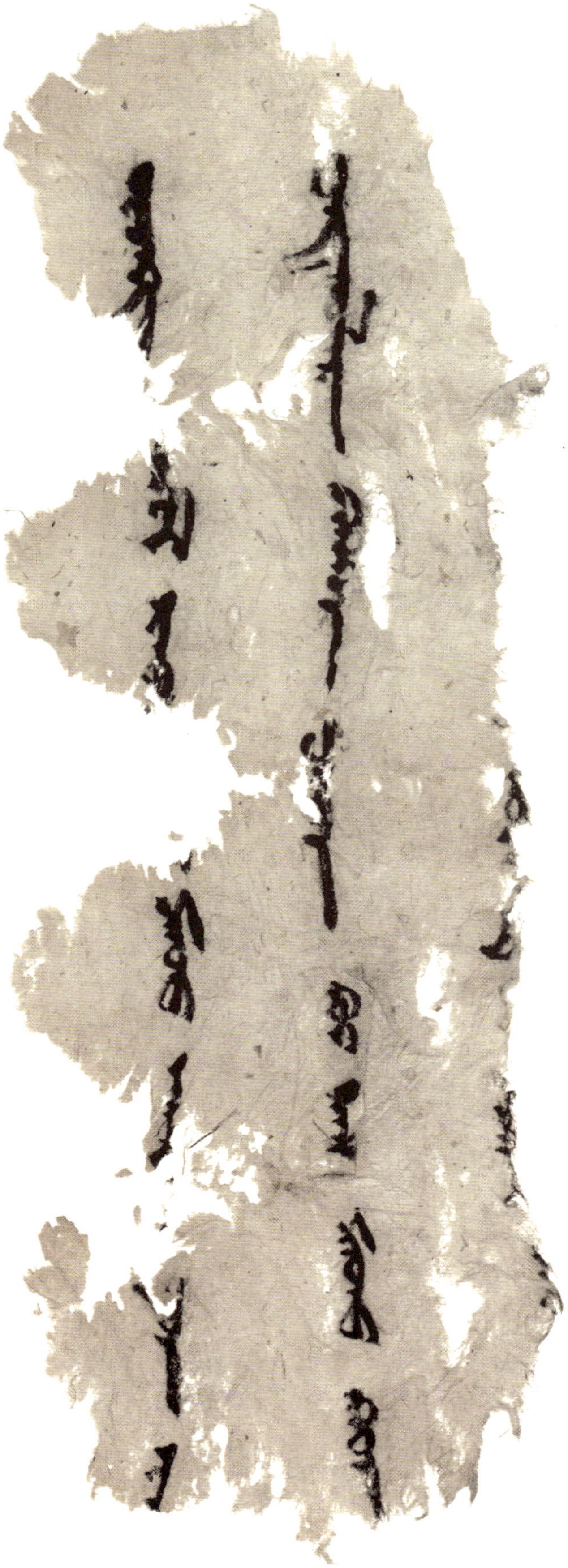

（五一）文書殘件　M1·051［F137:W1］　尺寸：28cm×10cm（縮放比例：86%）

（五二）文書殘件 **M1·052［Y1:W101］** 尺寸：26.7cm×7cm（縮放比例：158%）

（五三）文書殘件　**M1・053［84H・F249:W8/2541］**　尺寸：27.4cm×22.6cm（縮放比例：88%）

（五四）文書殘件　**M1·054［83HF13反］**　尺寸：21.1cm×16.2cm（縮放比例：114%）

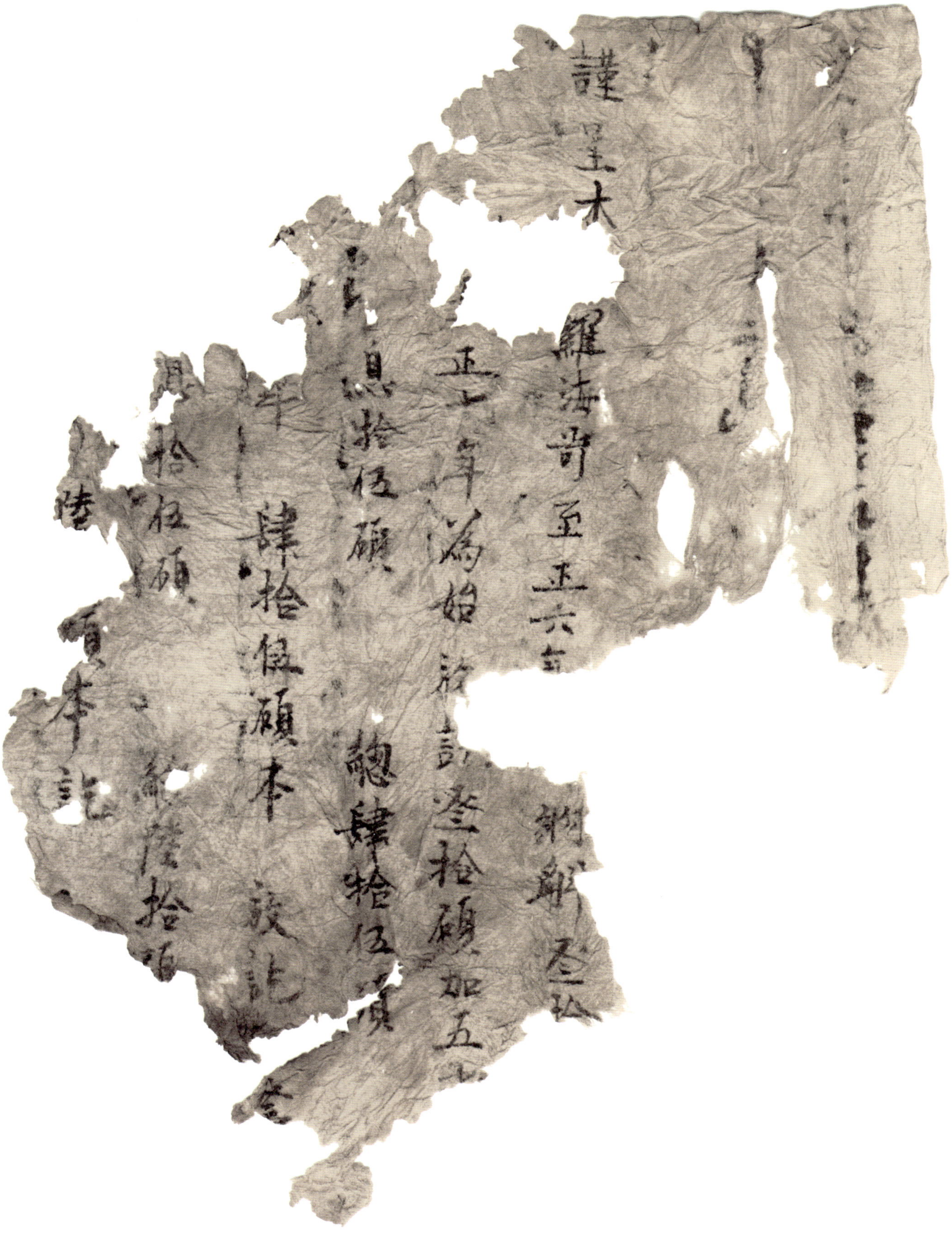

（五五）漢文文書殘件　**M1·055［83HF13正］**　尺寸：21.1cm×16.2cm（縮放比例：114%）

（五六）文書殘件　**M1·056［F247:W1］**　尺寸：10.3cm×6.1cm（縮放比例：200%）

（五七）文書殘件　**M1·057［F224:W2］**　尺寸：10.4cm×7cm（縮放比例：200%）

（五八）文書殘件 **M1·058［F90:W7］** 尺寸：8cm×7.9cm（縮放比例：190%）

（五九）文書殘件 **M1·059**［**F21:W31**］ 尺寸：28.8cm×20.9cm（縮放比例：73%）

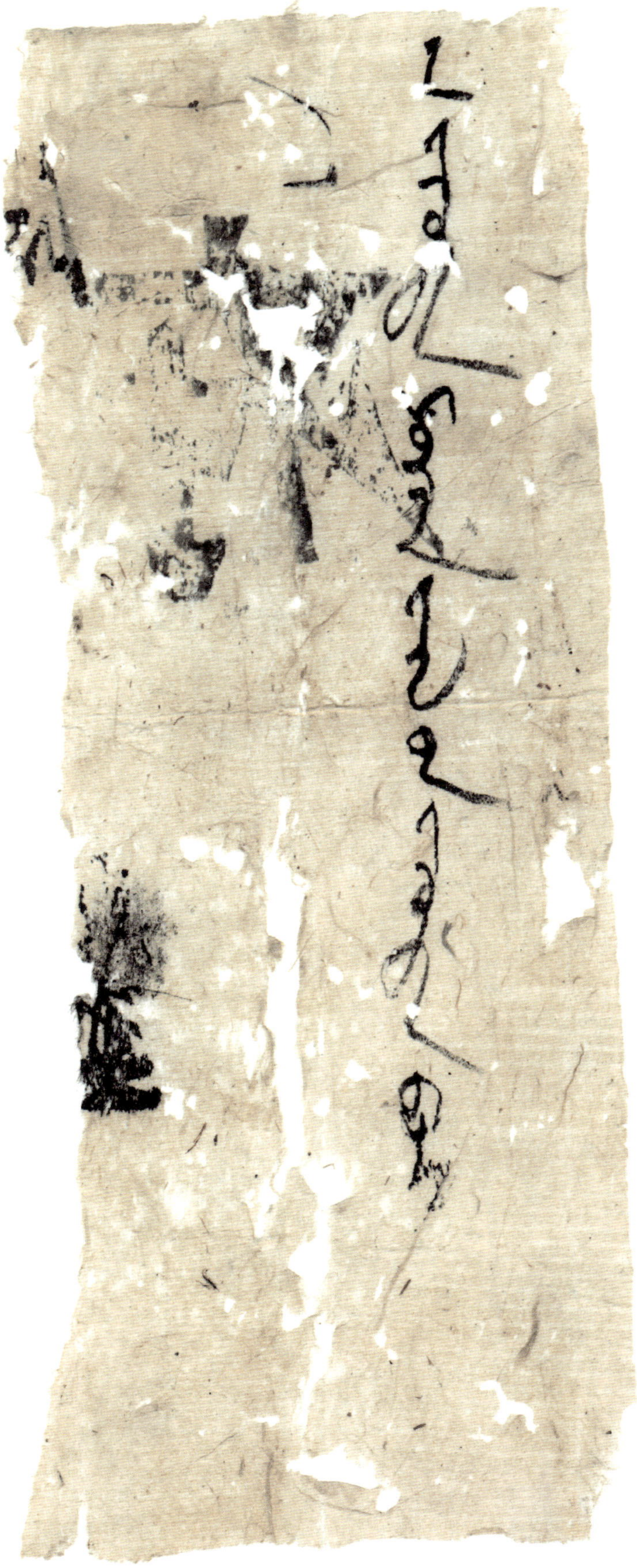

（六〇）文書殘件　**M1·060［F270:W1］**　尺寸：28cm×11.4cm（縮放比例：86%）

（六一）文書殘件　**M1·061［F224:W4］**　尺寸：28.5cm×12.5cm（縮放比例：84%）

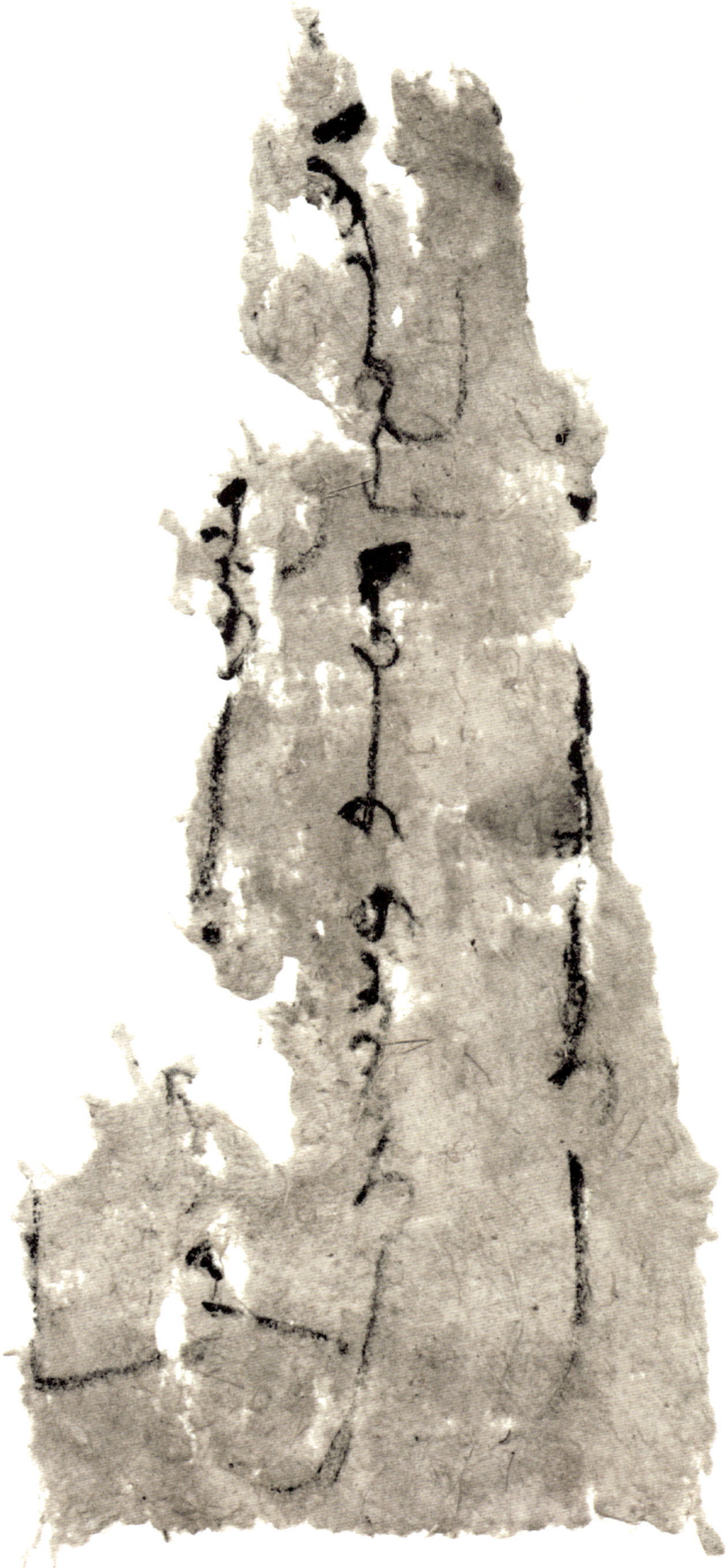

（六二）文書殘件 **M1·062［F209:W66］** 尺寸：17.3cm×8cm（縮放比例：139%）

（六三）文書殘件　**M1·063［F117:W1］**　尺寸：10.9cm×9cm（縮放比例：190%）

（六四）文書殘件　**M1·064［F116:W1］**　尺寸：12.9cm×6.2cm（縮放比例：163%）

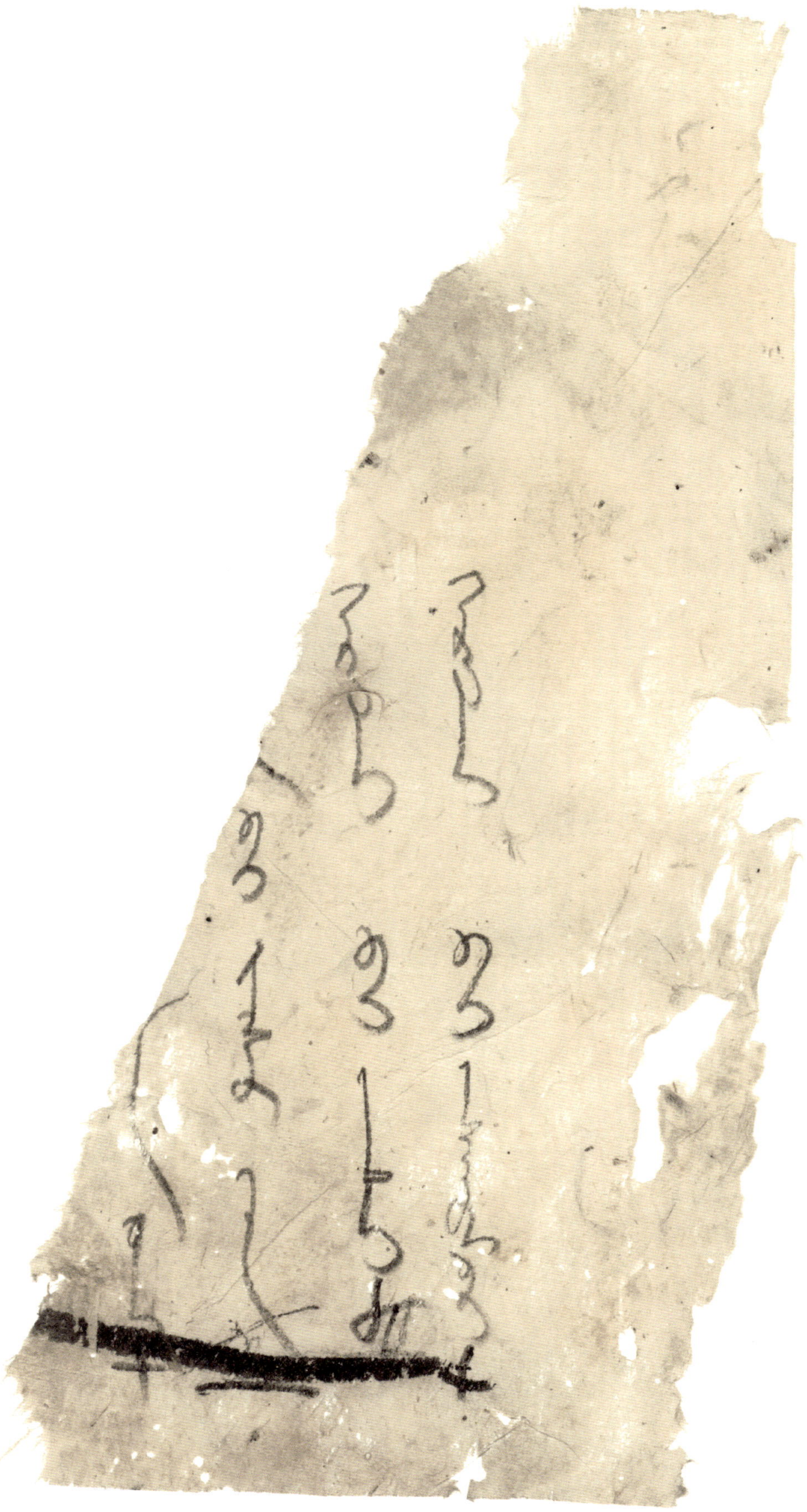

（六五）文書殘件　**M1·065［F92:W6］**　尺寸：29.5cm×13.6cm（縮放比例：81%）

（六六）文書殘件　**M1·066［F90:W8］**　尺寸：15.6cm×9.2cm（縮放比例：135%）

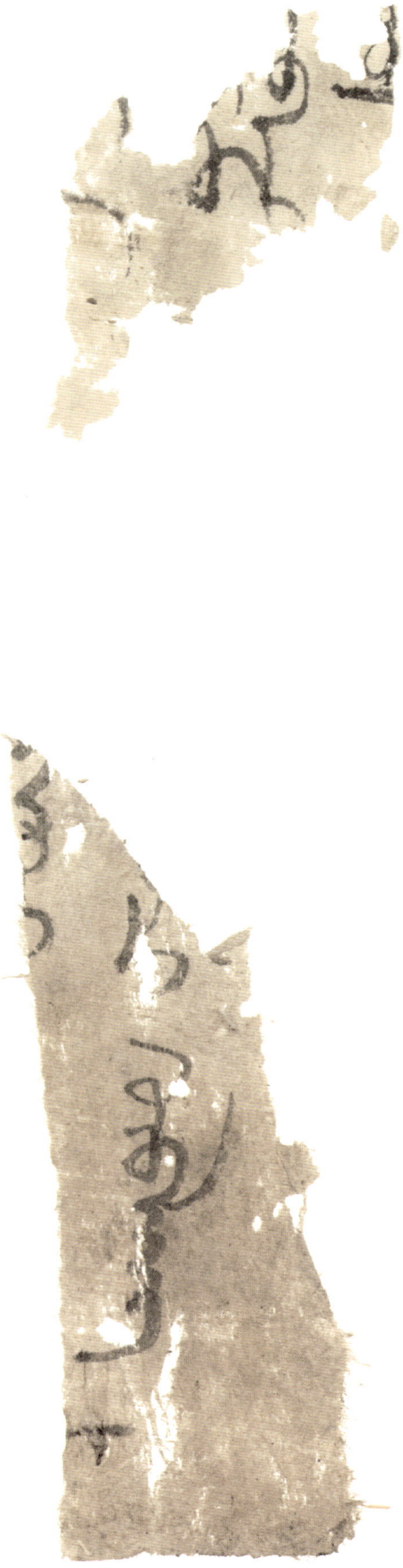

（六七）文書殘件　**M1·067［F79:W27］**　尺寸：22.7cm×5.8cm（縮放比例：106%）

（六八）文書殘件　M1·068［F21:W29］　尺寸：15.3cm×6.3cm（縮放比例：157%）

（六九）文書殘件 **M1·069［F17:W8］** 尺寸：23.8cm×4.2cm（縮放比例：100%）

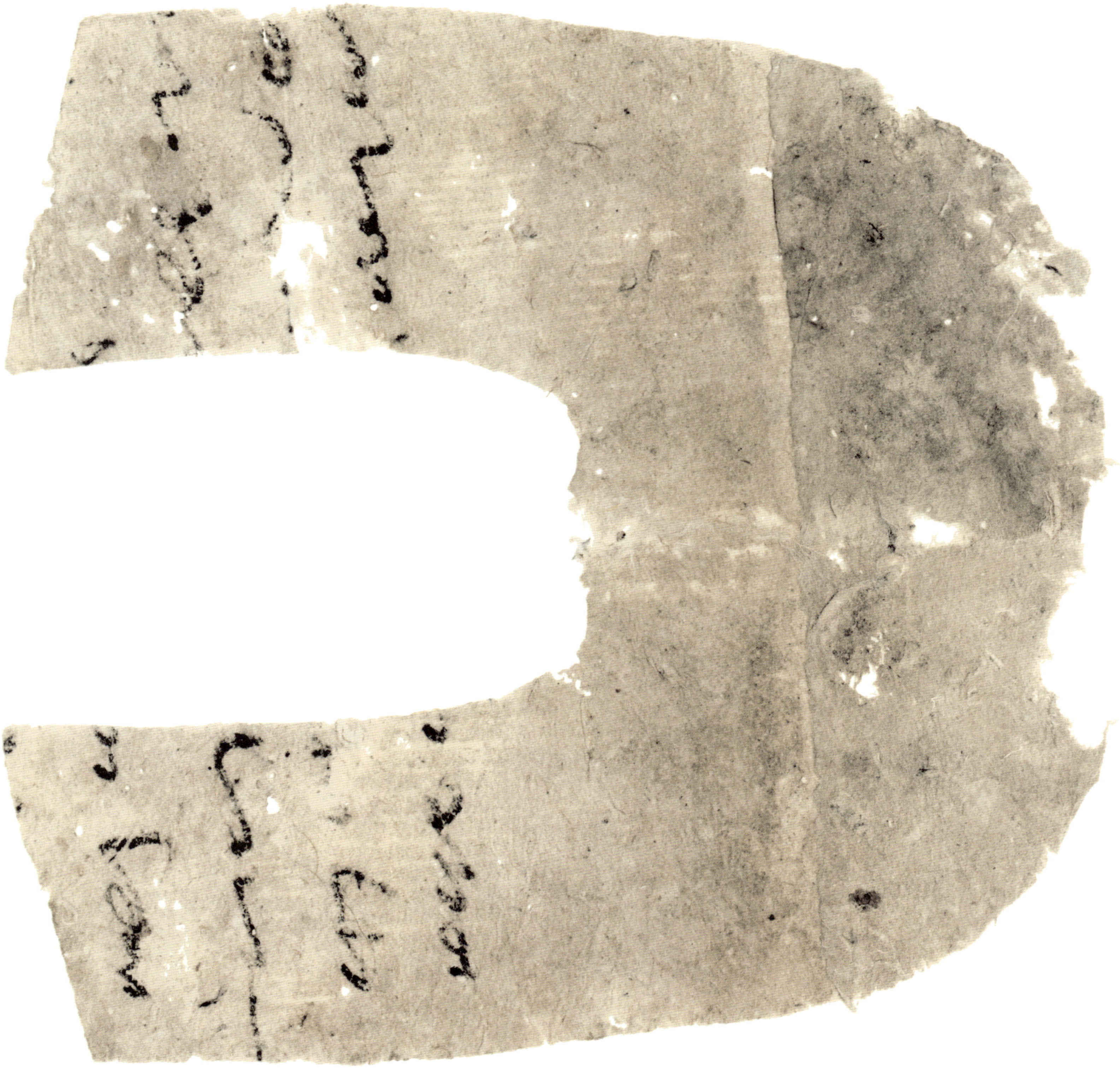

（七〇）文書殘件　**M1·070**［**F9:W34a**］　尺寸：16cm×15.7cm（縮放比例：134%）

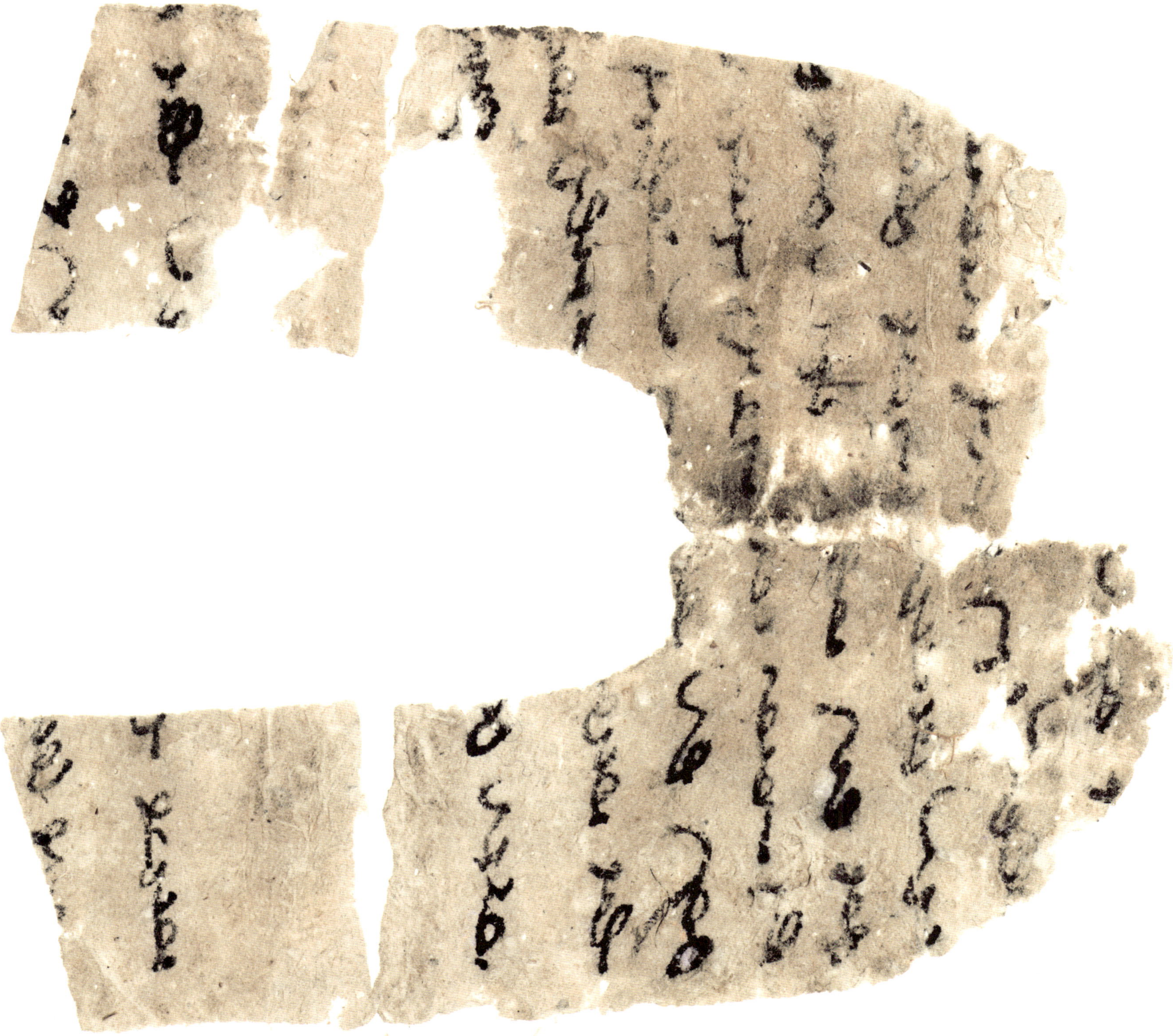

（七一）文書殘件　M1·071［F9:W34b］　尺寸：17.8cm×16.4cm（縮放比例：128%）

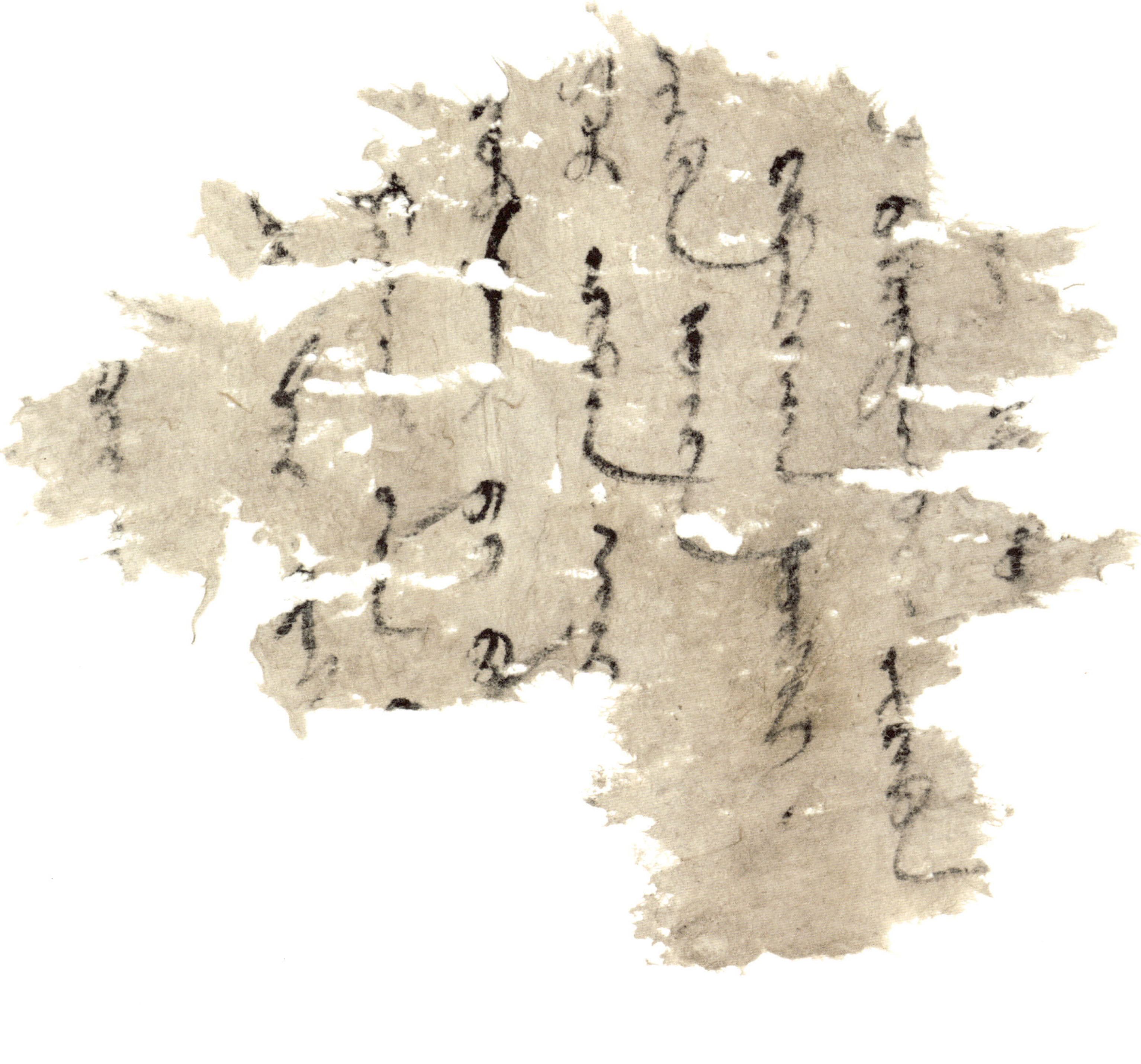

（七二）文書殘件　**M1·072［F53:W1］**　尺寸：18.4cm×15.8cm（縮放比例：114%）

（七三）文書殘件 **M1·073［Y1: W106］** 尺寸：9.1cm×8cm（縮放比例：200%）

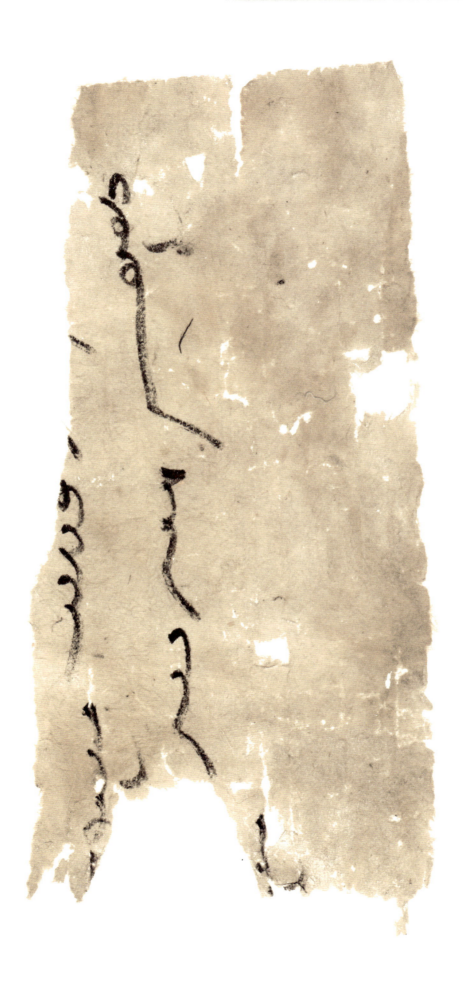

（七四）文書殘件　**M1·074［F125:W1］**　尺寸：20.9cm×9.4cm（縮放比例：115%）

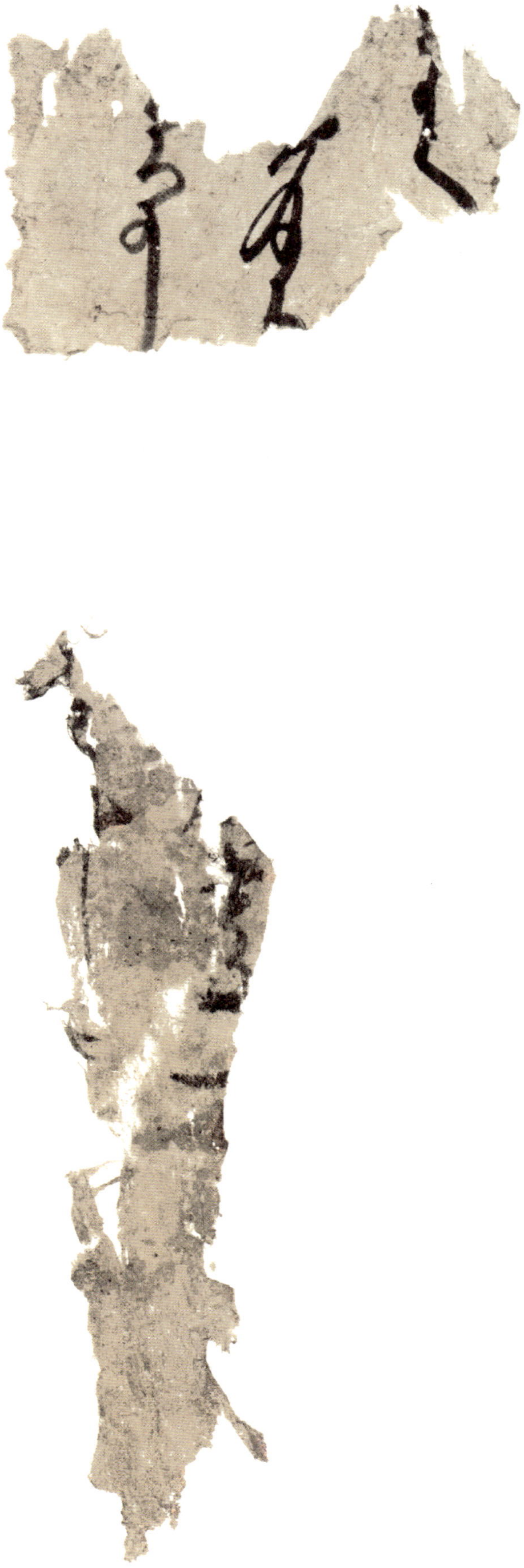

（七五）文書殘件　**M1·075［F19:W97］**　尺寸：19.3cm×6.3cm（縮放比例：124%）

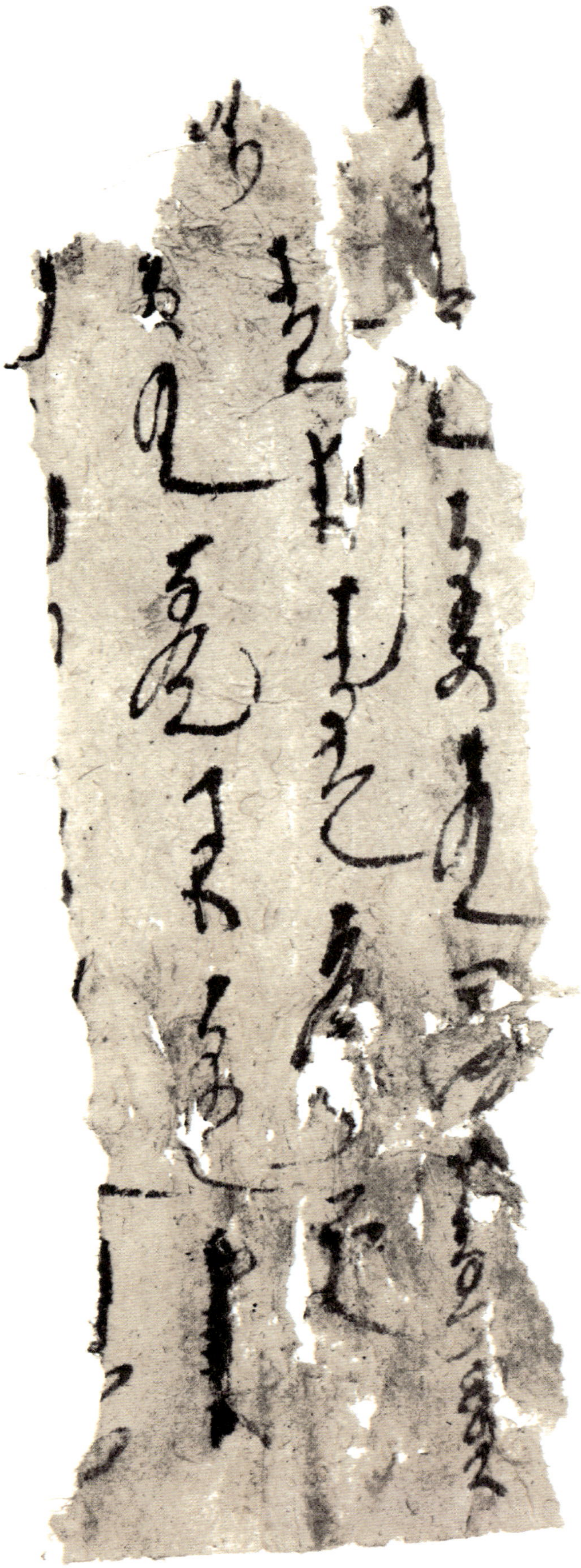

（七六）文書殘件　**M1·076［F43:W24］**　尺寸：24cm×8.7cm（縮放比例：100%）

（七七）文書殘件　**M1·077［84H·F116:W282/1454］**　尺寸：26.3cm×16.8cm（縮放比例：80%）

（七八）文書殘件　**M1·078［84H·F21:W33/0750］**　尺寸：25.7cm×9cm（縮放比例：93%）

（七九）文書殘件　**M1·079［F9:W55］**　尺寸：16.9cm×7.7cm（縮放比例：142%）

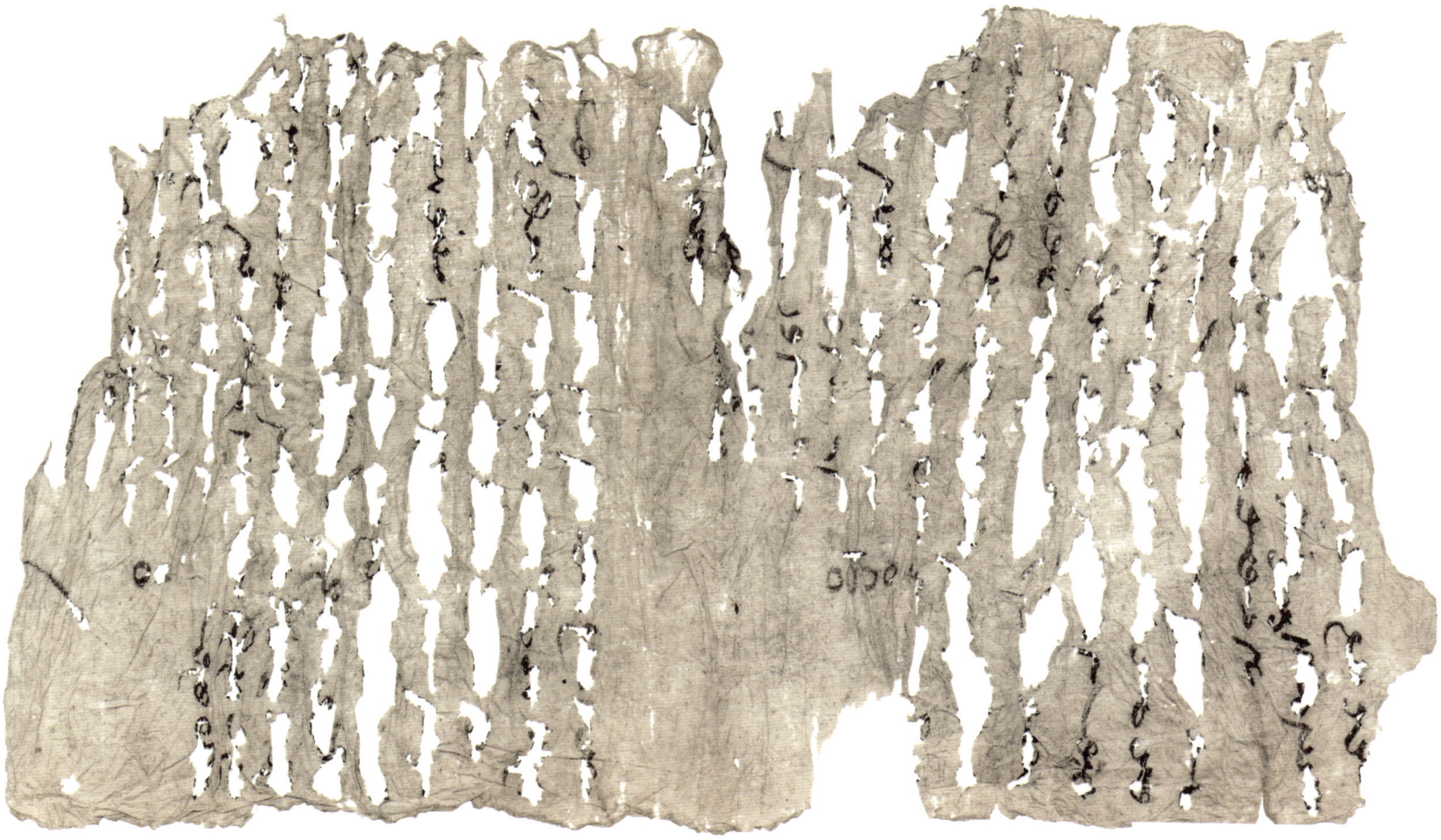

（八〇）文書殘件 **M1·080［83HT9反］** 尺寸：42.7cm×25.6cm（縮放比例：49%）

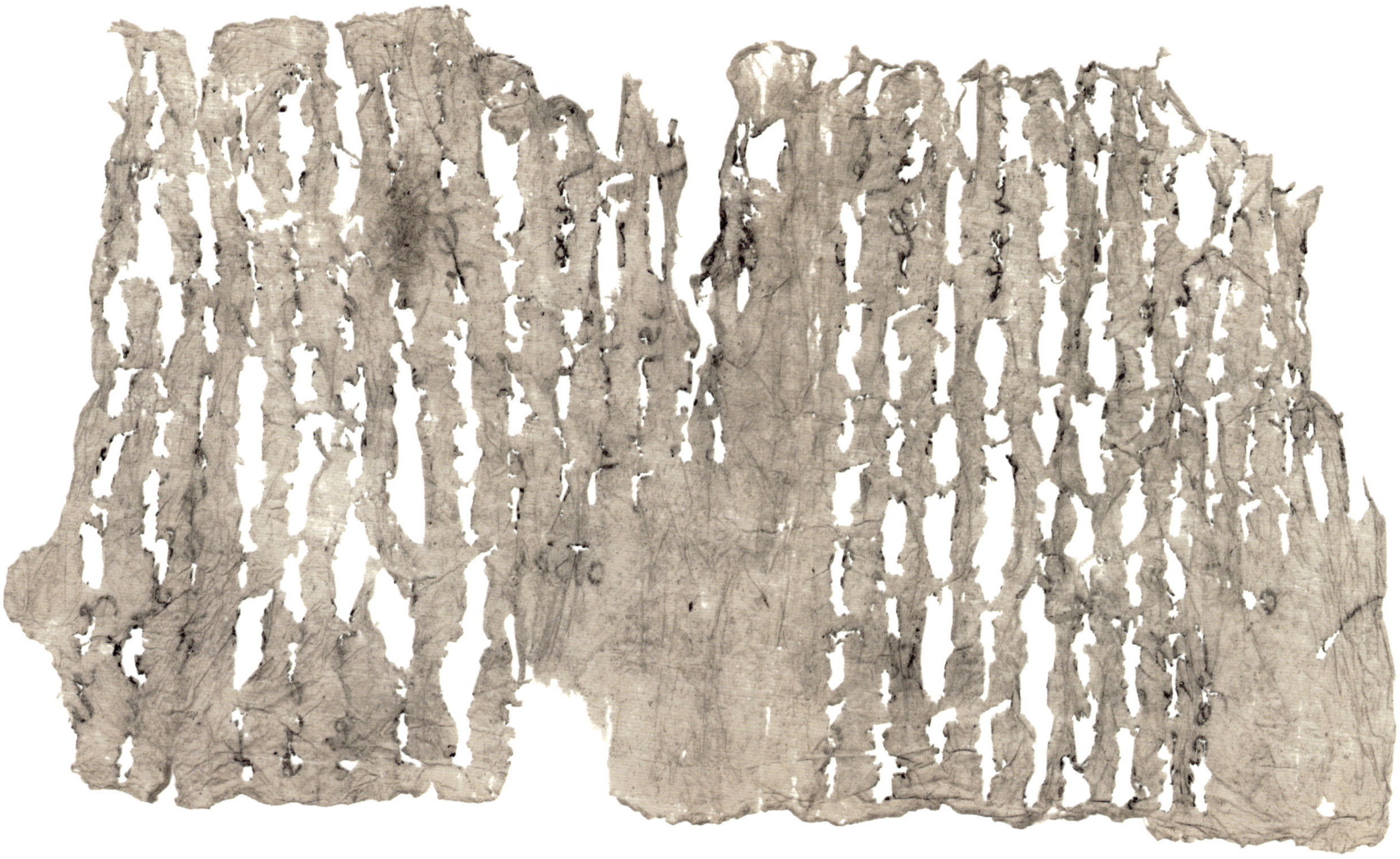

（八一）文書殘件 **M1·081［83HT9正］** 尺寸：42.7cm×25.6cm（縮放比例：49%）

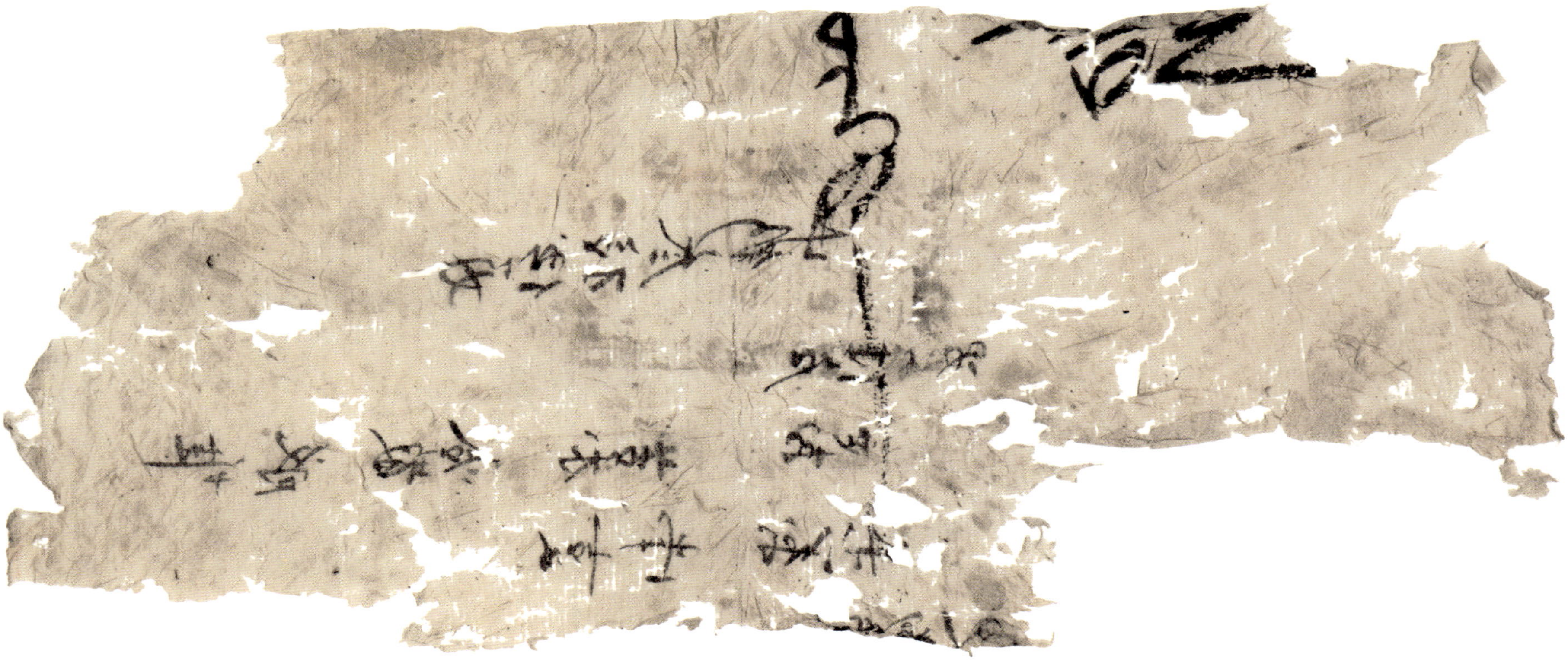

（八二）文書殘件　**M1·082［83HF14:W5 001反］**　尺寸：31.5cm×13.8cm（縮放比例：76%）

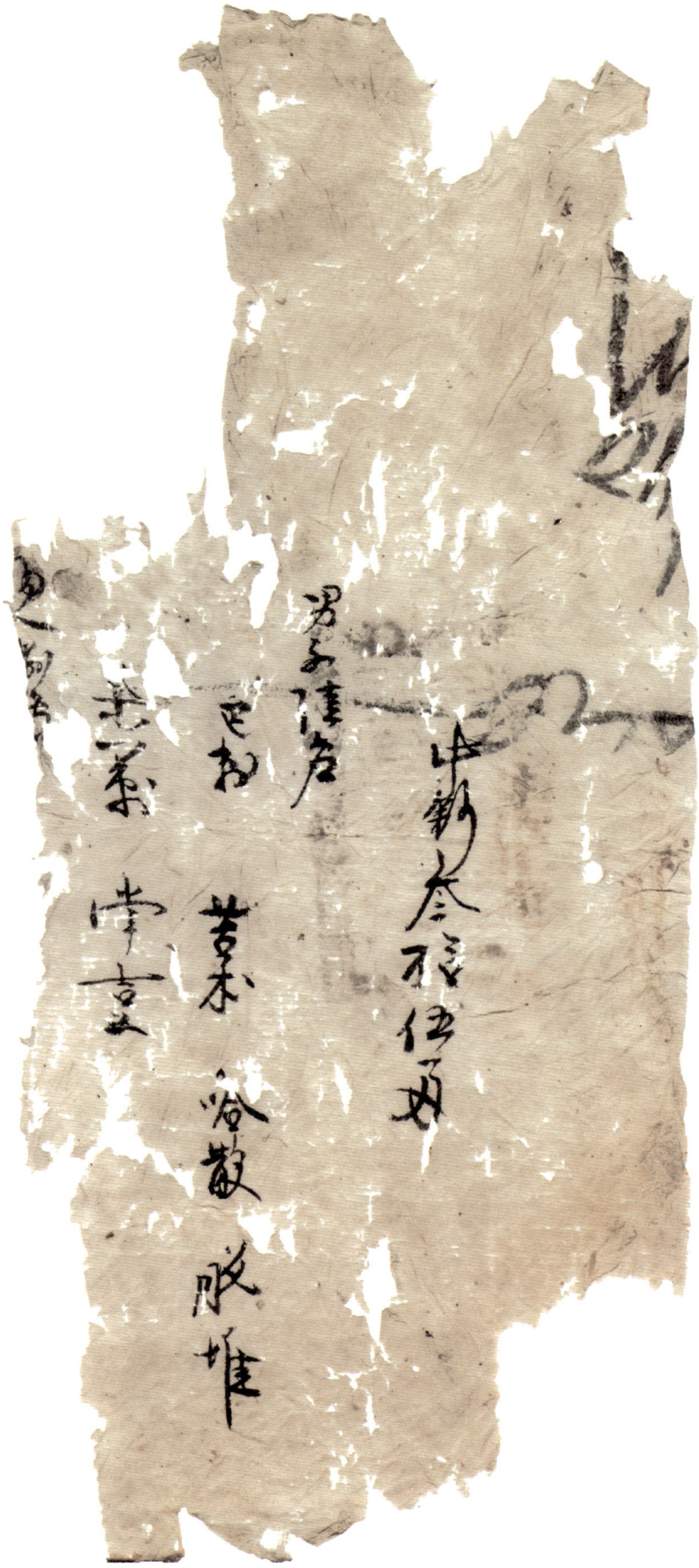

（八三）文書殘件　**M1·083［83HF14:W5 001正］**　尺寸：31.5cm×13.8cm（縮放比例：76%）

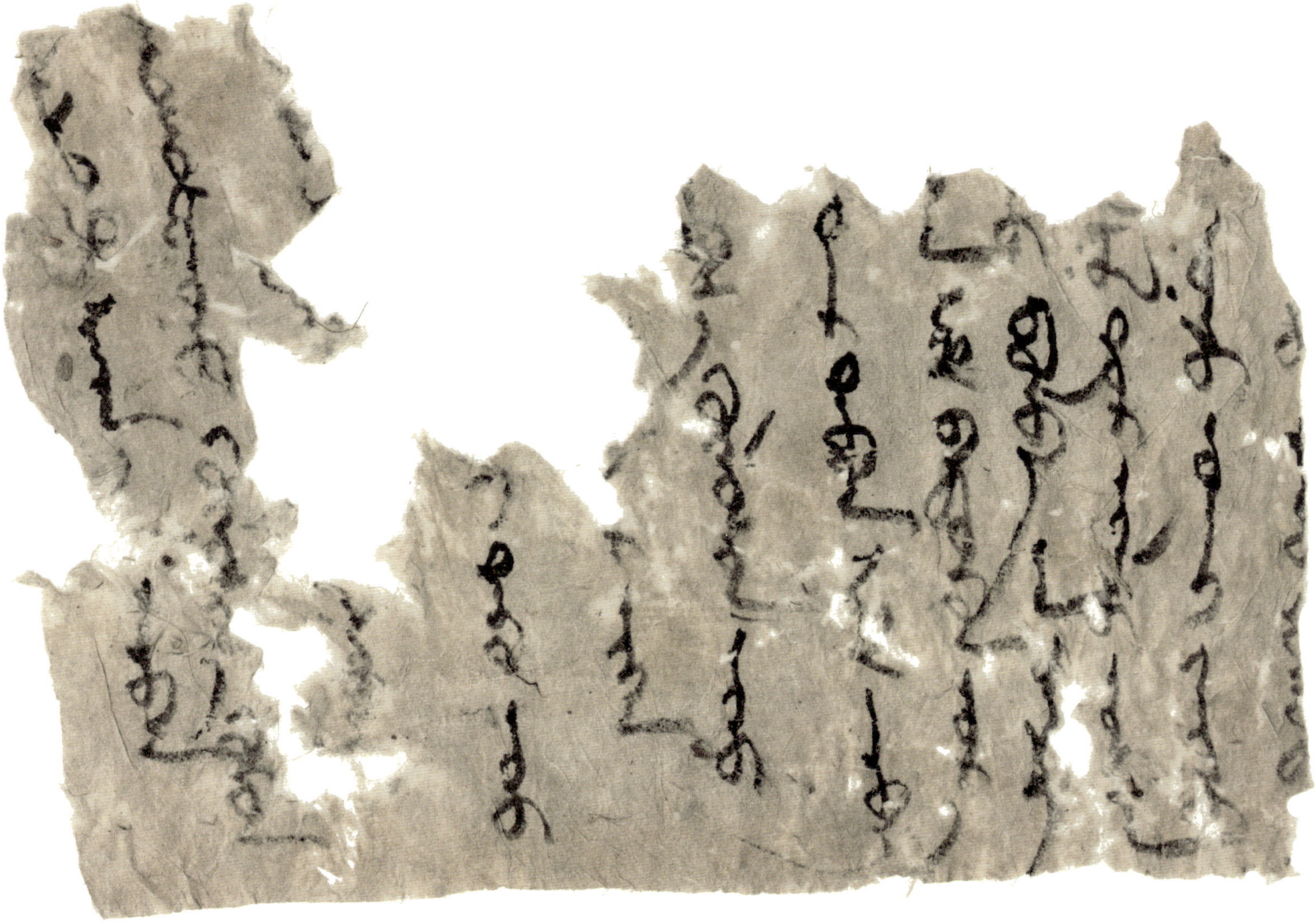

（八四）文書殘件 **M1·084［AE205 ZHI44（M）3］** 尺寸：20cm×14.6cm（縮放比例：105%）

（八五）文書殘件　**M1·085**［（**M**）**4**］　尺寸：28.9cm×25.7cm（縮放比例：82%）

二、八思巴文

（八六）納冬妃子分例文書　M1·086［84H·F116:W584/1758］尺寸：64.9cm×13.9cm（縮放比例：37%）

（八七）納冬妃子分例文書　**M1·087［84H·F116:W518/1690］**　尺寸：37.9cm×13.2cm（縮放比例：55%）

（八八）納冬妃子分例文書　**M1·088［84H·F116:W514/1686］**　尺寸：31.1cm×8cm（縮放比例：68%）

（八九）納冬妃子分例文書　**M1·089［84H·F116:W510/1682］**　尺寸：24.2cm×8.7cm（縮放比例：87%）

（九〇）納冬妃子分例文書　**M1·090［84H·F116:W519/1691］**　尺寸：29cm×14.6cm（縮放比例：72%）

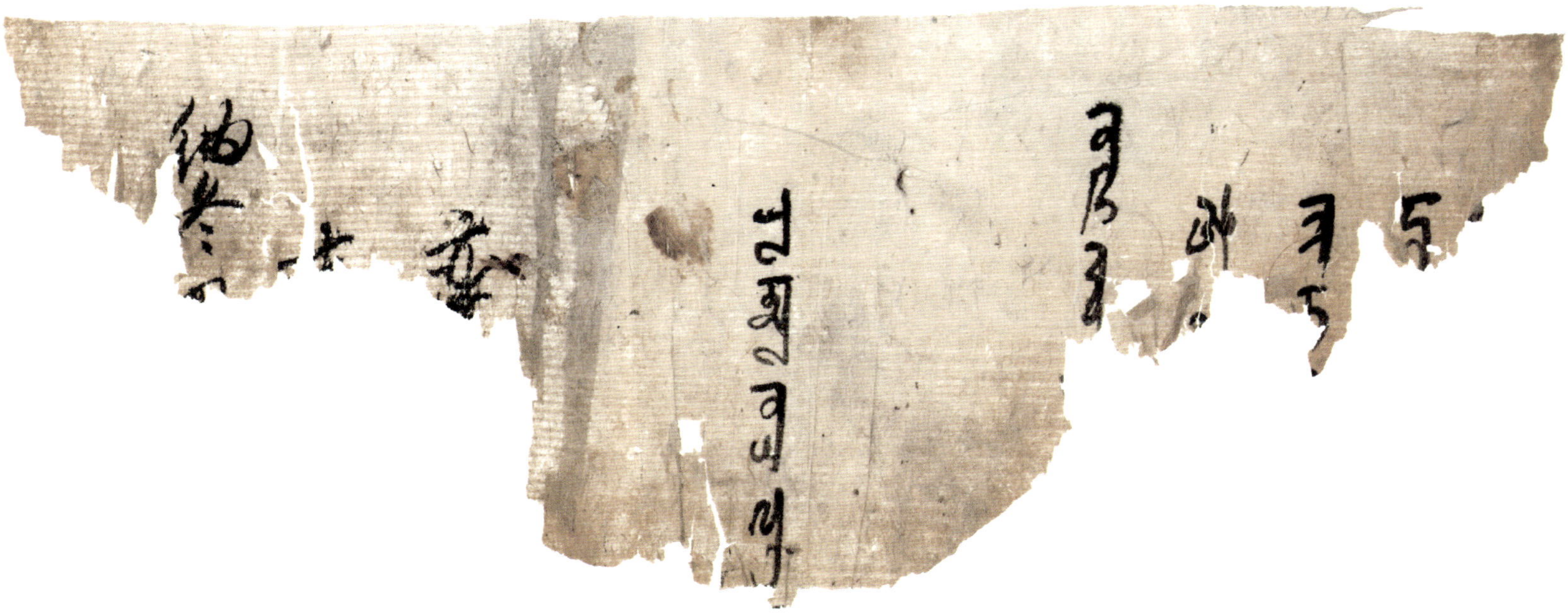

（九一）納冬妃子分例文書　**M1·091［84H·F116:W505/1677］**　尺寸：29.2cm×11.7cm（縮放比例：72%）

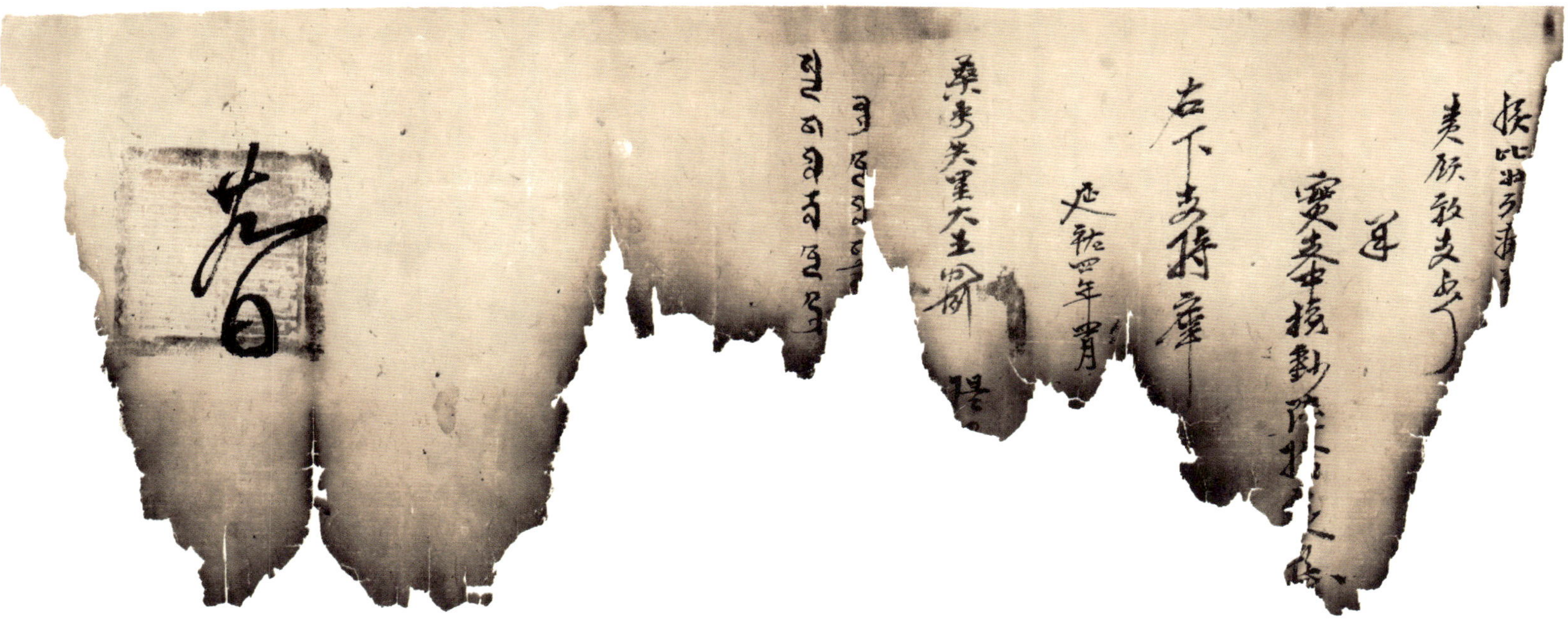

（九二）桑哥失里大王分例文書　**M1・092［84H・F116:W568/1742］**　尺寸：59.1cm×24cm（縮放比例：36%）

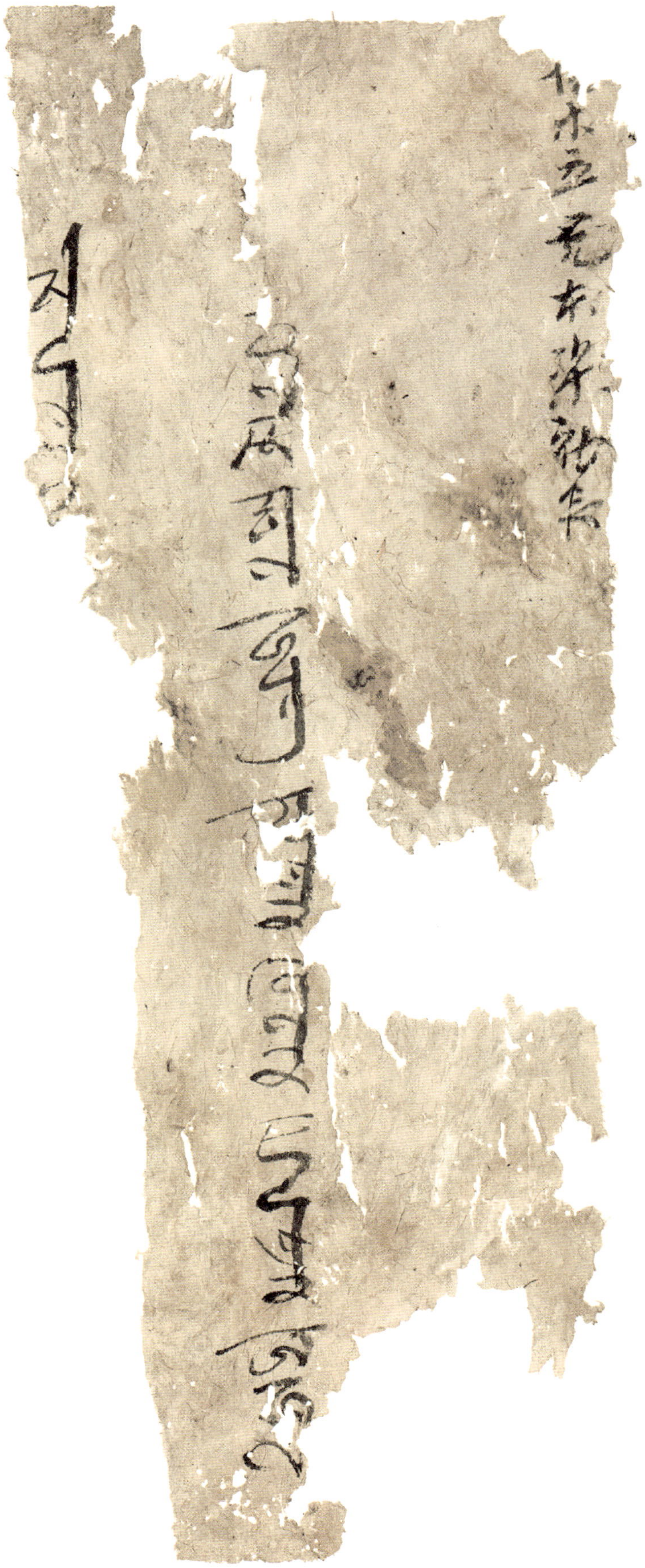

（九三）附身文書　**M1·093**［**F197:W32**］　尺寸：51.9cm×21cm（縮放比例：46%）

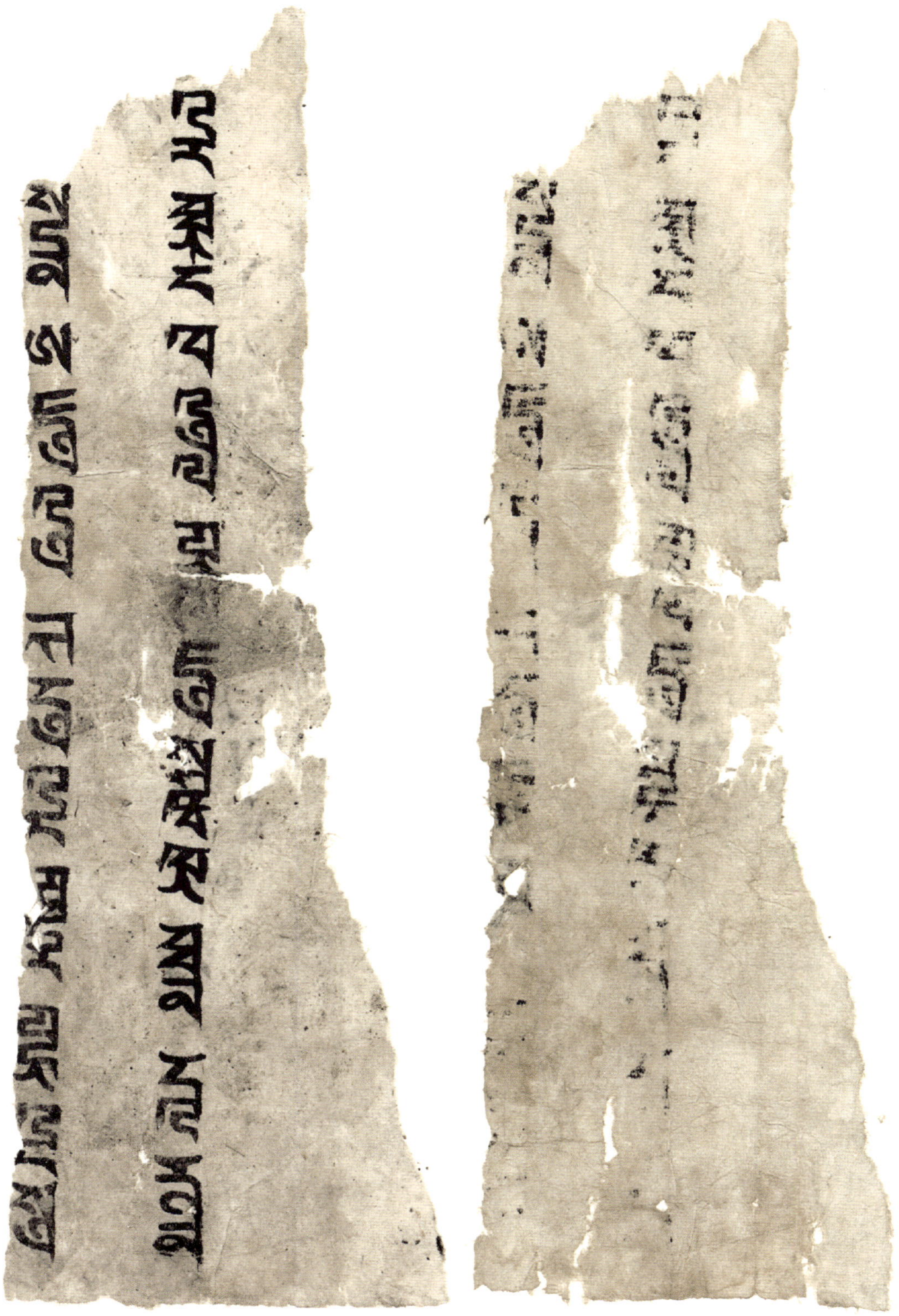

（九四）脱脱禾孫過肅城　**M1·094**［**F210:W24**］　尺寸：30.7cm×20.5cm（縮放比例：68%）

（九五）文書殘件（含八思巴文、漢文及八思巴印） **M1·095［F116:W169］** 尺寸：21.8cm×19cm（縮放比例：96%）

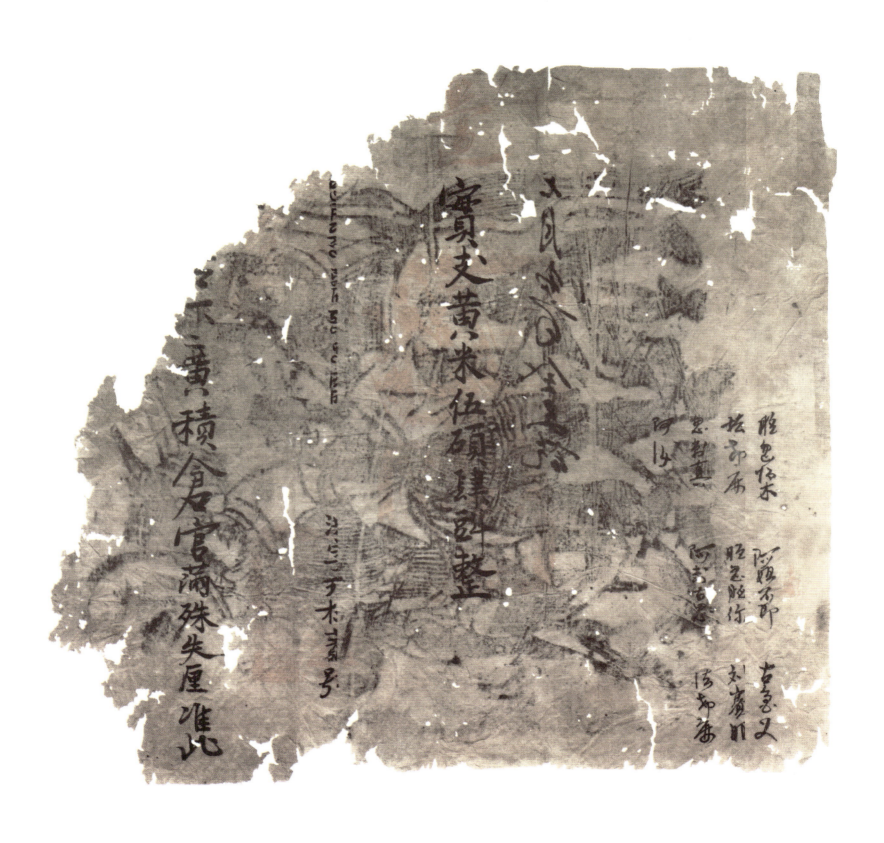

（九六）錢糧文書（含八思巴文） **M1·096［MON 07］** 尺寸：38cm×35.8cm（縮放比例：55%）

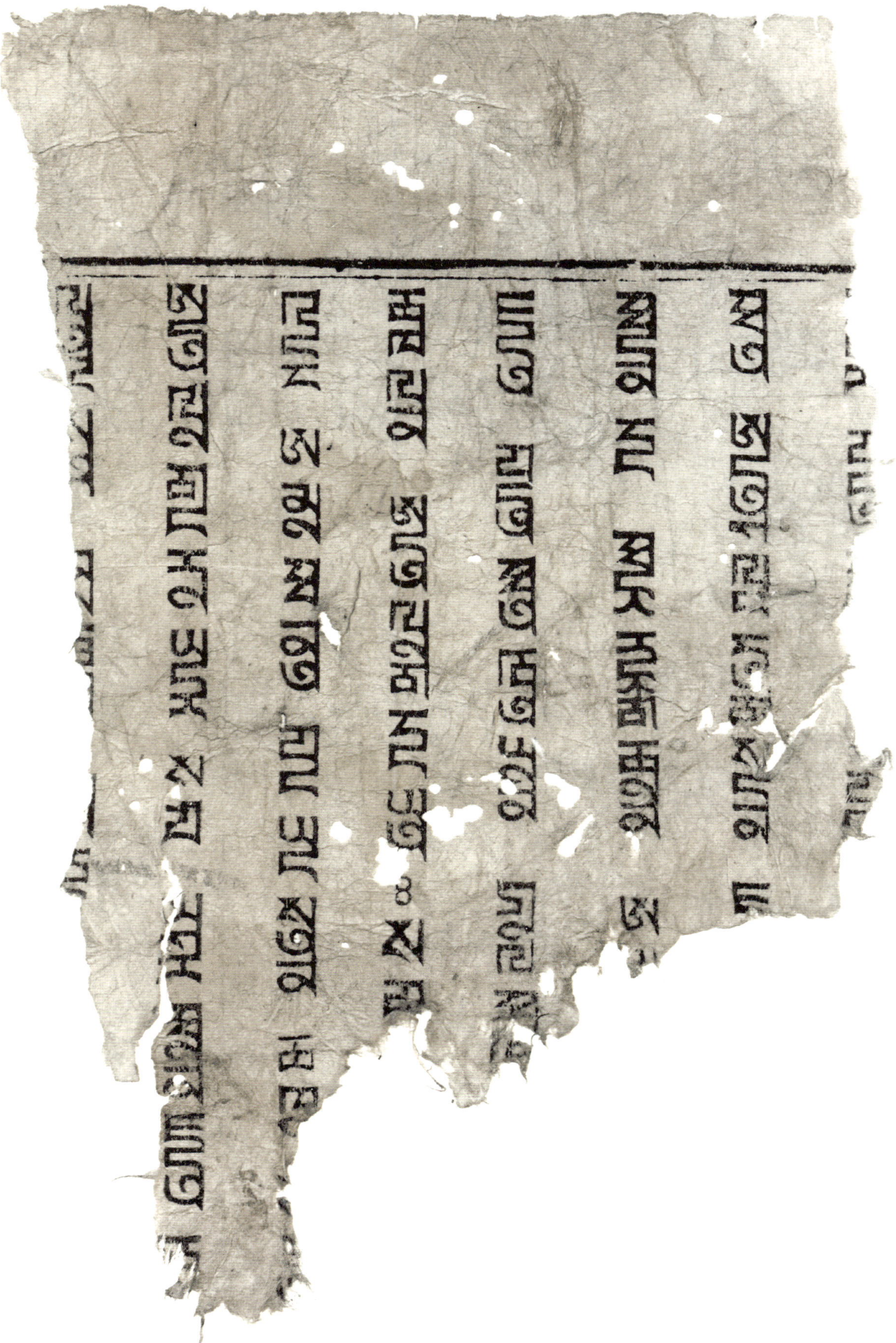

（九七）佛教文獻　**M1·097［F155:W11］**　尺寸：23.7cm×15.6cm（縮放比例：101%）

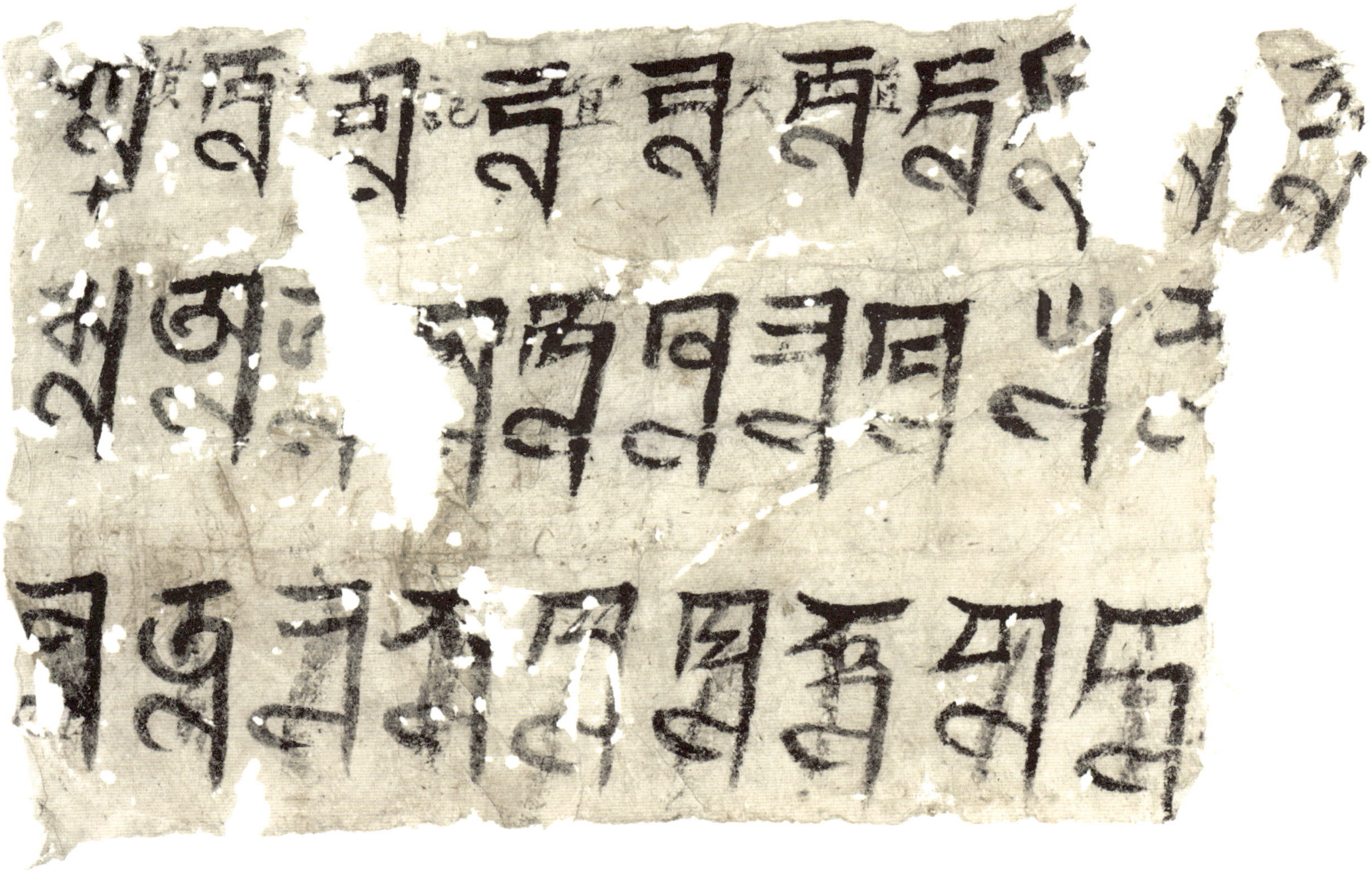

（九八）習字　**M1·098［Y1:W2］**　尺寸：22.2cm×14.1cm（縮放比例：95%）

（九九）提控案牘　**M1·099［Y1:W103］**　尺寸：34.6cm×16.4cm（縮放比例：61%）

（一〇〇）殘件 **M1・100［Y1:W105］** 尺寸：22.5cm×9.4cm（縮放比例：107%）

（一〇一）殘件　**M1·101［Y1:W104］**　尺寸：29.7cm×19.2cm（縮放比例：81%）

（一〇二）殘件　**M1·102［Y1:W107］**　尺寸：28.3cm×22.8cm（縮放比例：74%）

（一〇三）殘件 **M1·103［Y1:W102］** 尺寸：23.5cm×14.4cm（縮放比例：89%）

（一〇四）殘件　**M1·104［Y1:W1］**　尺寸：10cm×3.6cm（縮放比例：200%）

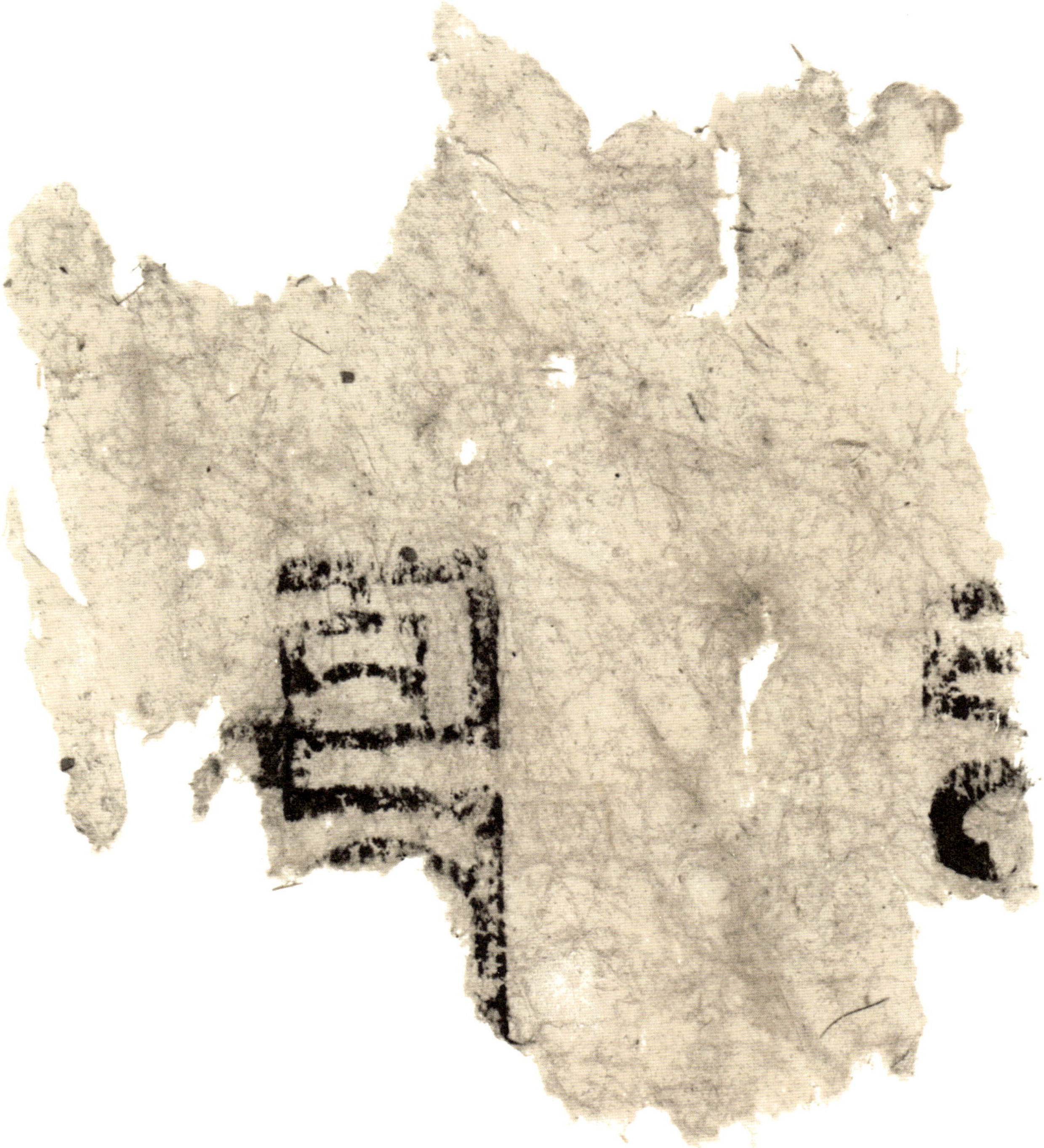

（一〇五）殘件　**M1·105［F146:W3］**　尺寸：10cm×8.3cm（縮放比例：200%）

（一〇六）殘件　M1·106［84H·F116:W131/1303］　尺寸：81.2cm×56.7cm（縮放比例：28%）

（一〇七）殘件　M1·107［84H·F116:W309/1481］　尺寸：42.5cm×31.9cm（縮放比例：61%）

（一〇八）殘件　**M1·108［84H·F116:W203/1375］**　尺寸：13.3cm×12.6cm（縮放比例：158%）

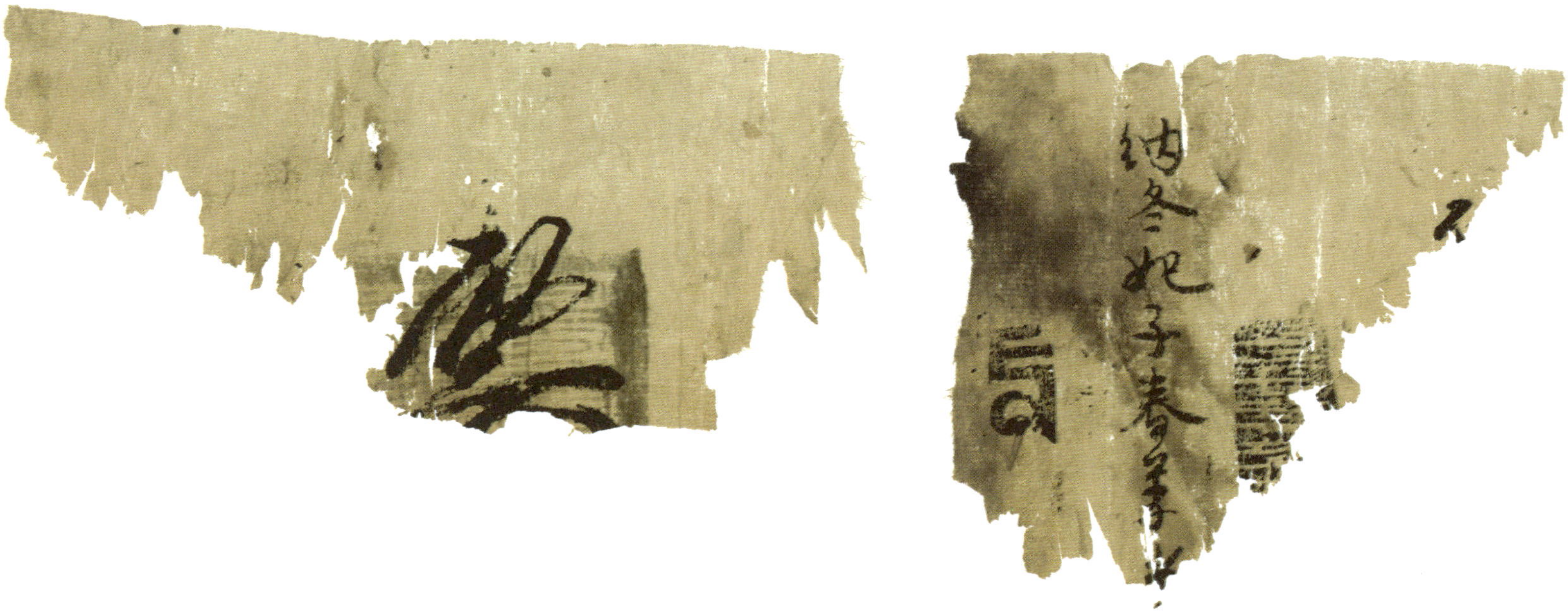

（一〇九）殘件　**M1·109［84H·F116:W61/1233］**　尺寸：38.8cm×15.8cm（縮放比例：54%）

（一一〇）殘件　**M1·110［84HF170反］**　尺寸：28.8cm×10.3cm（縮放比例：83%）

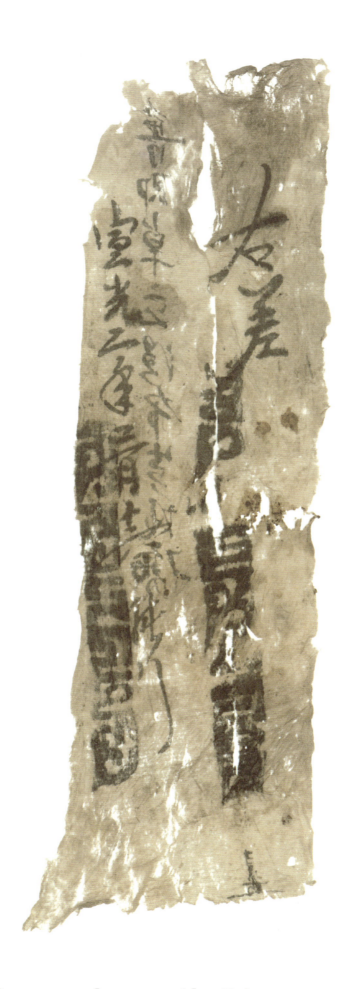

（一一一）漢文文書殘件　M1·111［84HF170正］　尺寸：28.8cm×10.3cm（縮放比例：83%）

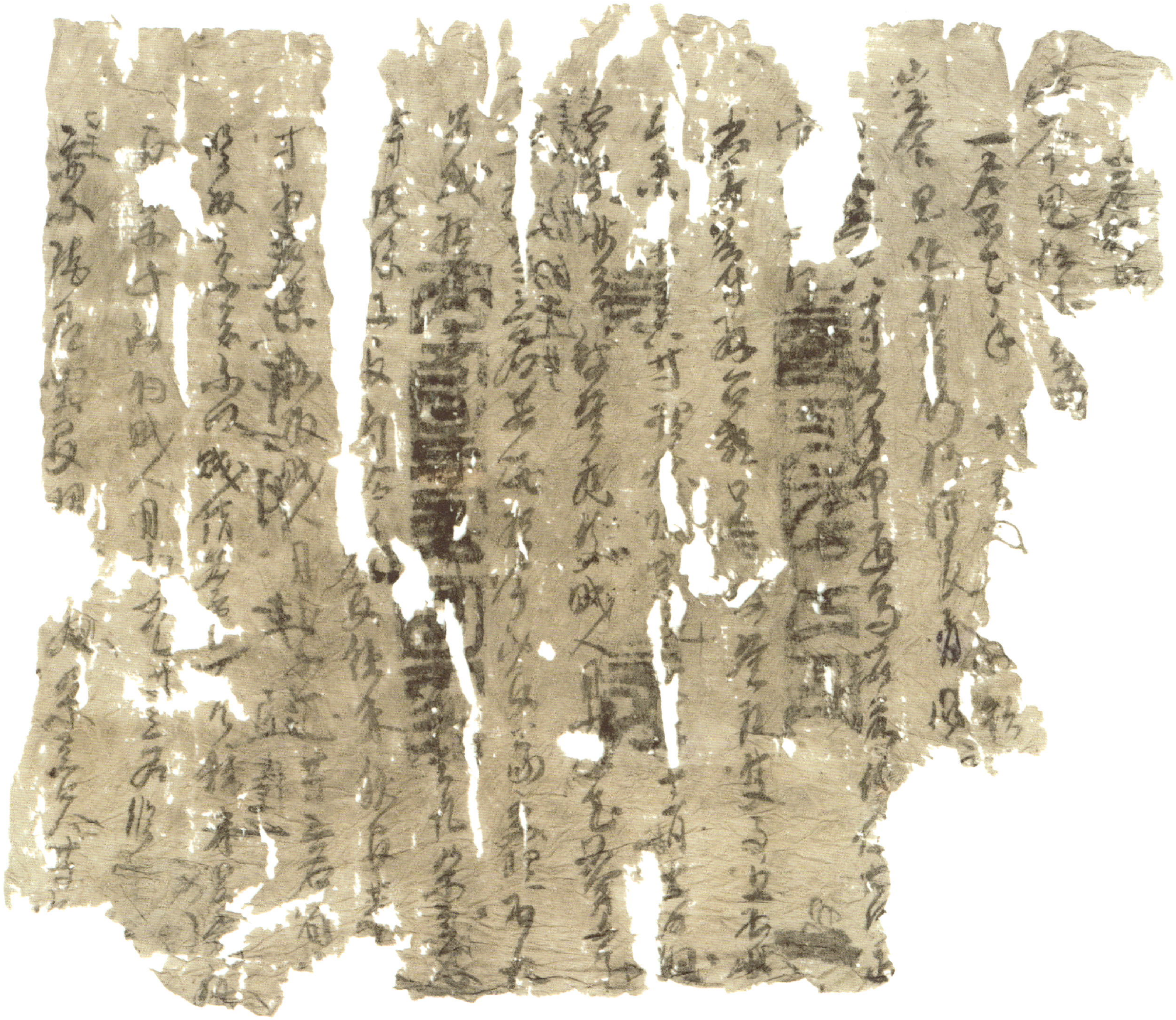

（一一二）殘件　M1·112［83HF14:W5 002正］　尺寸：30.6cm×27.5cm（縮放比例：69%）

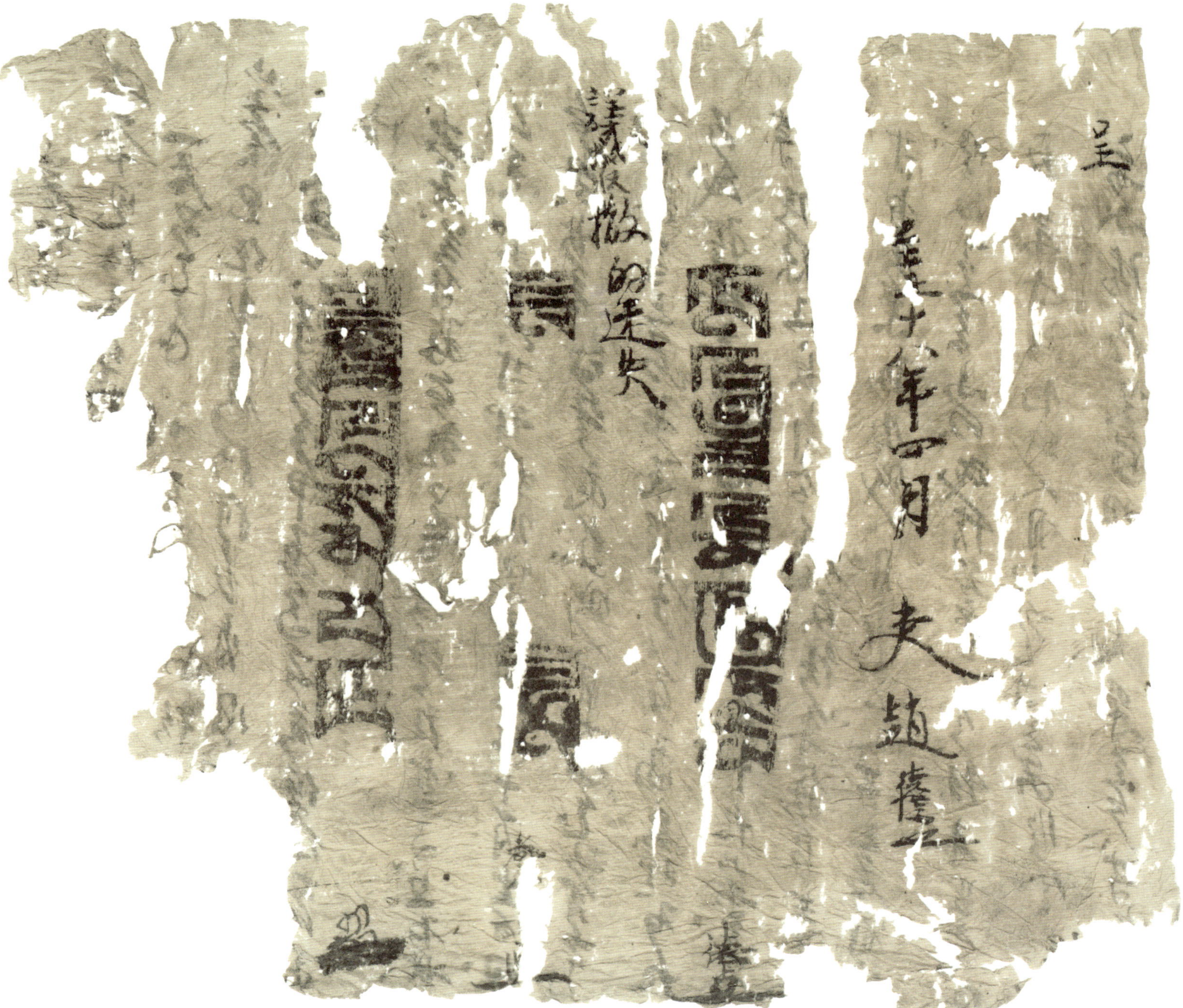

（一一三）殘件　M1·113［83HF14:W5 003 反］　尺寸：30.6cm×27.5cm（縮放比例：69%）

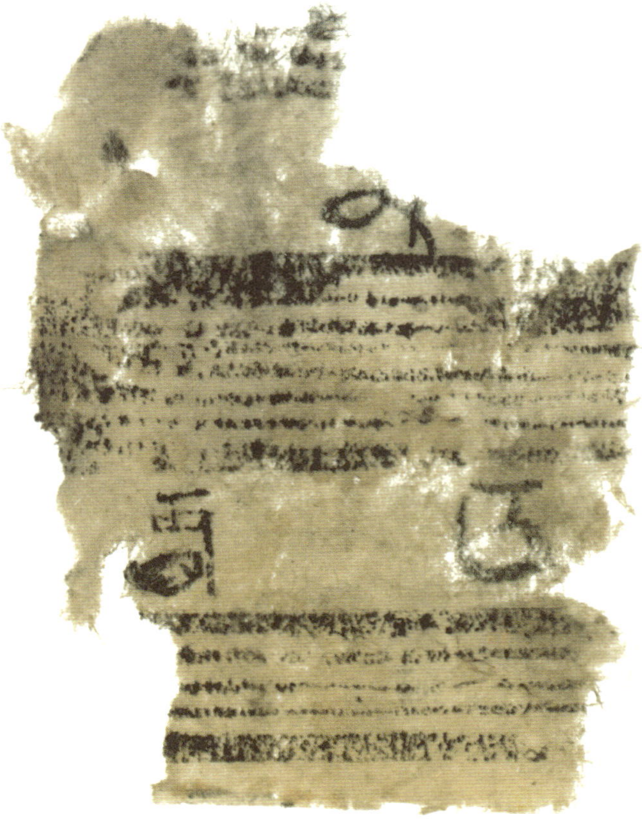

（一一四）殘件　M1·114［84H·F210:W7/2392］　尺寸：17.1cm×6.2cm（縮放比例：140%）

（一一五）殘件　**M1·115［84H·F114:W17/1171］**　尺寸：26.2cm×12.7cm（縮放比例：92%）

（一一六）殘件 **M1·116［F73:W13］** 尺寸：21cm×19.1cm（縮放比例：110%）

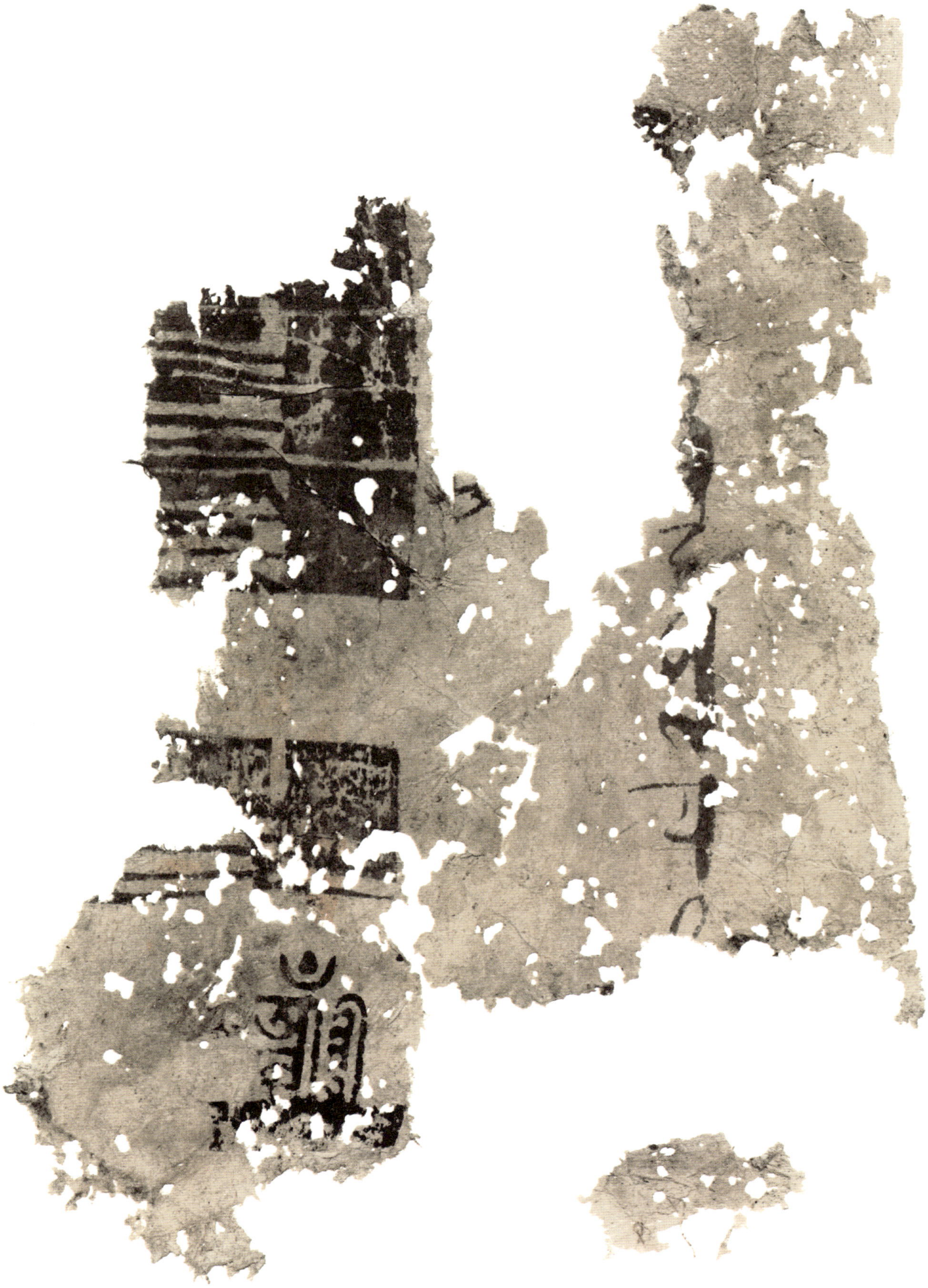

（一一七）殘件　**M1·117［F50:W3］**　尺寸：23.1cm×16.2cm（縮放比例：104%）

（一一八）殘件　**M1·118［F92:W1］**　尺寸：21.6cm×10.2cm（縮放比例：111%）

（一一九）殘件 **M1·119［F19:W104］** 尺寸：19.6cm×10.4cm（縮放比例：122%）

（一二〇）殘件　**M1·120［F19:W35］**　尺寸：7.7cm×7.2cm（縮放比例：206%）

（一二一）殘件　**M1·121［F51:W20］**　尺寸：30.4cm×23.4cm（縮放比例：79%）

（一二二）殘件　M1・122［F80:W2］　尺寸：28.3cm×6.2cm（縮放比例：85%）

（一二三）殘件　**M1·123［F209:W65］**　尺寸：12cm×2.4cm（縮放比例：175%）

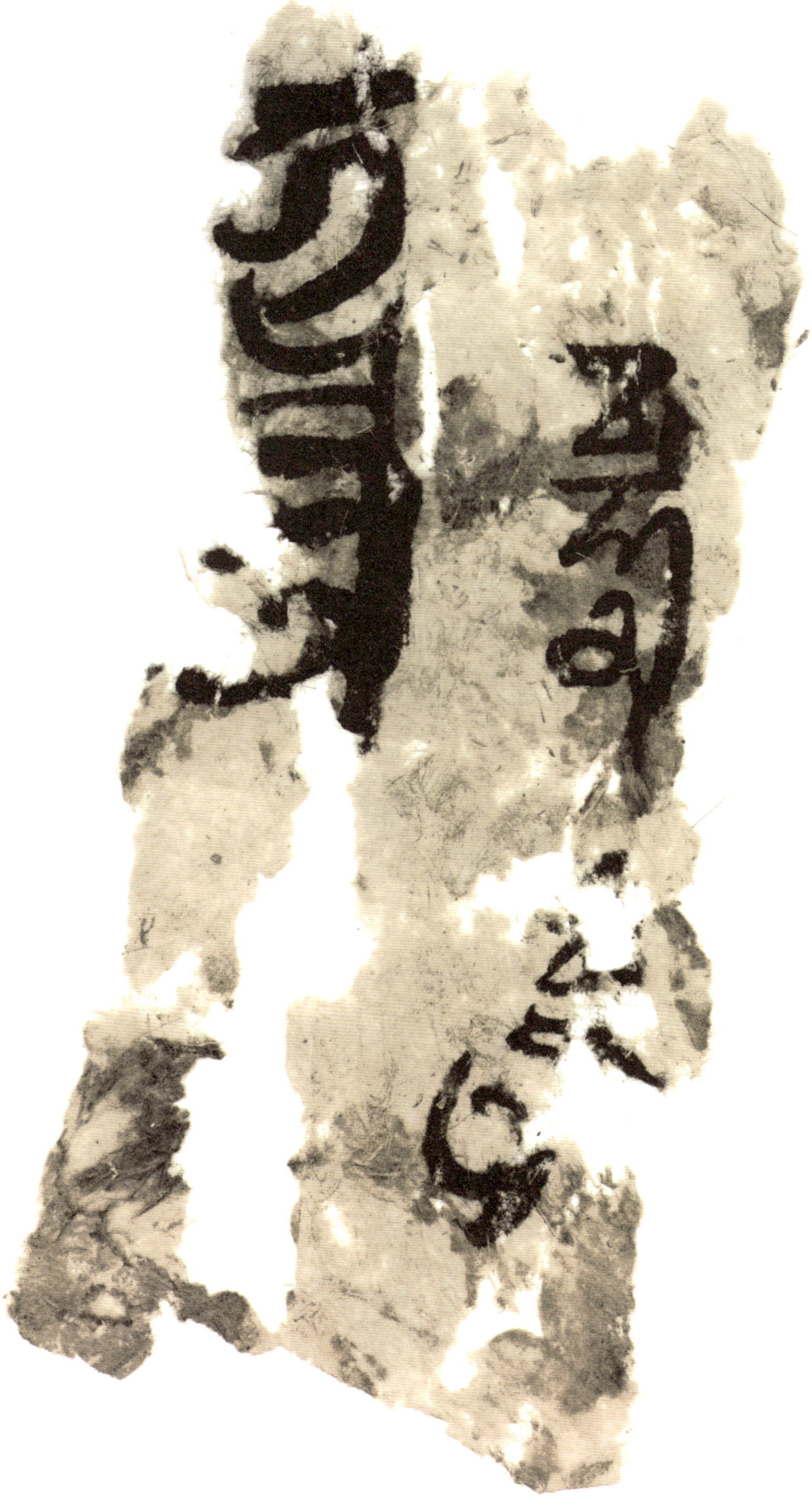

（一二四）殘件　**M1·124［F146:W2］**　尺寸：15.9cm×7.4cm（縮放比例：151%）

（一二五）殘件　**M1·125［F9:W2］**　尺寸：29.2cm×28.9cm（縮放比例：72%）

（一二六）殘件　**M1·126［F80:W12］**　尺寸：32.7cm×26.3cm（縮放比例：39%）

（一二七）殘件 **M1·127［F116:W538］** 尺寸：53.6cm×13.8cm（縮放比例：39%）

（一二八）殘件 **M1·128［F116:W49］** 尺寸：27.7cm×24.2cm（縮放比例：76%）

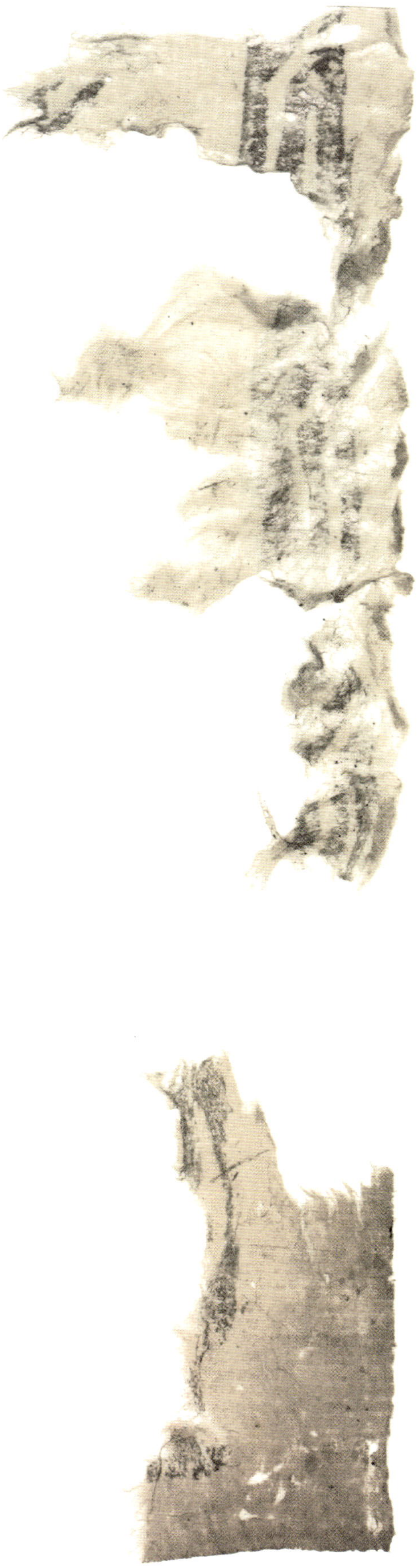

（一二九）殘件 **M1·129［F146:W4］** 尺寸：24.7cm×6.5cm（縮放比例：97%）

（一三〇）殘件　**M1·130［84H·Y1:W96/2885］**　尺寸：25cm×10.3cm（縮放比例：84%）

（一三一）殘件　**M1・131［84H・Y1:W10/2799］**　尺寸：16.4cm×11.3cm（縮放比例：146%）

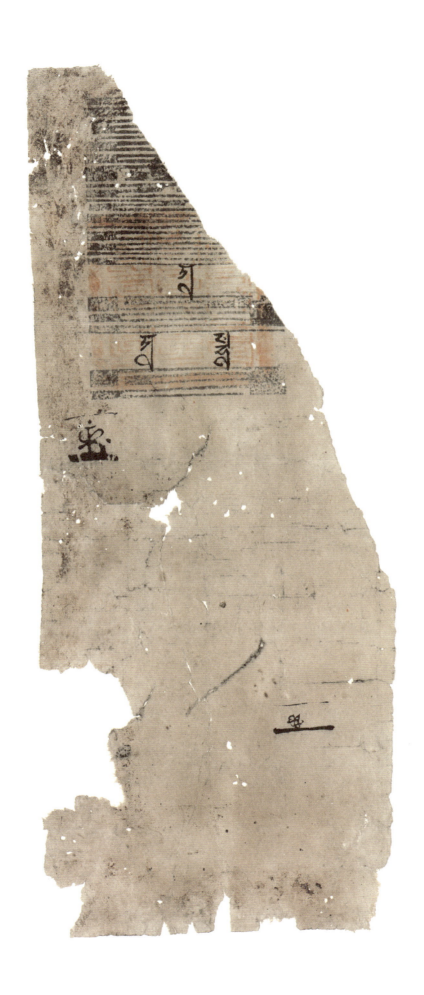

（一三二）殘件　M1·132［Y5:W11c］　尺寸：52.1cm×21.7cm（縮放比例：46%）

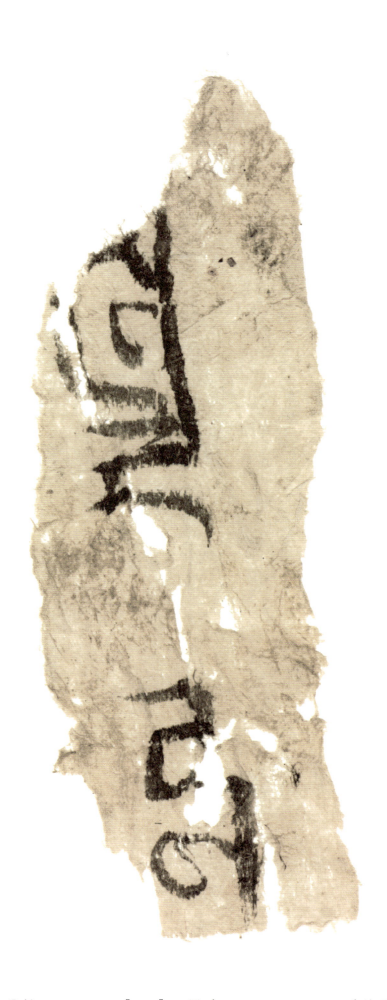

（一三三）殘件　**M1·133［A1］**　尺寸：12.9cm×4.9cm（縮放比例：163%）

（一三四）殘件　**M1·134**［**無號001、002**］　尺寸：33.9cm×32.5cm（縮放比例：62%）

（一三五）殘件　**M1·135［無號001］**　尺寸：19.9cm×18.9cm（縮放比例：111%）

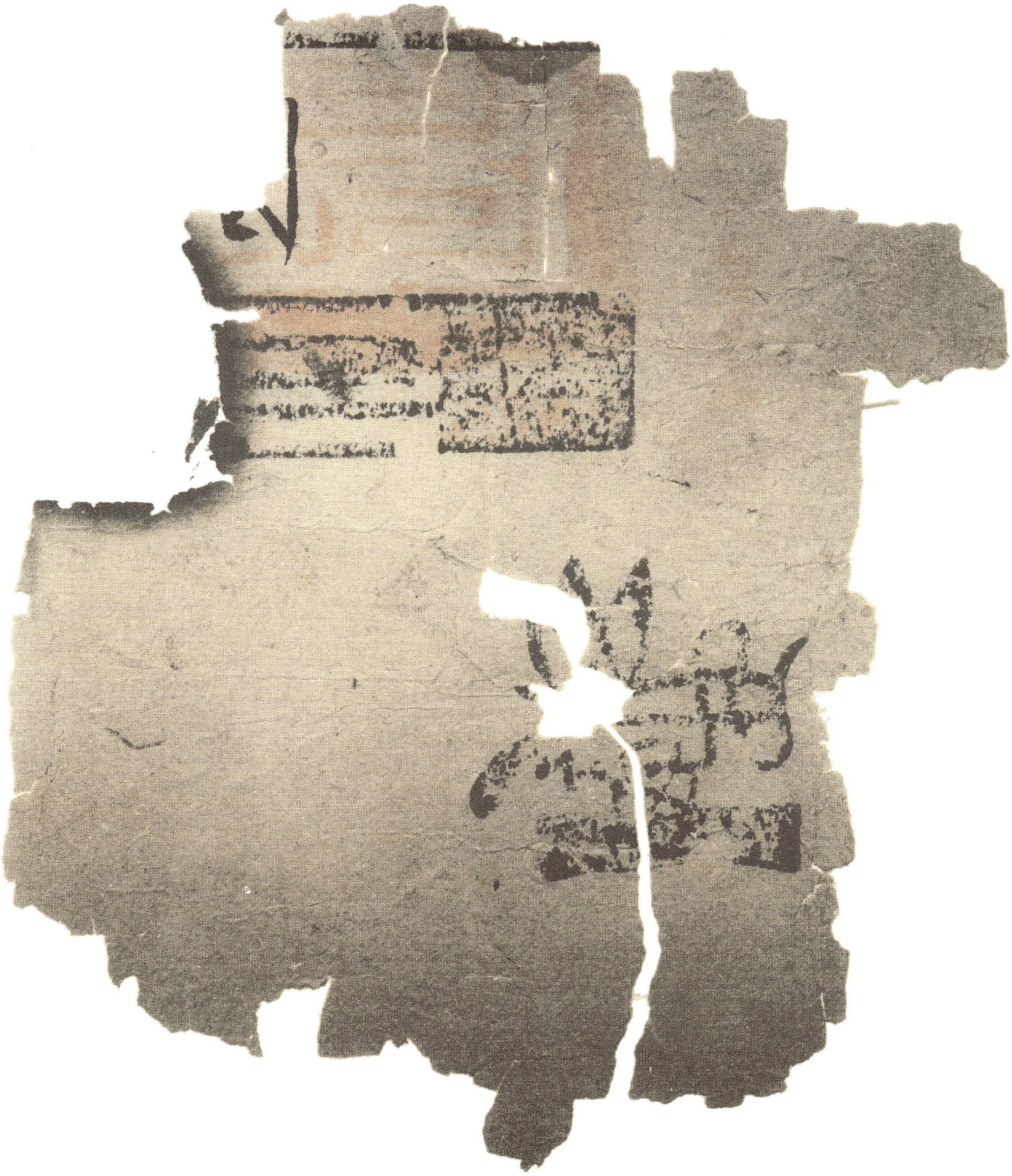

（一三六）殘件　**M1·136**［無號］　尺寸：12cm×10cm（縮放比例：200%）

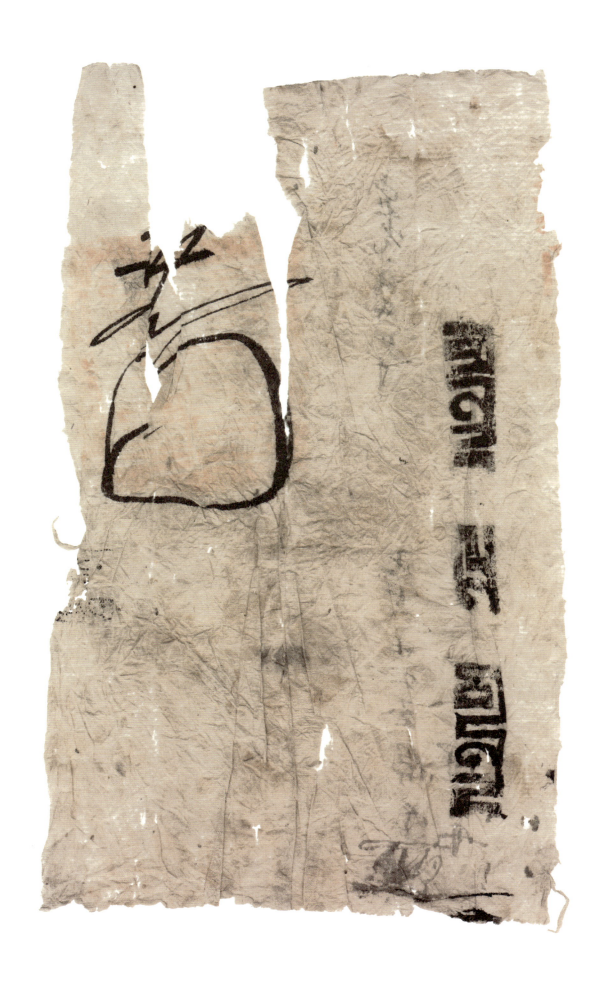

（一三七）殘件　**M1·137**［**無號反**］　尺寸：27.3cm×16.1cm（縮放比例：88%）

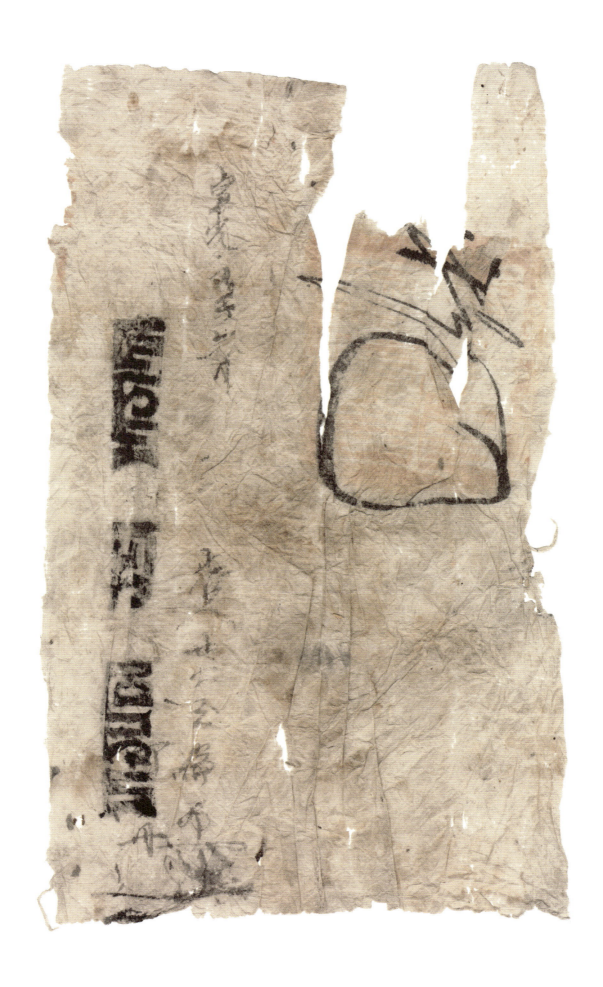

（一三八）殘件 **M1·138**［無號正］ 尺寸：27.3cm×16.1cm（縮放比例：88%）

三、古藏文

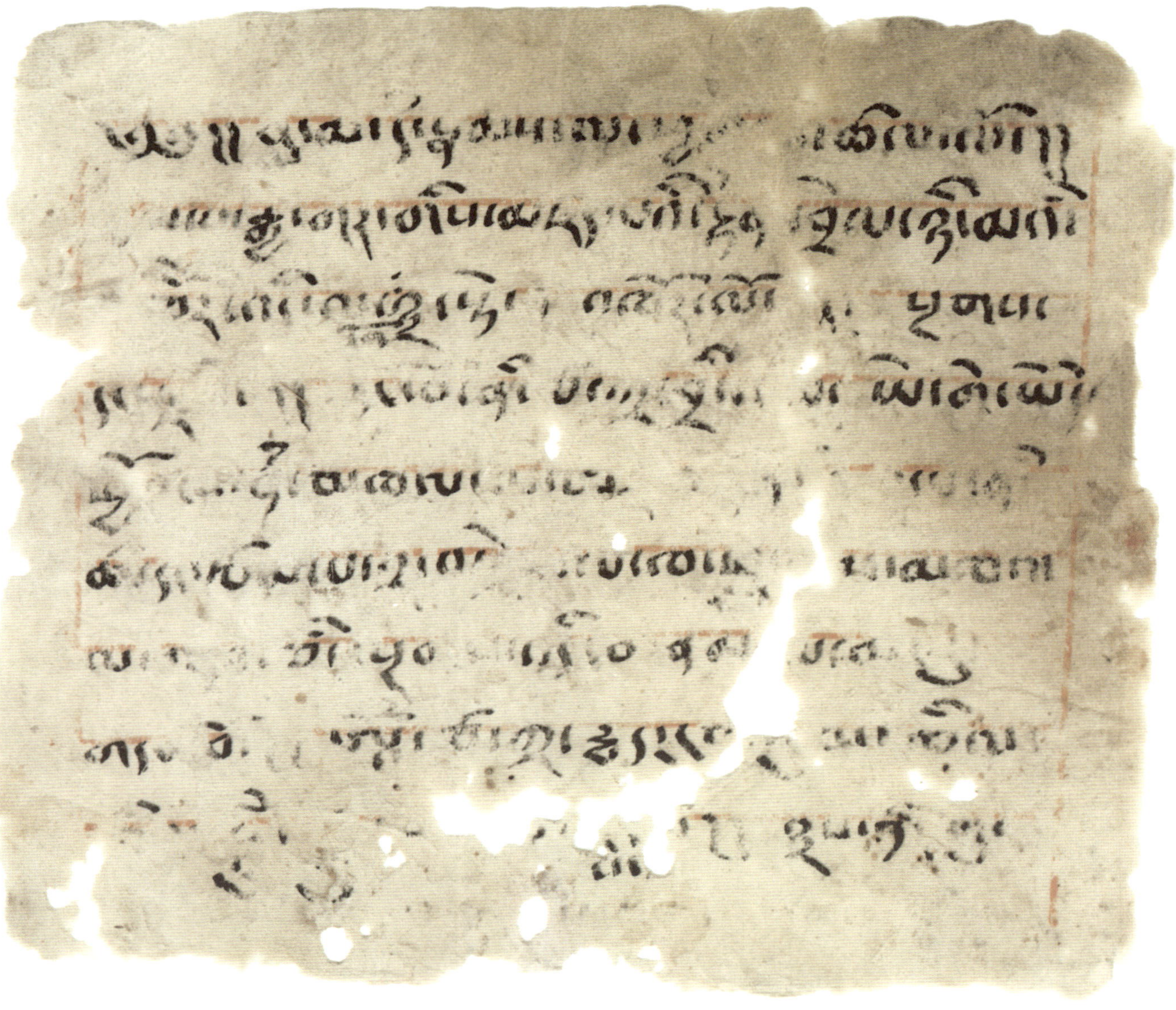

（一三九）佛教文獻　M1·139［A1正］　尺寸：9cm×7.8cm（縮放比例：196%）

（一四〇）佛教文獻　**M1·140［A1反］**　尺寸：9cm×7.8cm（縮放比例：196%）

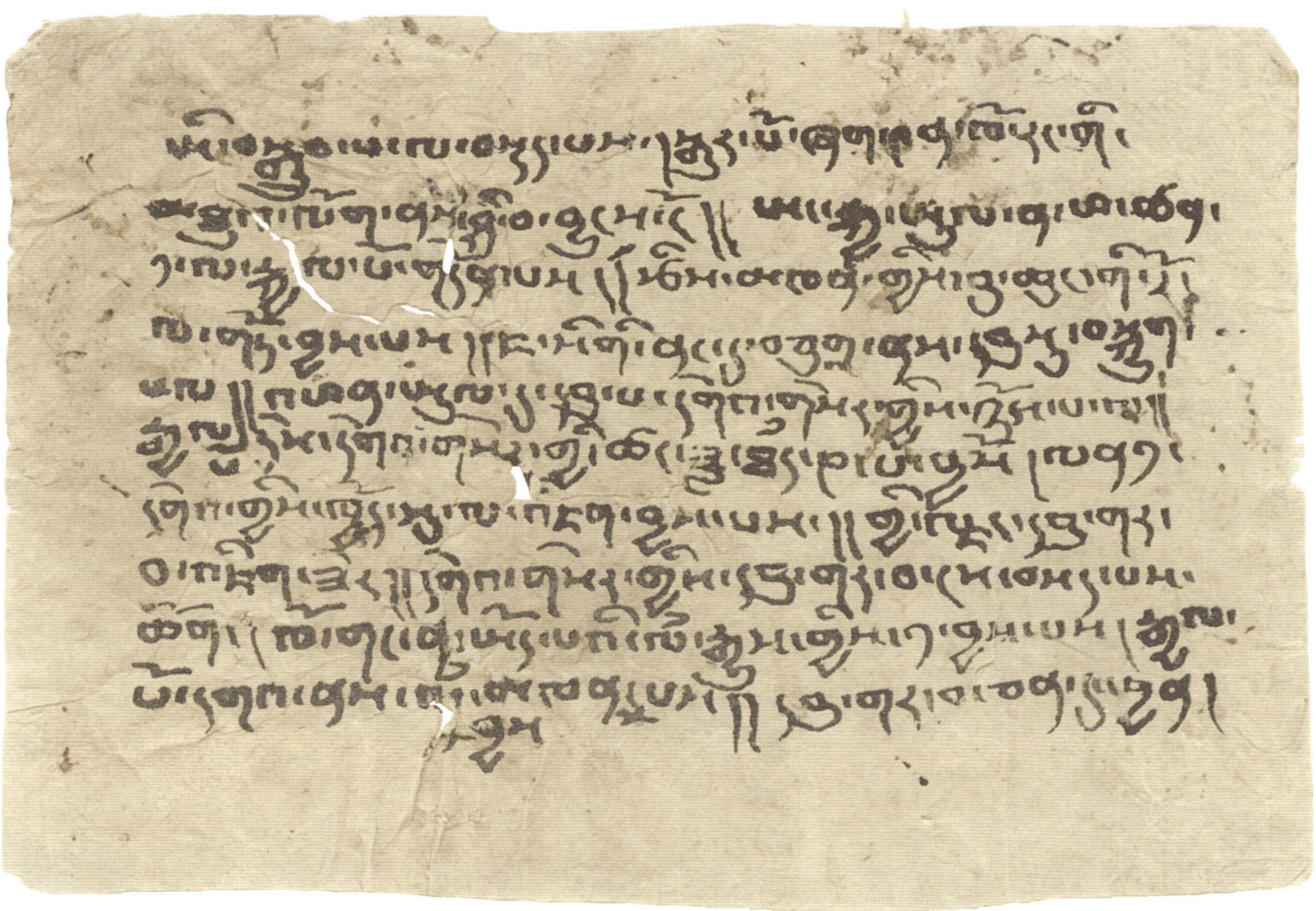

（一四一）佛教文獻　M1·141［B1反］　尺寸：10.1cm×7.2cm（縮放比例：200%）

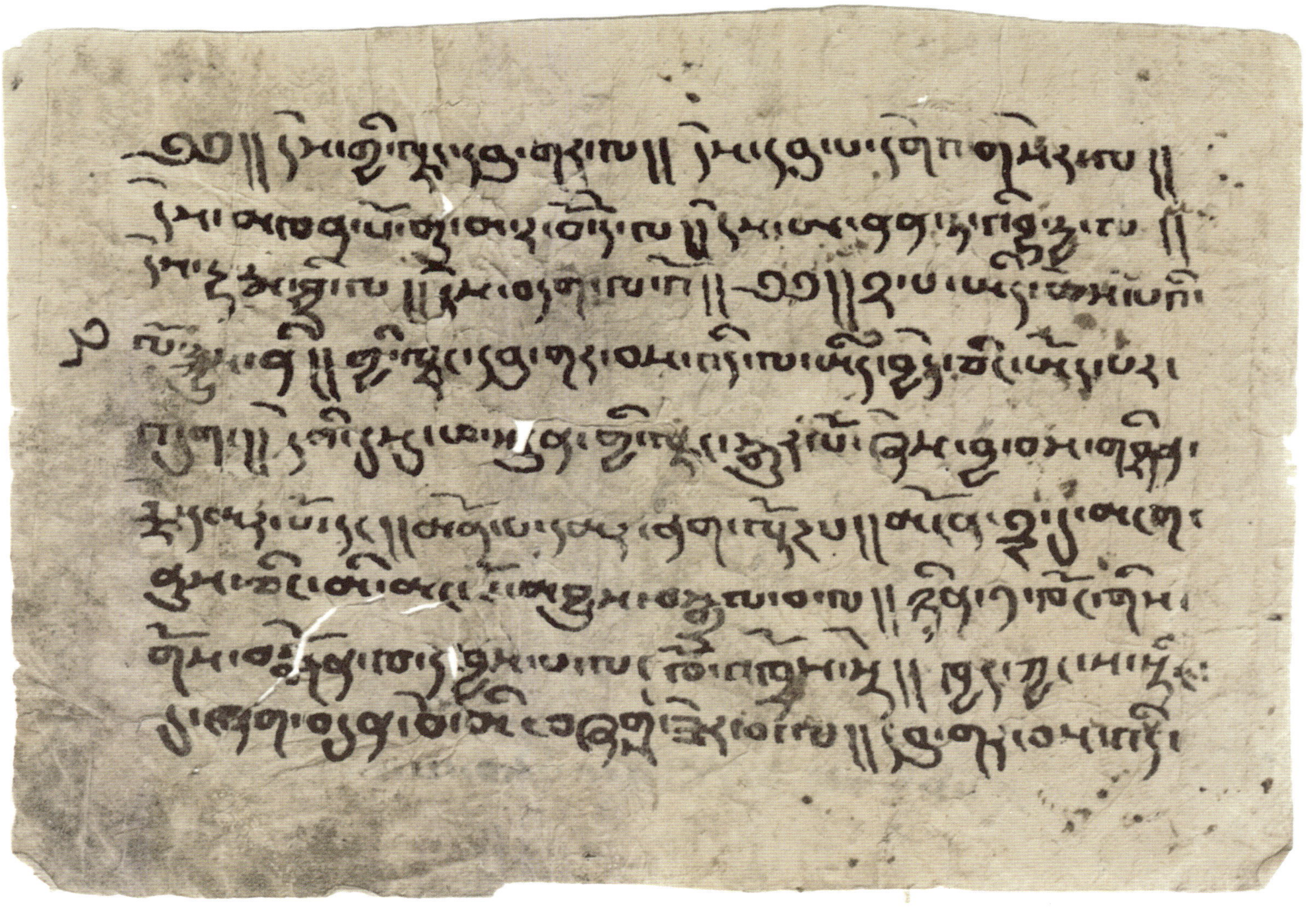

（一四二）佛教文獻　M1·142［B2正］　尺寸：10.1cm×7.2cm（縮放比例：200%）

（一四三）殘件　**M1·143［84HF97 01反］**　尺寸：16.8cm×36.3cm（縮放比例：54%）

（一四四）殘件　**M1·144［84HF97 01正］**　尺寸：16.8cm×36.3cm（縮放比例：54%）

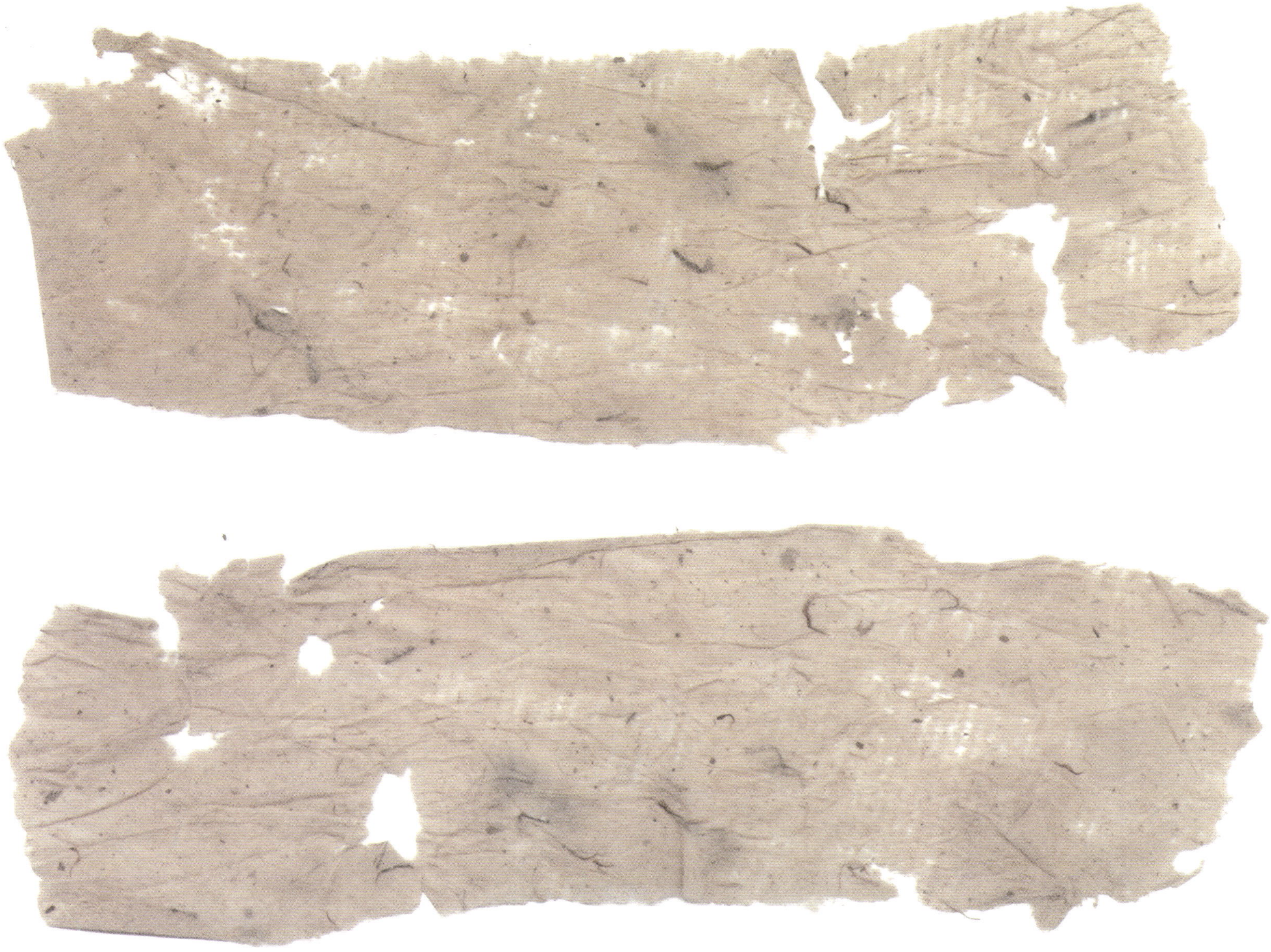

（一四五）殘件　M1·145［84HF97 02反］　尺寸：27.5cm×21.6cm（縮放比例：75%）

（一四六）殘件　**M1·146［84HF97 02正］**　尺寸：27.5cm×21.6cm（縮放比例：75%）

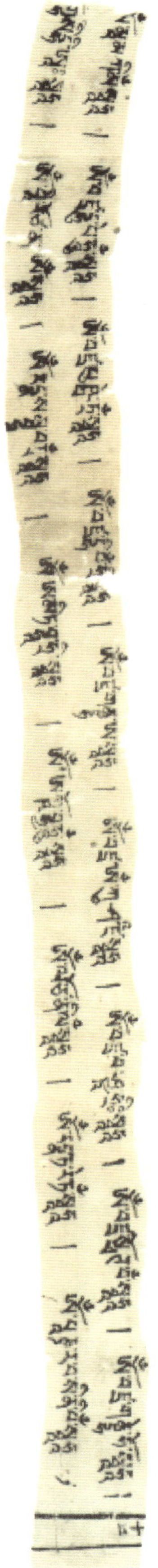

（一四七）殘件 M1·147［83HF13:W84/0435］ 尺寸：51.9cm×5.2cm（縮放比例：46%）

（一四八）殘[illegible] M1·148［0021反］ 尺寸：21.3cm×6.7cm（縮放比例：113%）

（一四九）殘件　**M1·149［01］**　尺寸：25cm×7.8cm（縮放比例：96%）

（一五〇）殘件　**M1·150［a反］**　尺寸：11cm×5.3cm（縮放比例：191%）

（一五一）殘件 **M1·151［a正］** 尺寸：11cm×5.3cm（縮放比例：191%）

（一五二）殘件 **M1·152［b反］** 尺寸：13.5cm×9.6cm（縮放比例：176%）

（一五三）殘件　M1·153［b正］　尺寸：13.5cm×9.6cm（縮放比例：176%）

（一五四）殘件　**M1·154［c反］**　尺寸：12.8cm×9.4cm（缩放比例：188%）

（一五五）殘件 M1·155［d正上、中、下］ 尺寸：70.6cm×14.8cm（縮放比例：34%）

（一五六）殘件 **M1·156［d反上、中、下］** 尺寸：70.6cm×14.8cm（縮放比例：34%）

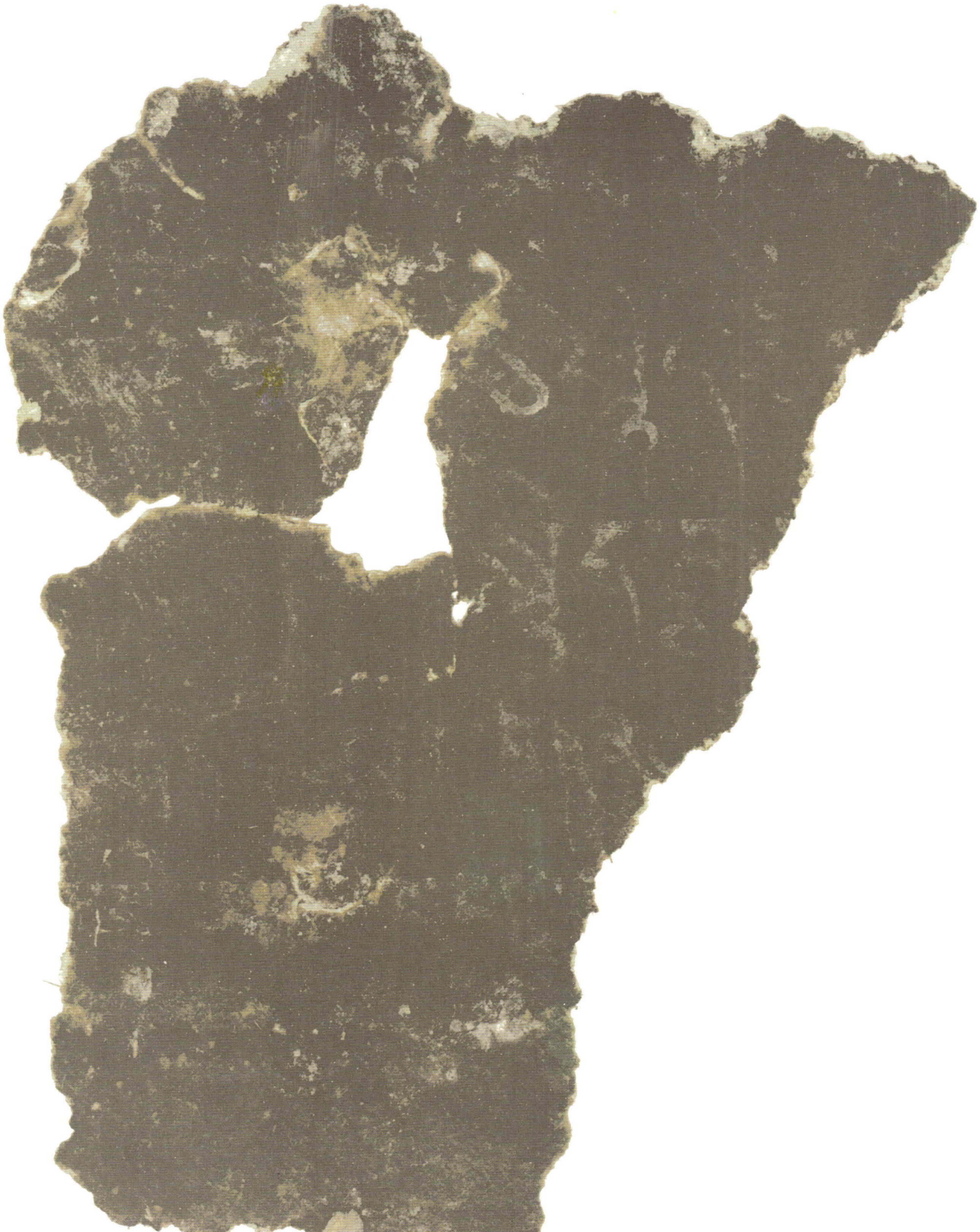

（一五七）殘件　M1·157［e反］　尺寸：11.4cm×8.5cm（縮放比例：200%）

（一五八）殘件　M1·158［e正］　尺寸：11.4cm×8.5cm（縮放比例：200%）

（一五九）殘件　M1·159［f反］　尺寸：11.6cm×9.4cm（縮放比例：198%）

（一六〇）殘件　**M1·160**［**f**正］　尺寸：11.6cm×9.4cm（縮放比例：198%）

（一六一）殘件　**M1·161［g反］**　尺寸：8.2cm×4.8cm（縮放比例：200%）

（一六二）殘件 **M1·162［g正］** 尺寸：8.2cm×4.8cm（縮放比例：200%）

（一六三）殘件 M1·163［h正］ 尺寸：8cm×7.3cm（縮放比例：200%）

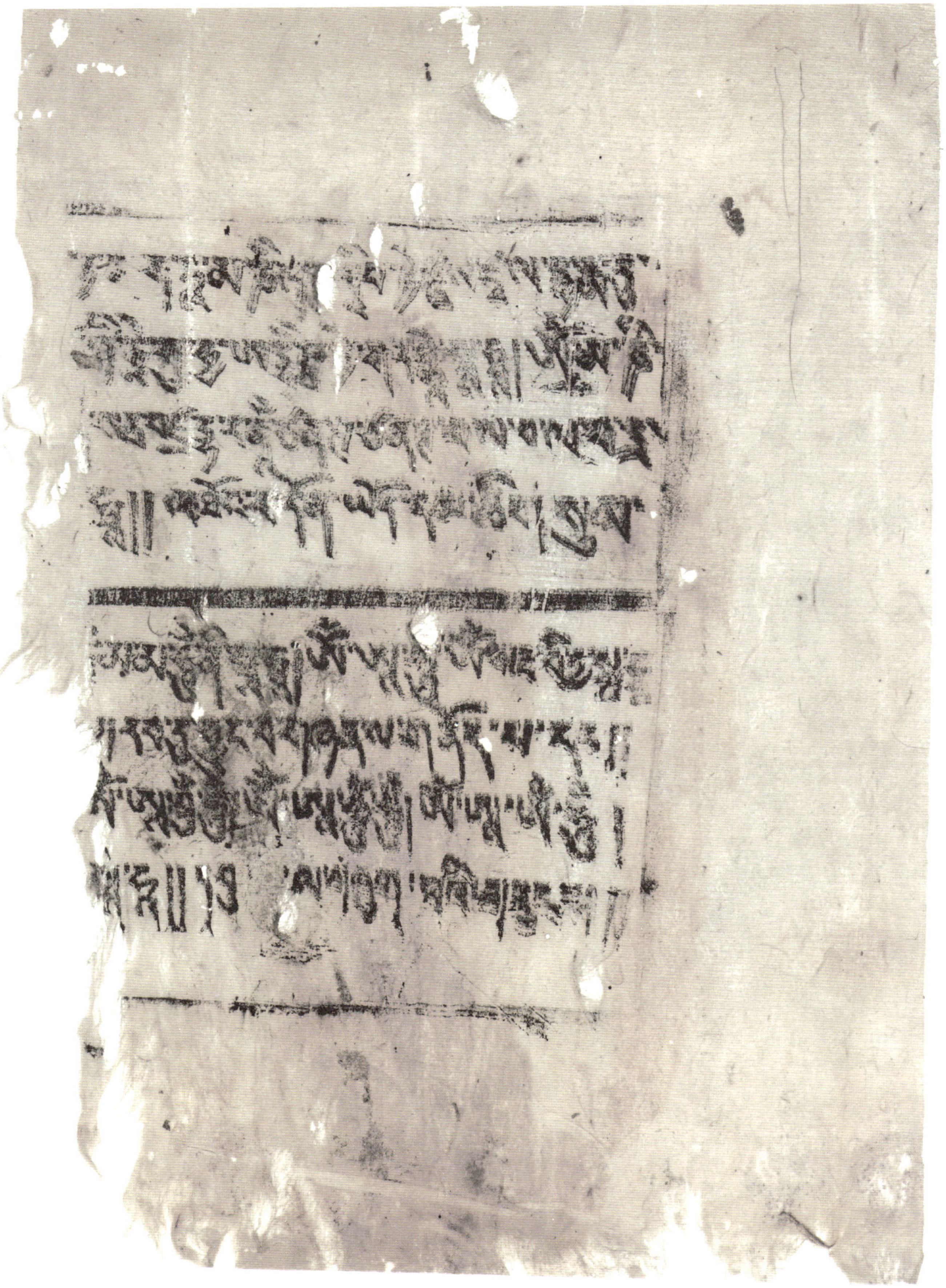

（一六四）殘件　**M1·164［83H·F14:W14/0496］**　尺寸：27.7cm×20.2cm（縮放比例：87%）

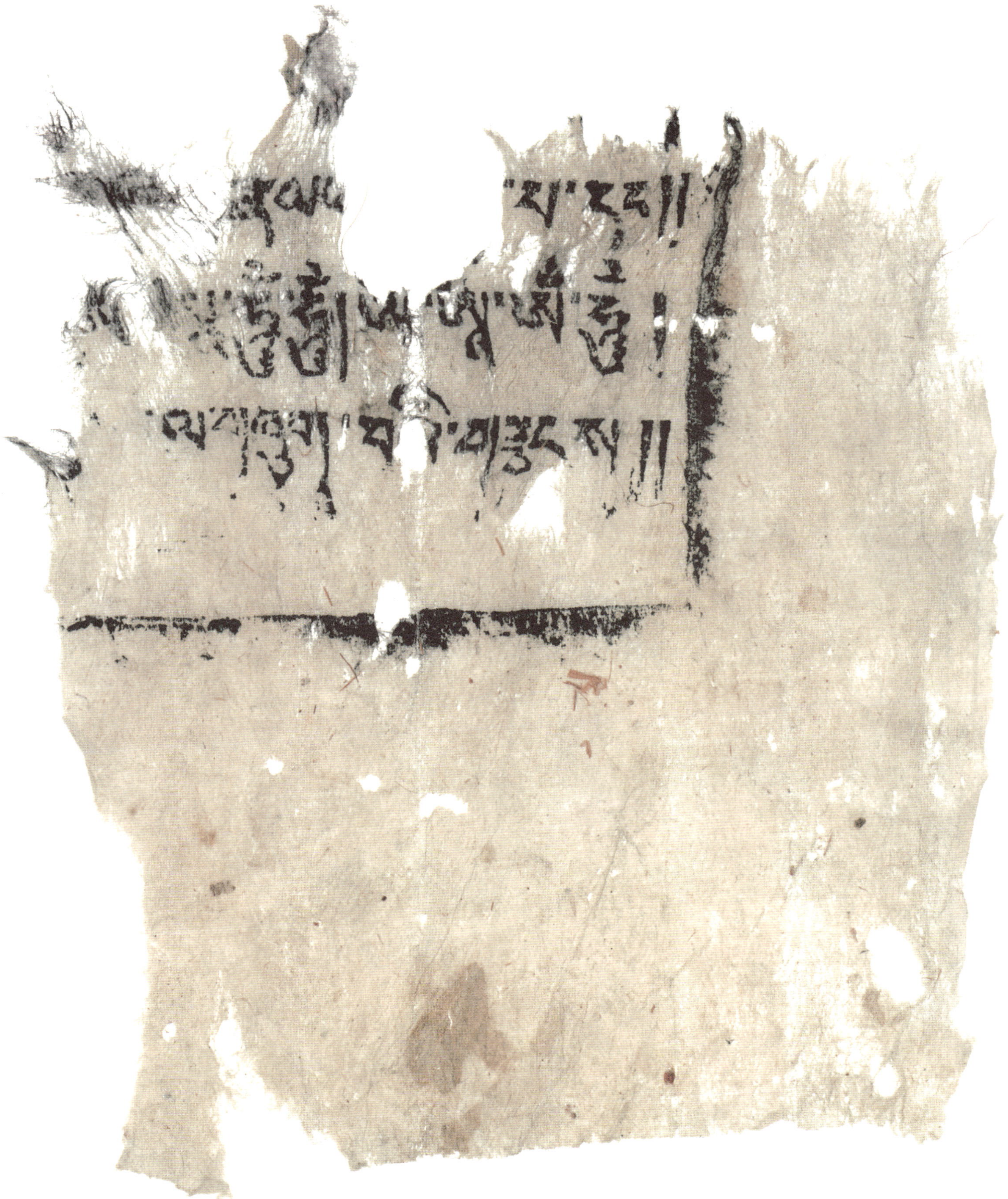

（一六五）殘件　M1・165［84H・F186:W1］　尺寸：16.9cm×15.5cm（縮放比例：142%）

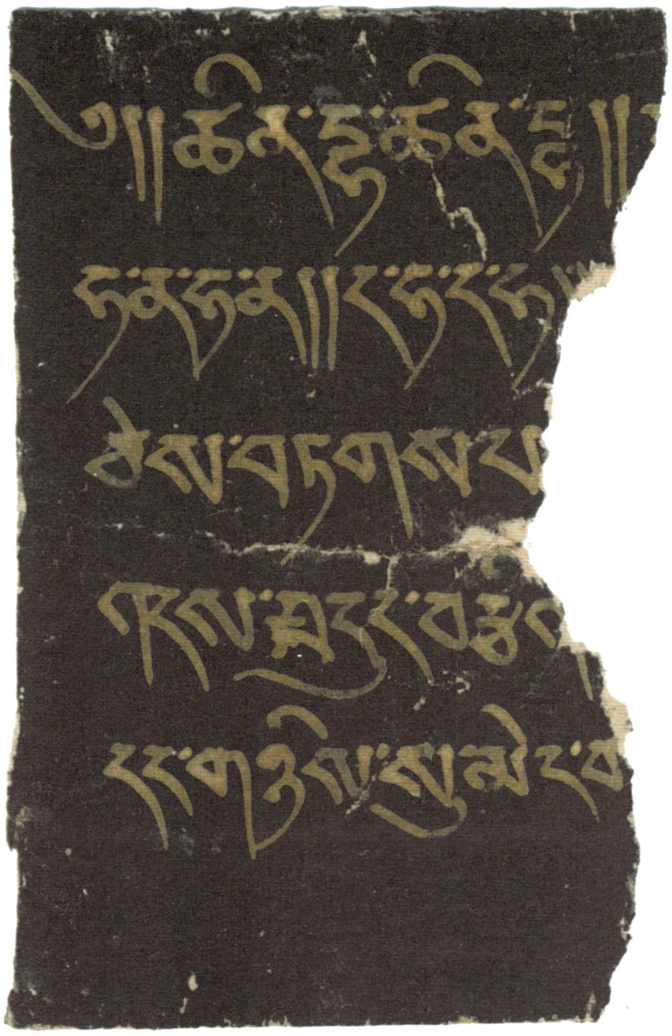

（一六六）殘件 **M1·166［F13:W84反］** 尺寸：7.1cm×4.5cm（縮放比例：200%）

（一六七）殘件 **M1·167［F13:W84正］** 尺寸：7.1cm×4.5cm（縮放比例：200%）

（一六八）殘件　M1・168［F19:W102］　尺寸：18.6cm×7.7cm（縮放比例：129%）

（一六九）殘件　M1·169［F155:W7］　尺寸：8.8cm×8.4cm（縮放比例：200%）

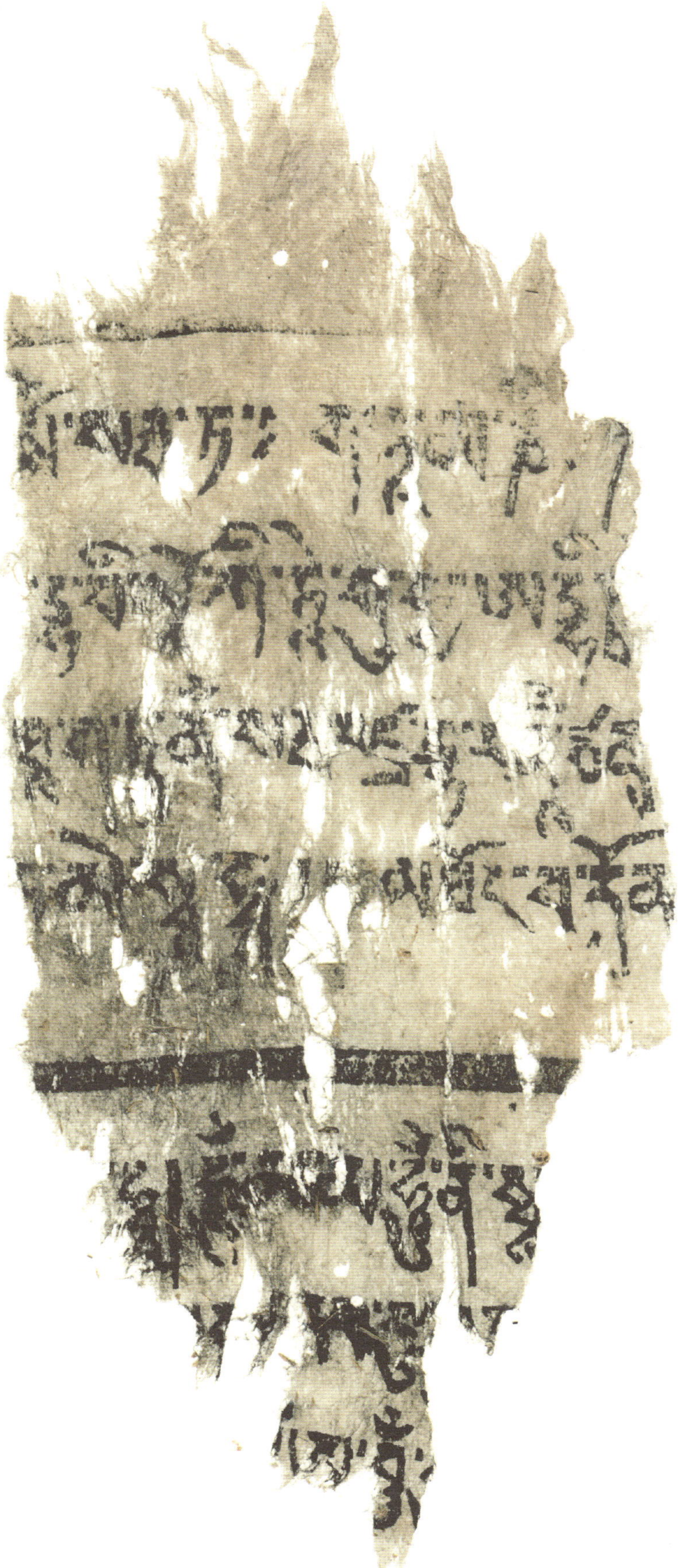

（一七〇）殘件　**M1·170**［**F245:W1**］　尺寸：9.23cm×17.5cm（縮放比例：137%）

（一七一）殘件　**M1·171［F245:W2］**　尺寸：19.8cm×14.4cm（縮放比例：106%）

（一七二）殘件　M1·172［F245:W3］　尺寸：20cm×13.6cm（縮放比例：105%）

（一七三）殘件　M1 · 173［F245:W4］　尺寸：20cm × 13.6cm（縮放比例：105%）

（一七四）殘件　**M1·174［002反］**　尺寸：6.45cm×9.77cm（縮放比例：100%）

（一七五）殘件　M1·175［002正］　尺寸：6.45cm×9.77cm（縮放比例：100%）

（一七六）殘件 **M1·176［116］** 尺寸：8.14cm×25.2cm（縮放比例：95%）

（一七七）殘件　M1·177［正］　尺寸：5.9cm×8.4cm（縮放比例：200%）

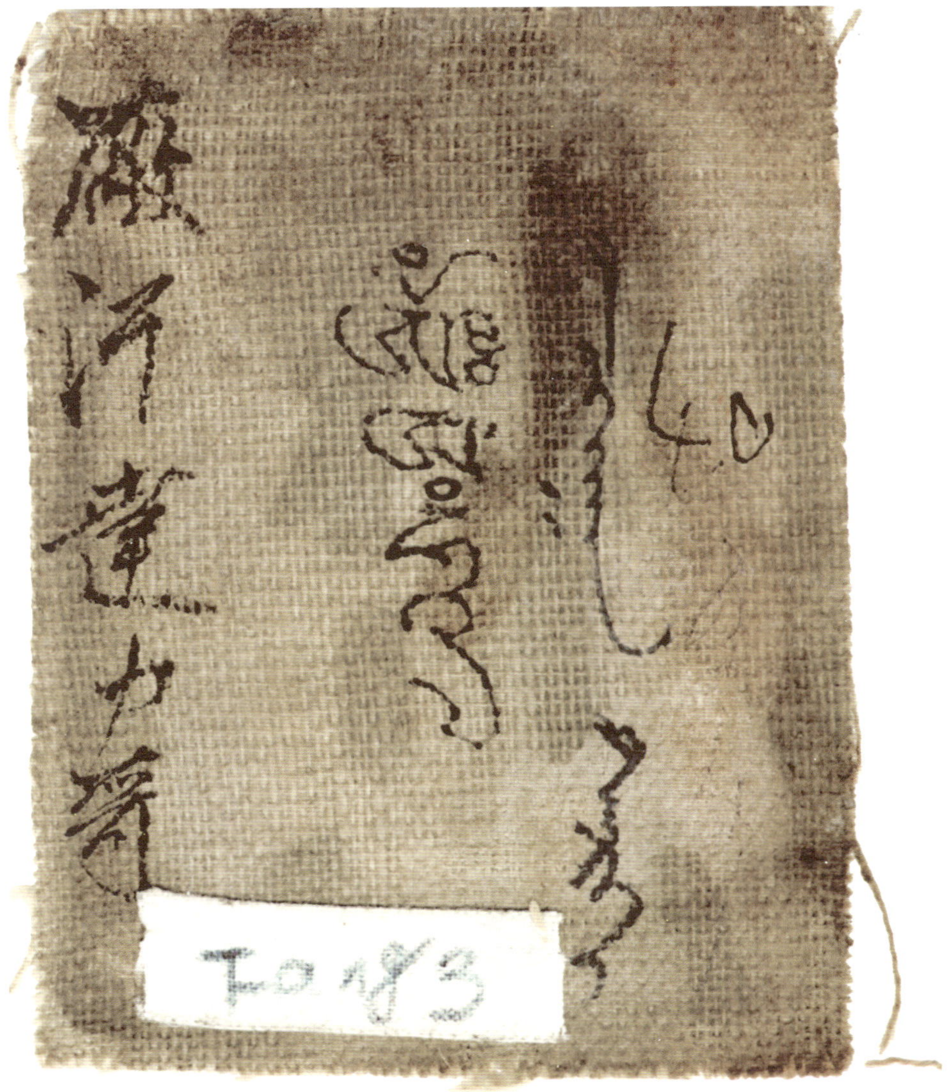

（一七八）殘件　**M1·178［反］**　尺寸：5.9cm×8.4cm（縮放比例：200%）

（一七九）殘件　M1·179［0001］　尺寸：32.6cm×65cm（縮放比例：37%）

四、阿拉伯文

（一八〇）殘件（阿拉伯文） **M1·180［84H·F20:W60/0709］** 尺寸：14.3cm×13.5cm（縮放比例：147%）

（一八一）殘件（阿拉伯文） **M1·181［84H·F20:W61/0710］** 尺寸：15.3cm×12.3cm（縮放比例：137%）

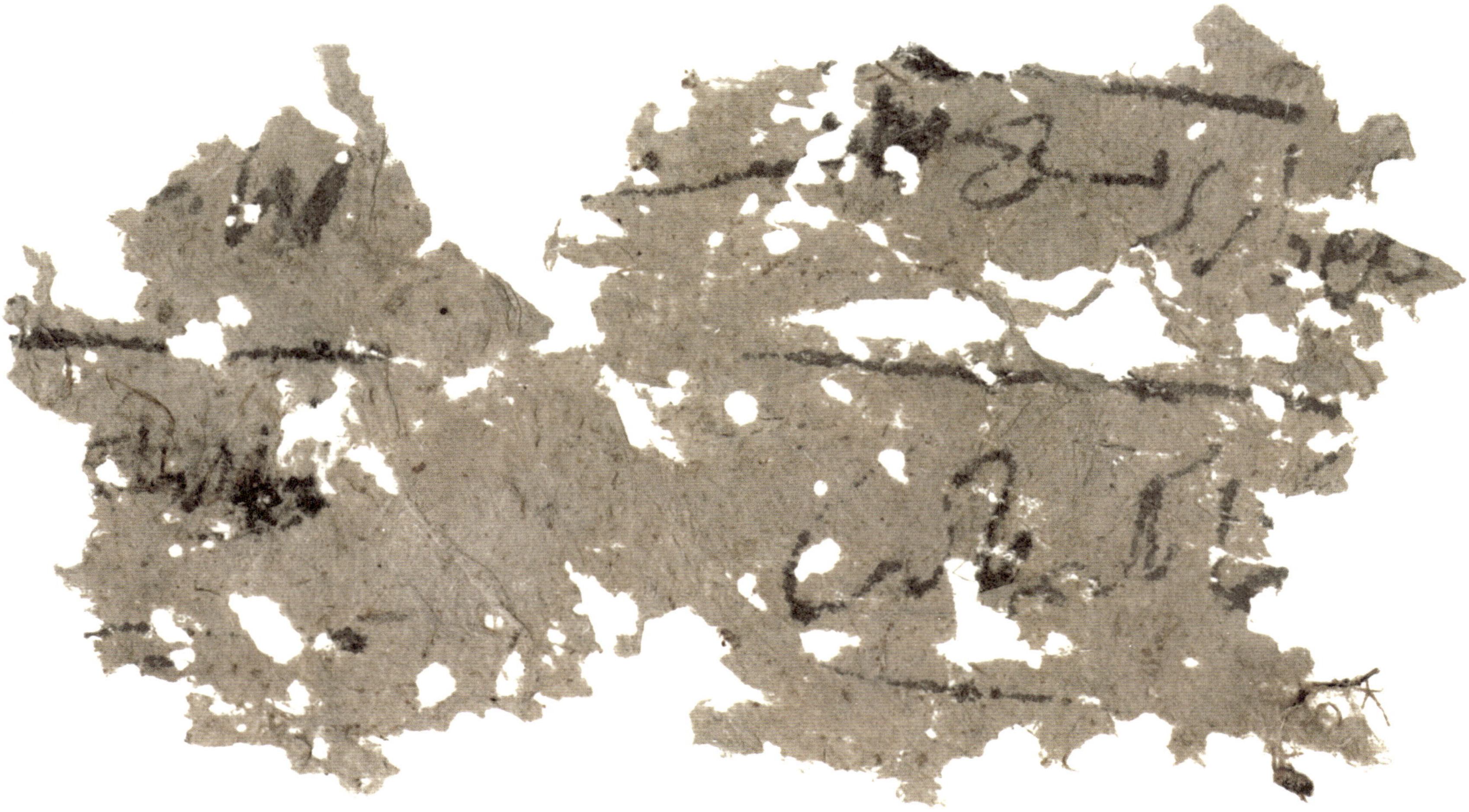

（一八二）殘件（阿拉伯文） **M1·182［84H·F135:W73/2024］** 尺寸：11.2cm×6.3cm（縮放比例：200%）

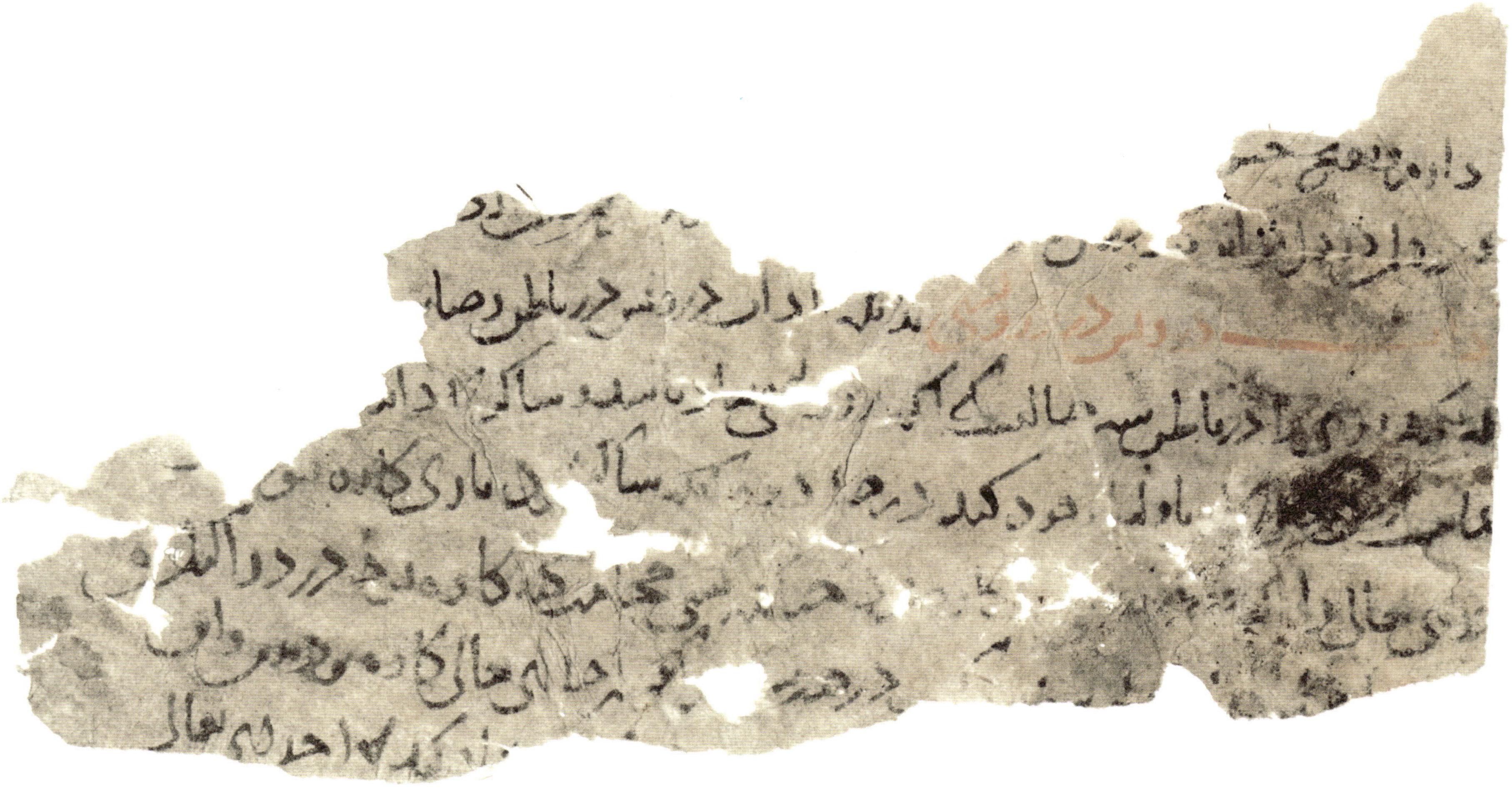

（一八三）殘件（波斯文） **M1·183［84H·F20:W63/0712］** 尺寸：15.6cm×8.5cm（縮放比例：154%）

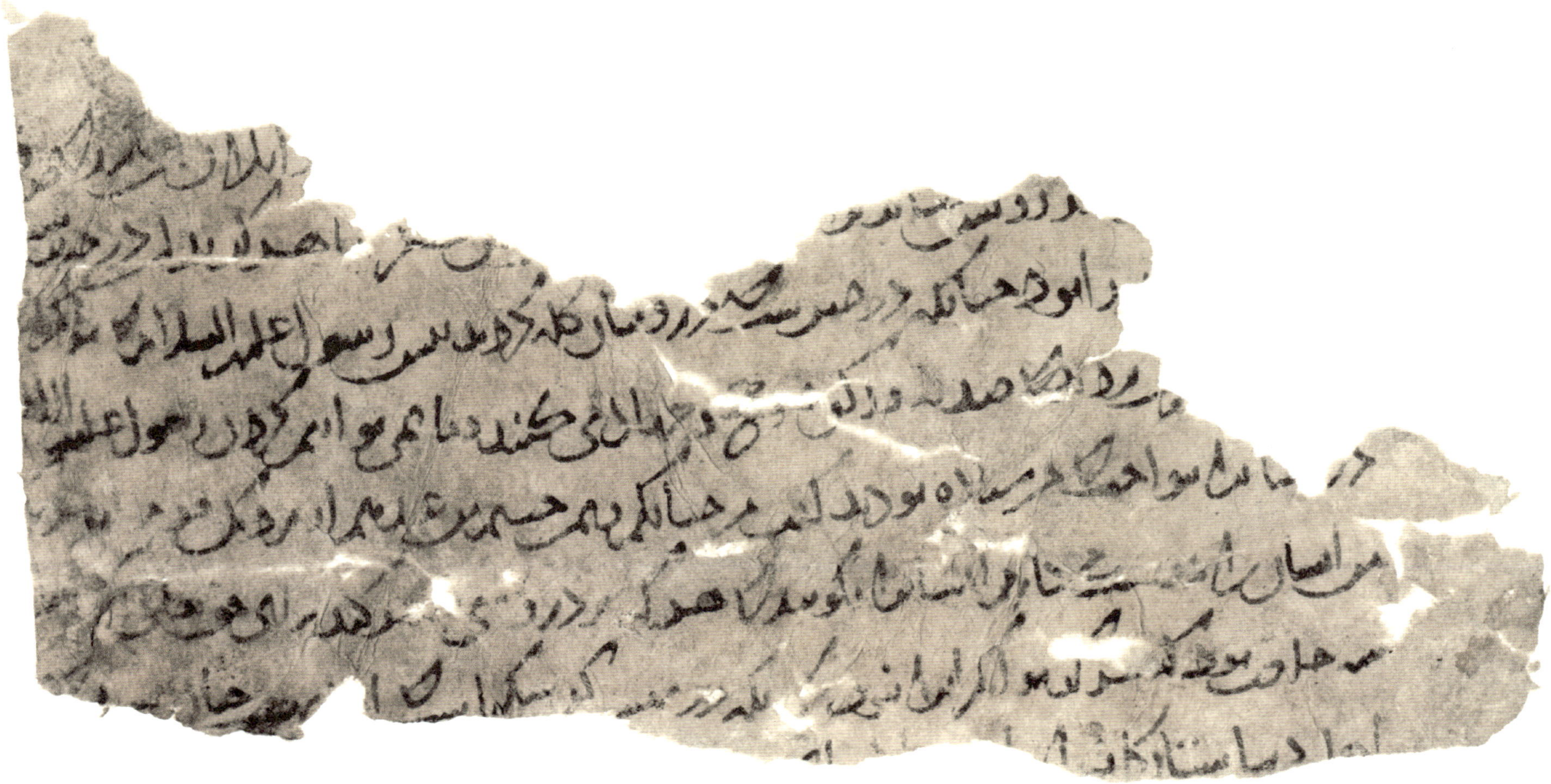

（一八四）殘件（波斯文） **M1·184［84H·F20:W63/0711］** 尺寸：15.6cm×8.2cm（縮放比例：154%）

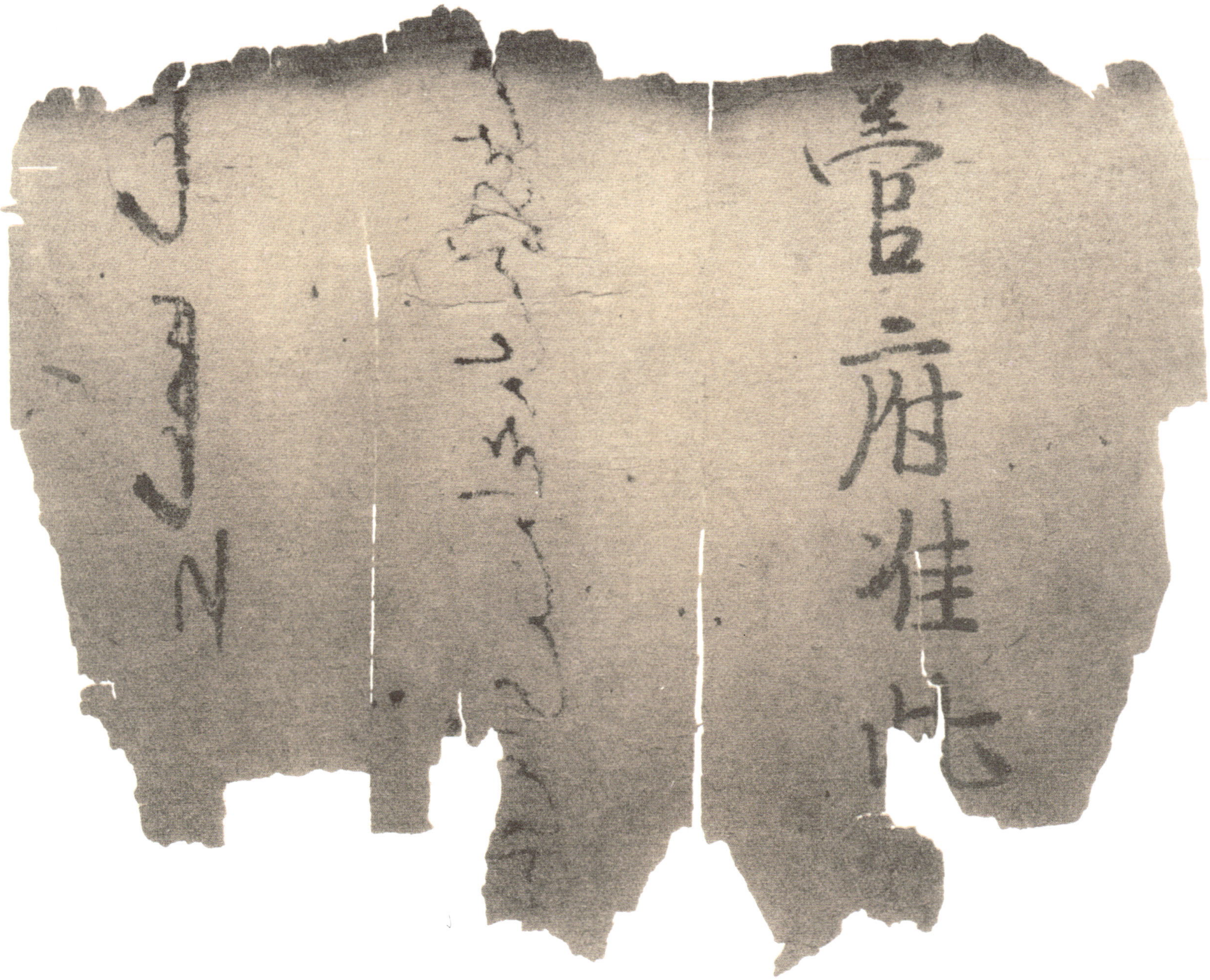

（一八五）殘件（含漢文、阿拉伯文、八思巴文） M1·185［F116:W96c］ 尺寸：14.3cm×12.1cm（縮放比例：147%）

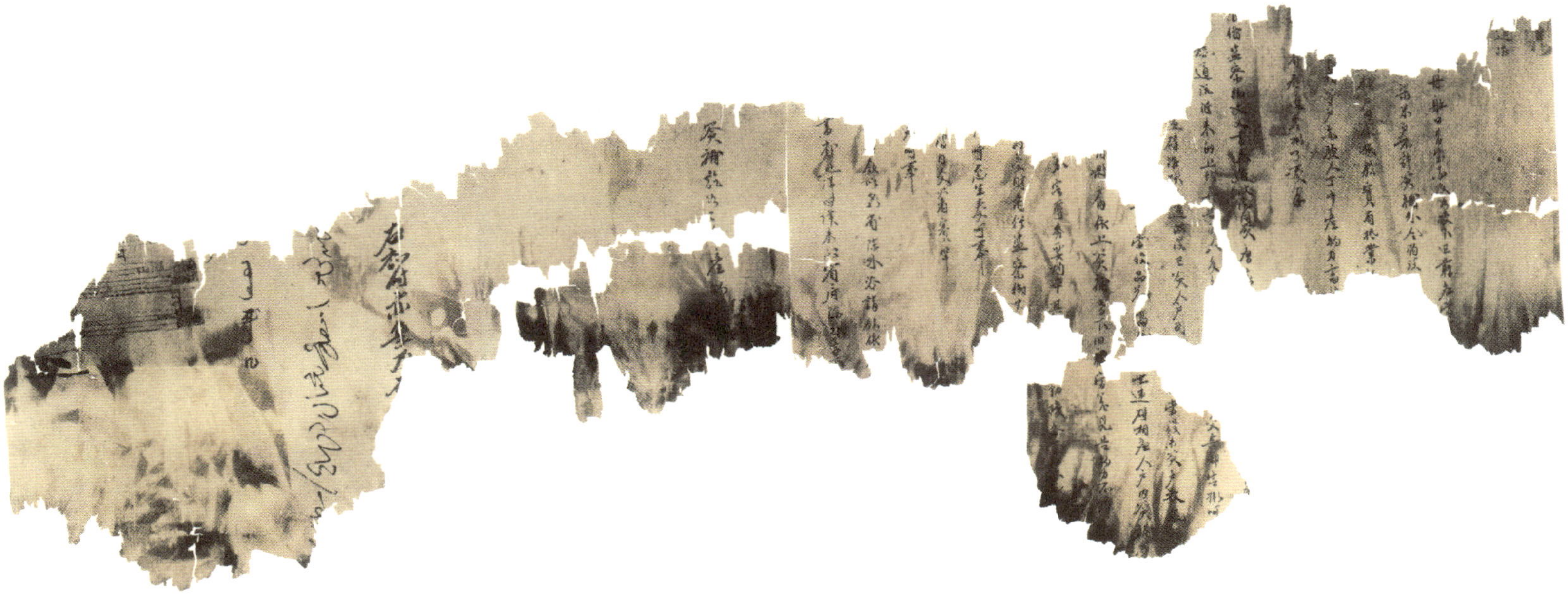

（一八六）殘件（含漢文、阿拉伯文、八思巴文）　**M1·186［F116:W544］**　尺寸：85.8cm×33.4cm（縮放比例：24%）

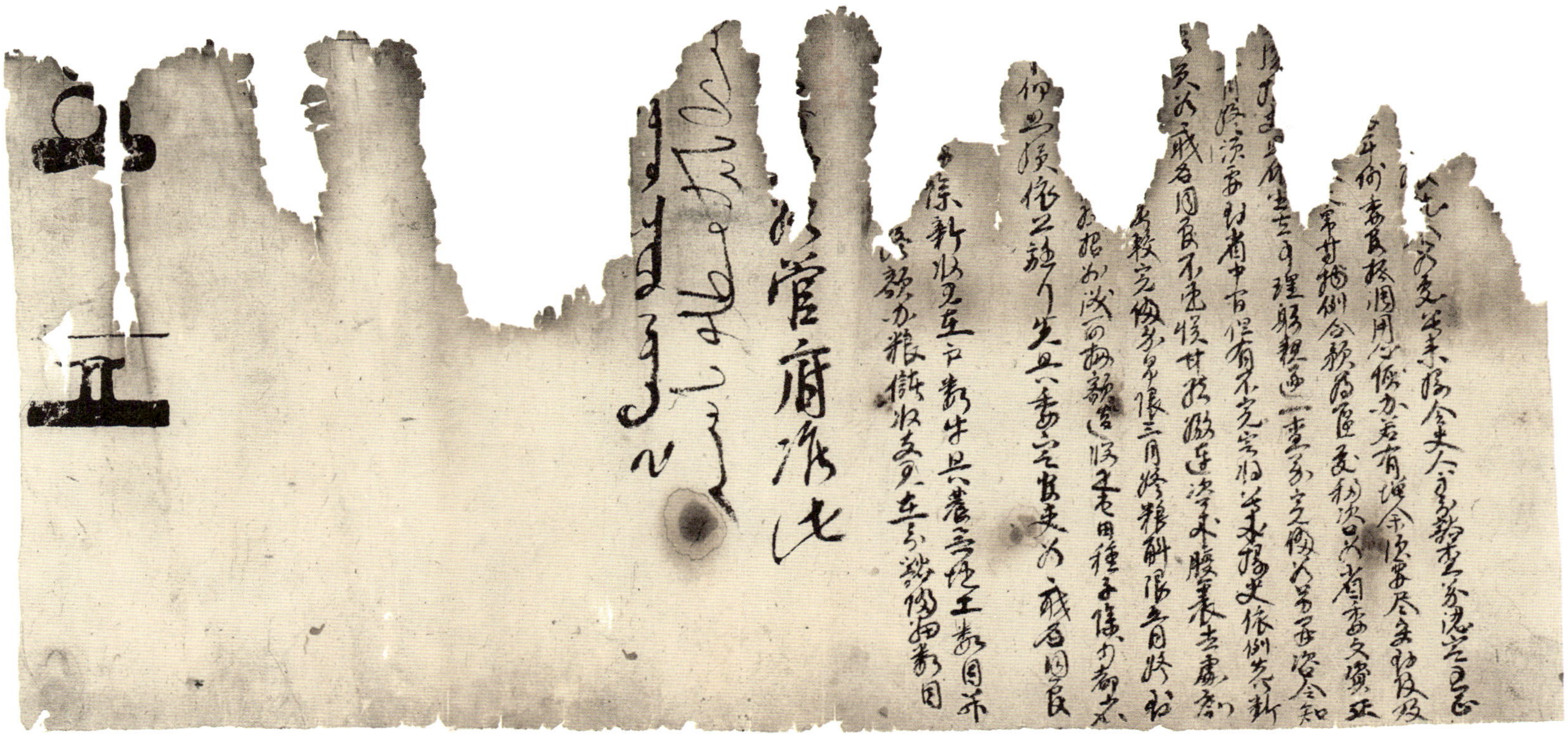

一八七）殘件（含漢文、阿拉伯文、八思巴文）　**M1·187**［**84H·F116:W556/1730**］　尺寸：62.5cm×30.7cm（縮放比例：34%

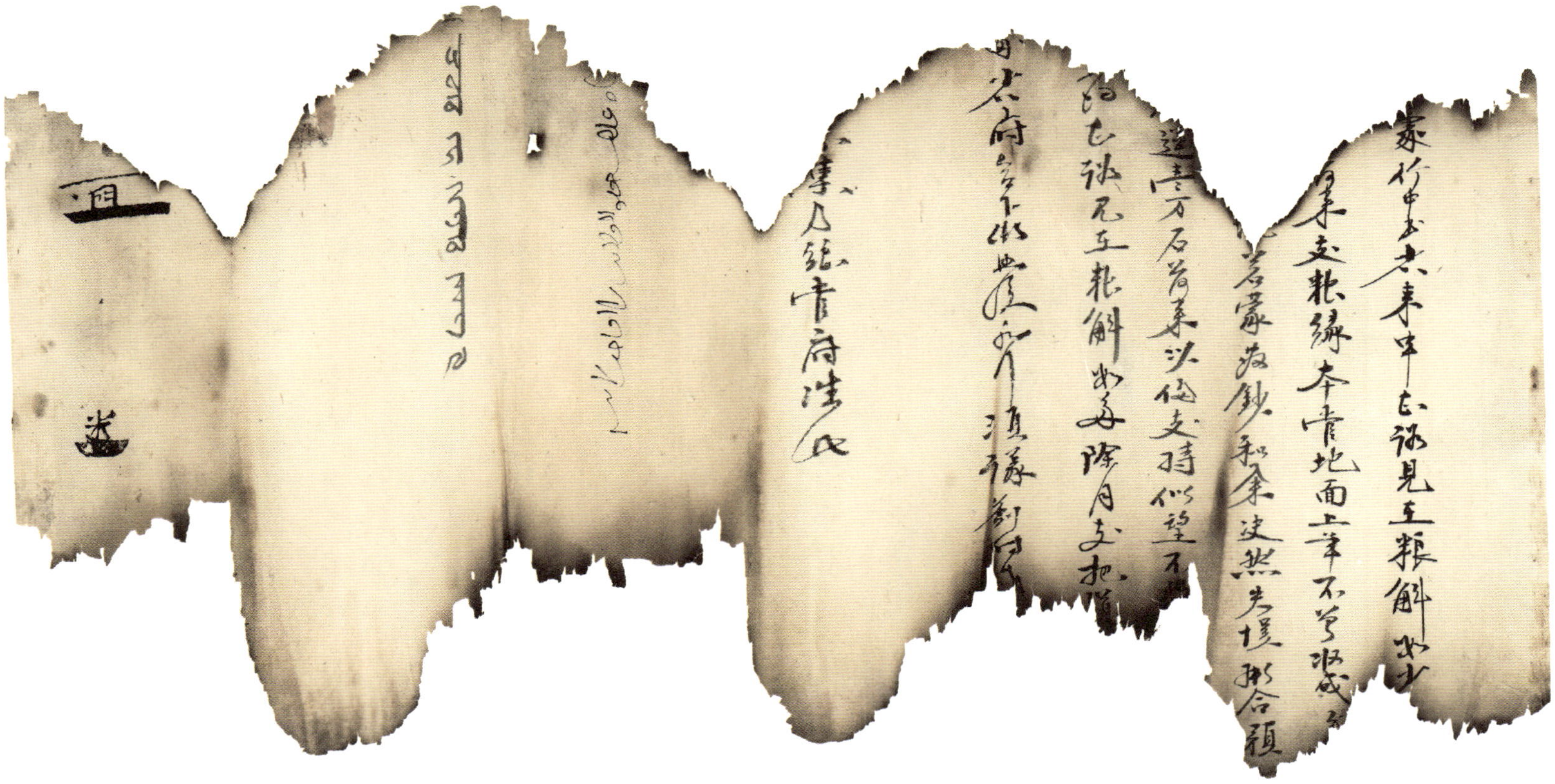

（一八八）殘件（含漢文、阿拉伯文、八思巴文） **M1·188［F116:W565］** 尺寸：69.9cm×36.3cm（縮放比例：30%）

（一八九）殘件（含漢文、阿拉伯文、八思巴文）　M1·189［F116:W566］　尺寸：63.3cm×36.3cm（縮放比例：33%）

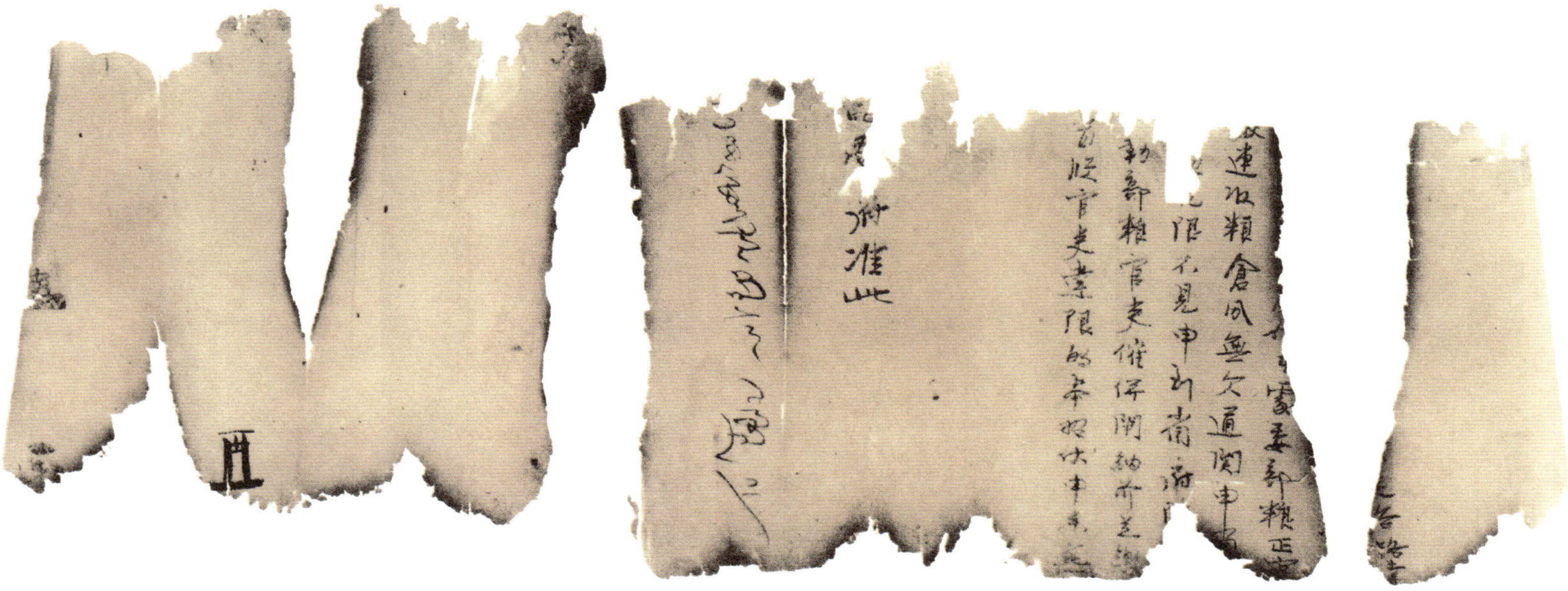

（一九〇）殘件（含漢文、阿拉伯文） **M1·190［84H·F116:W582］** 尺寸：71.7cm×27.8cm（縮放比例：29%）

（一九一）殘件（上阿拉伯文，下八思巴文） **M1·191［84H·F116:W513/1685］** 尺寸：29.2cm×18.7cm（縮放比例：82%）

（一九二）殘件（阿拉伯文波斯語）　**M1·192［Y5:W1］**　尺寸：7cm×5.6cm（縮放比例：200%）

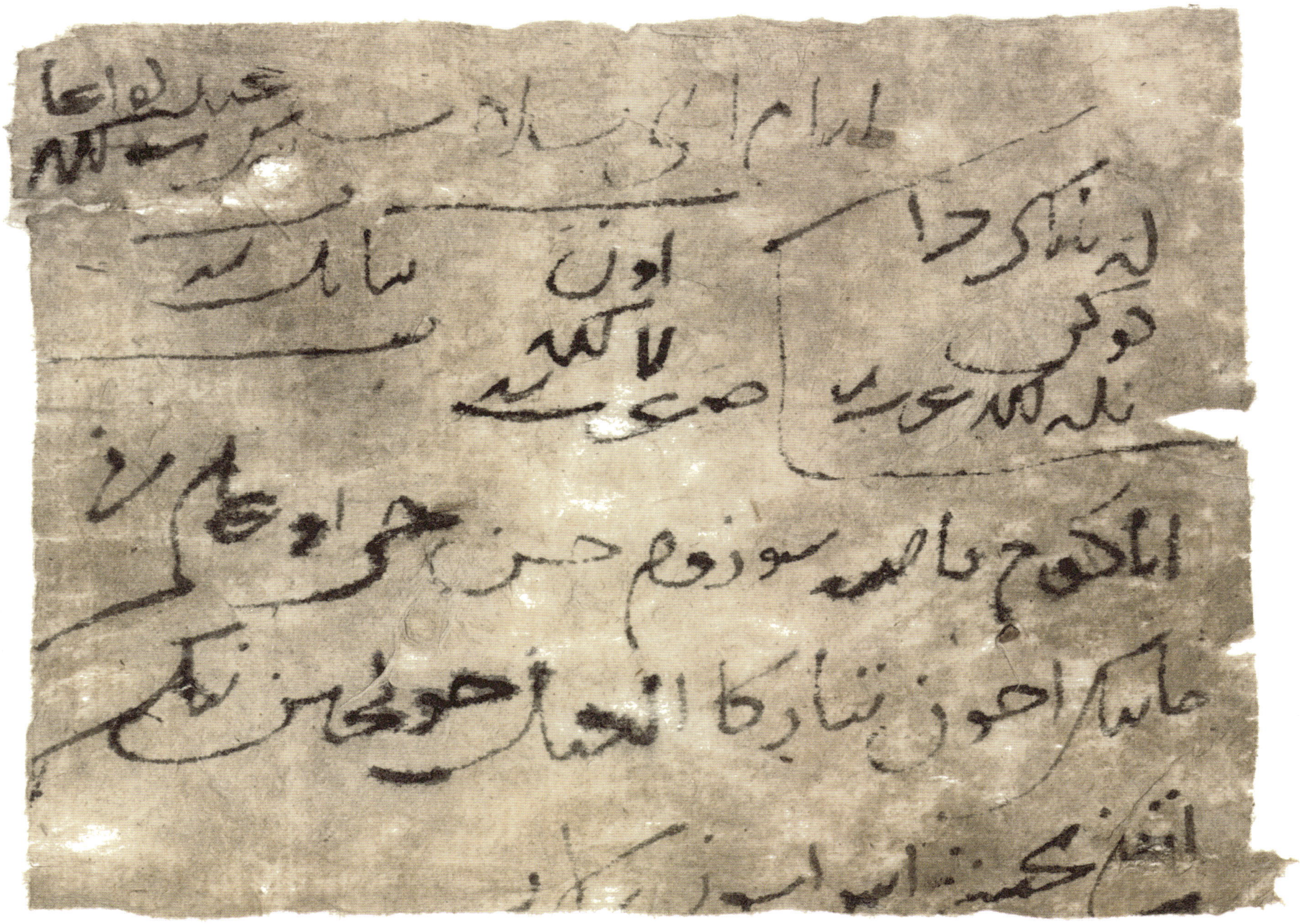

（一九三）殘件（阿拉伯文突厥語） **M1·193**［**84H·F148:W1/2089**］ 尺寸：15.6cm×11.4cm（縮放比例：154%）

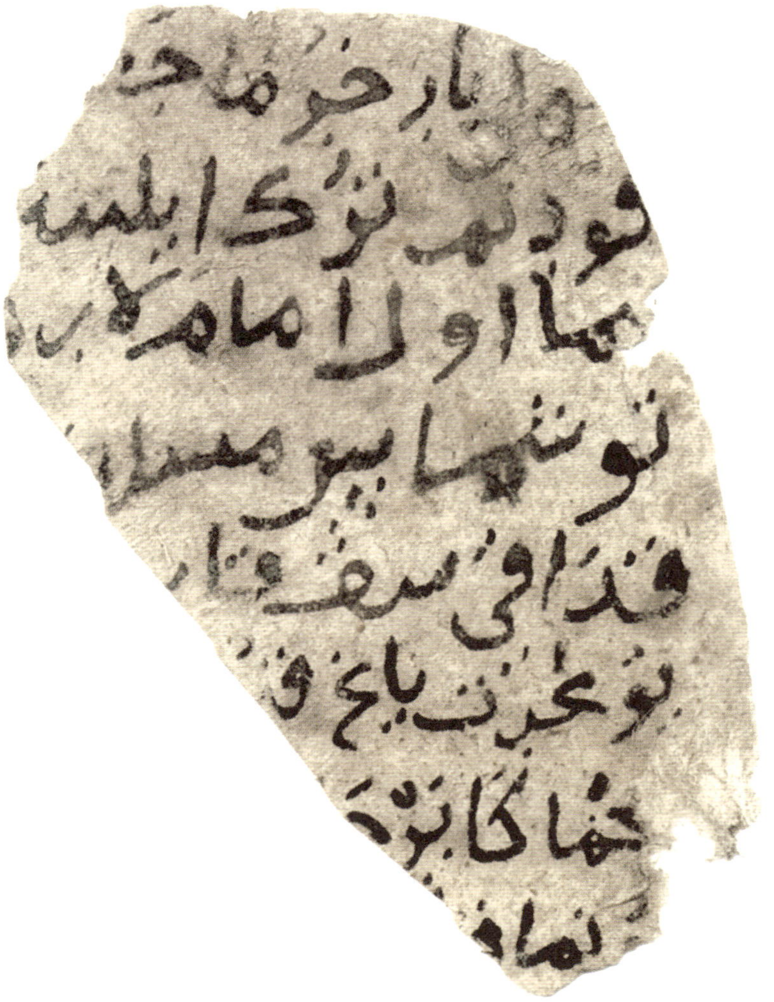

（一九四）殘件（阿拉伯文突厥語） **M1·194［84HF204正］** 尺寸：7.3cm×4.6cm（縮放比例：200%）

（一九五）殘件（阿拉伯文突厥語） **M1·195［84HF204 反］** 尺寸：7.3cm×4.6cm（縮放比例：200%）

（一九六）殘件（阿拉伯文） **M1·196［Y1:W12］** 尺寸：15cm×8.7cm（縮放比例：140%）

（一九七）殘件（阿拉伯文） **M1·197［84H·F249:W214/21567］** 尺寸：10.1cm×4.2cm（縮放比例：200%）

五、回鶻文

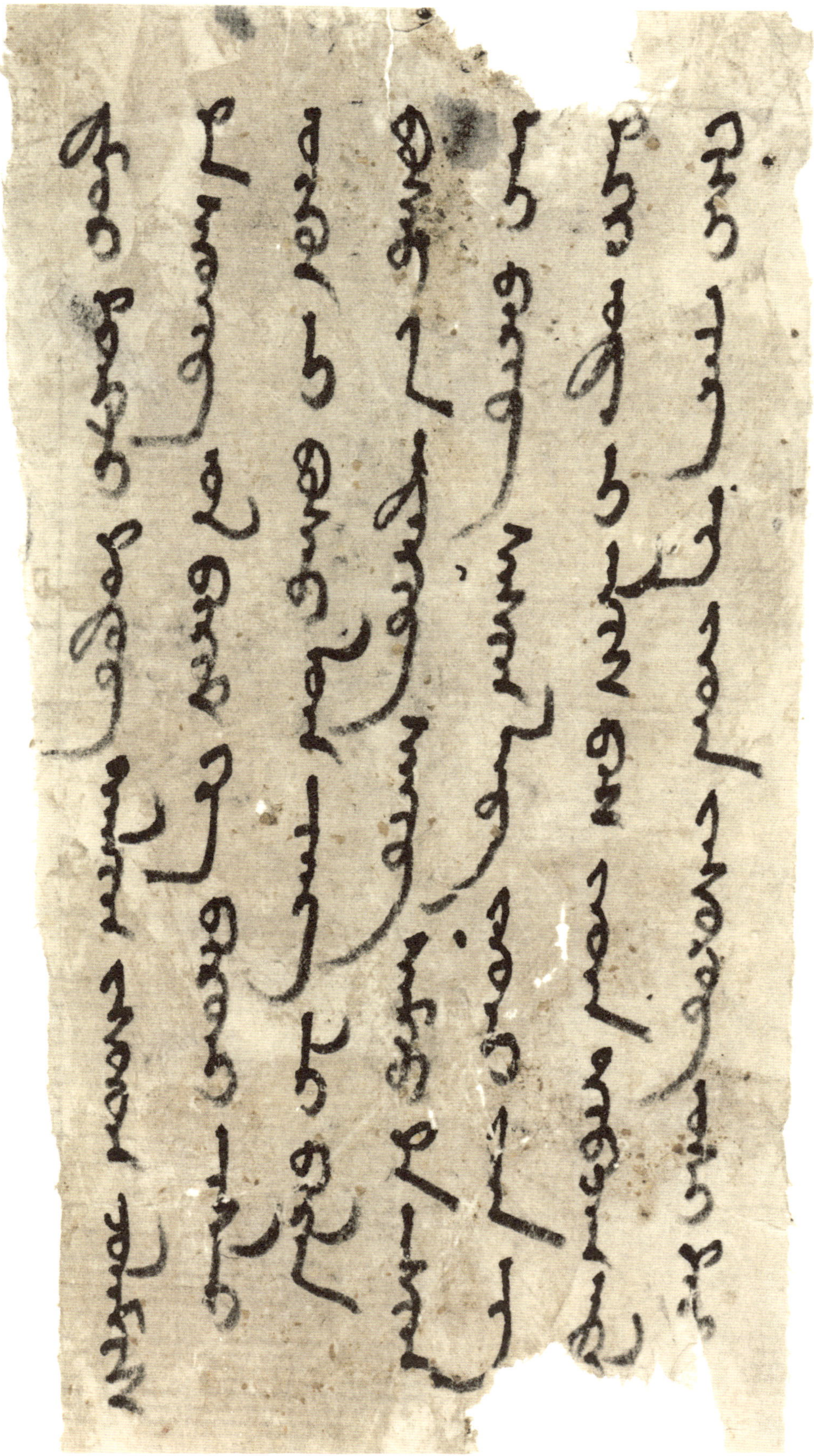

（一九八）契約文書　**M1·198**［**F13:W66**］　尺寸：18.5cm×10cm（縮放比例：130%）

（一九九）契約文書殘件　**M1·199［F146:W1］**　尺寸：9.7cm×6.2cm（縮放比例：127%）

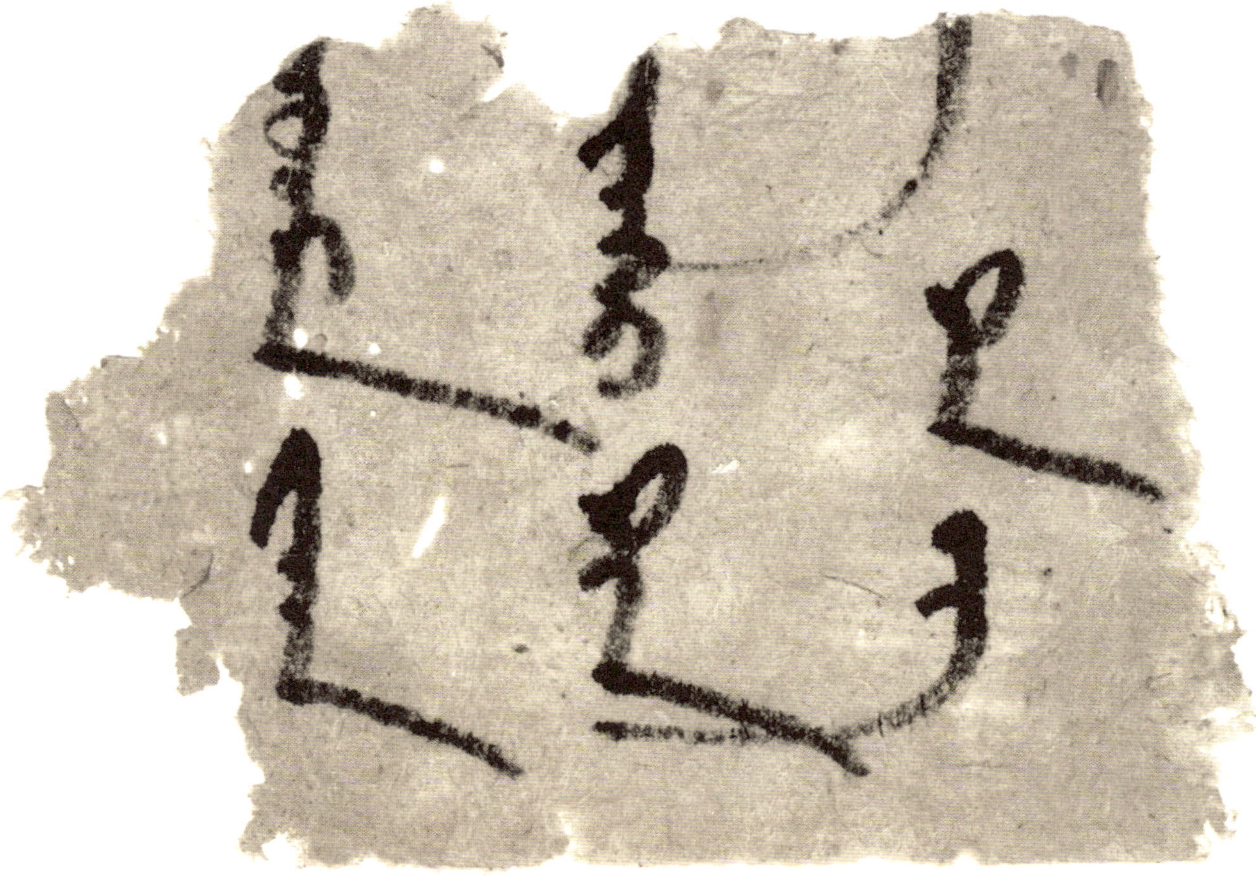

（二〇〇）借貸契約殘件　M1·200［F224:W1］　尺寸：8.4cm×6cm（縮放比例：200%）

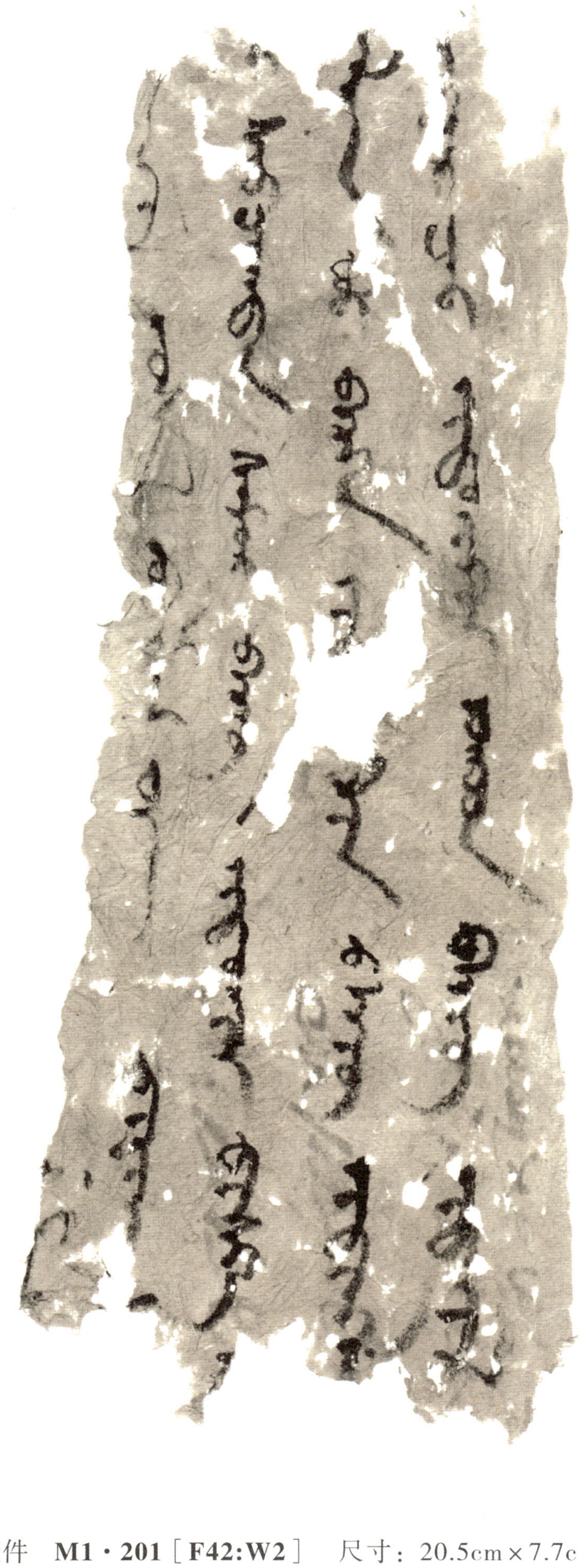

（二〇一）書信殘件　**M1·201［F42:W2］**　尺寸：20.5cm×7.7cm（縮放比例：117%）

（二〇二）書信殘件　M1·202［F217:W1］　尺寸：10.6cm×9cm（縮放比例：200%）

（二〇三）書信殘件 M1·203［Y1:W49］ 尺寸：11.9cm×7.7cm（縮放比例：176%）

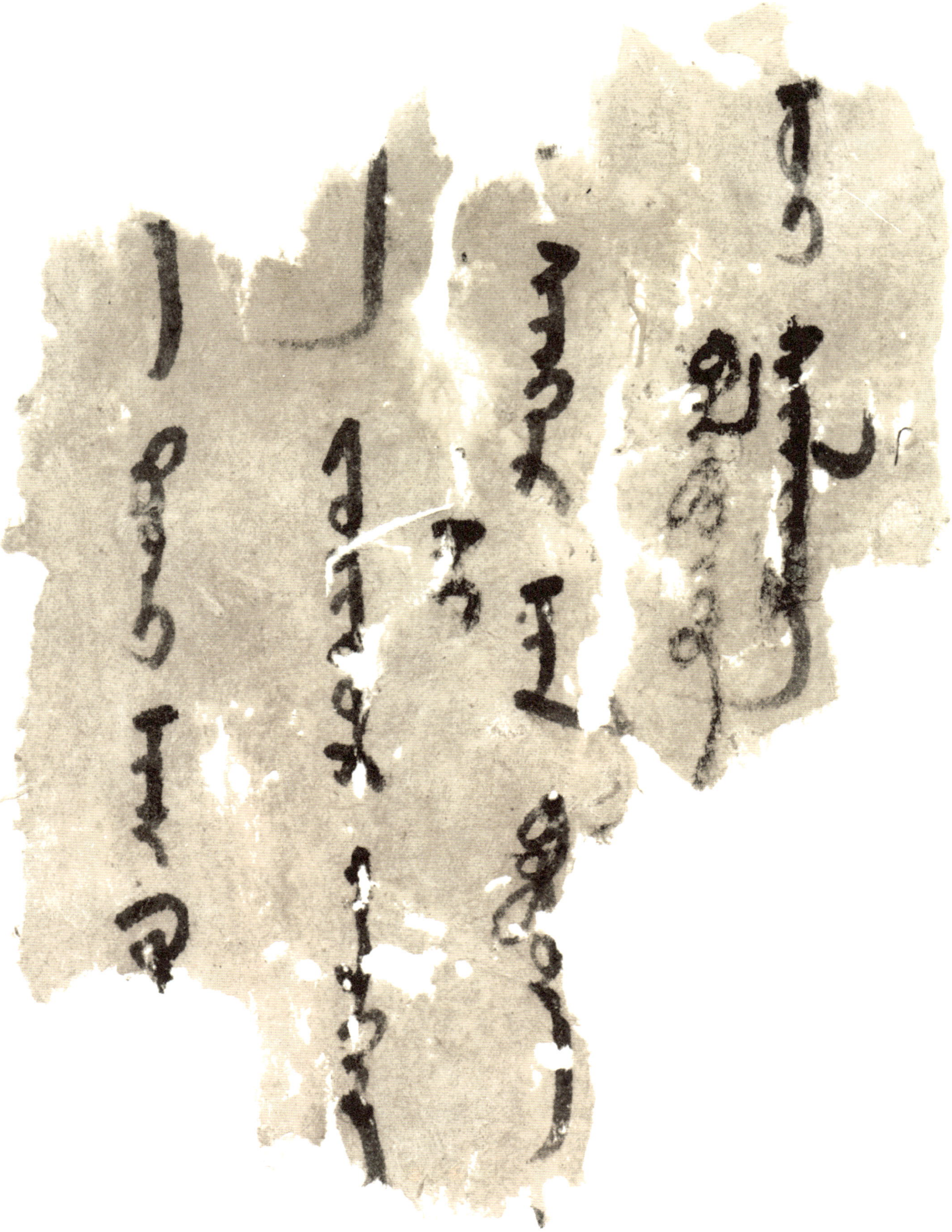

（二〇四）佛典題記殘件　**M1·204［F64:W1］**　尺寸：12.9cm×9.7cm（縮放比例：186%）

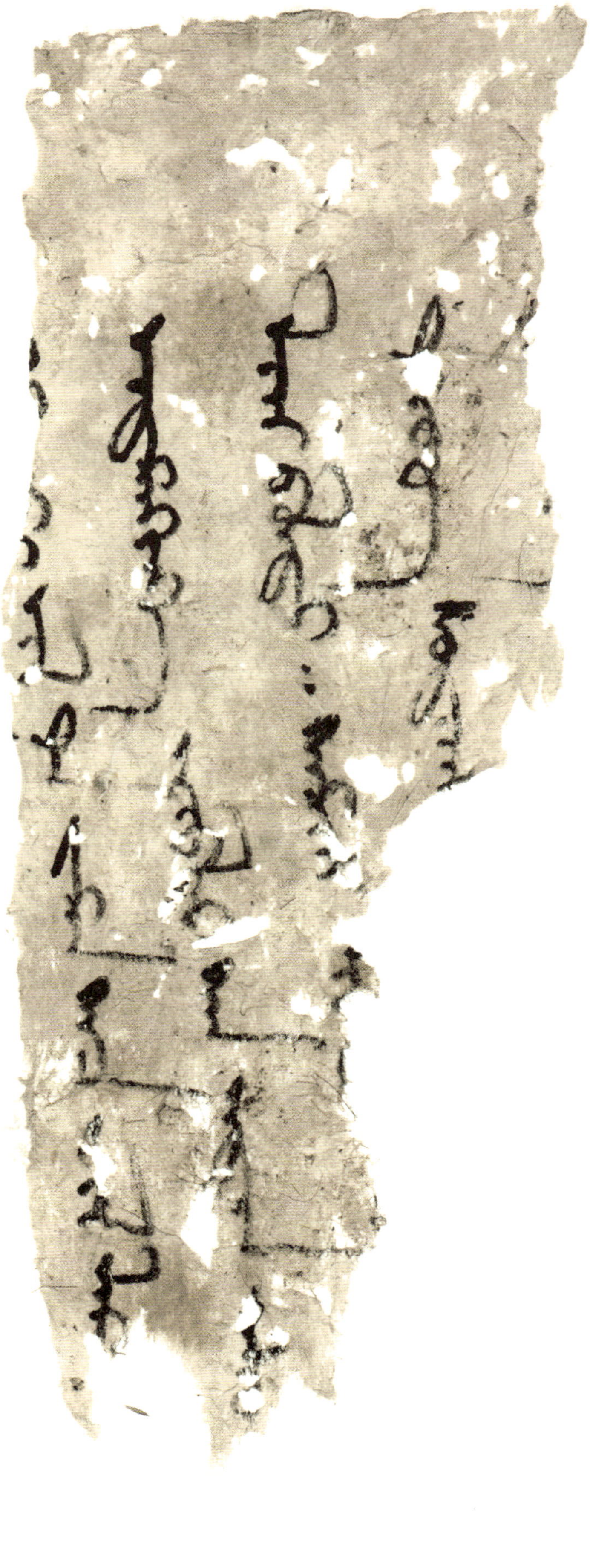

（二〇五）佛典題記殘件　**M1·205［F21:W32］**　尺寸：22.2cm×8.7cm（縮放比例：108%）

（二〇六）佛典殘件　**M1·206［F277:W56］**　尺寸：24cm×12.2cm（縮放比例：100%）

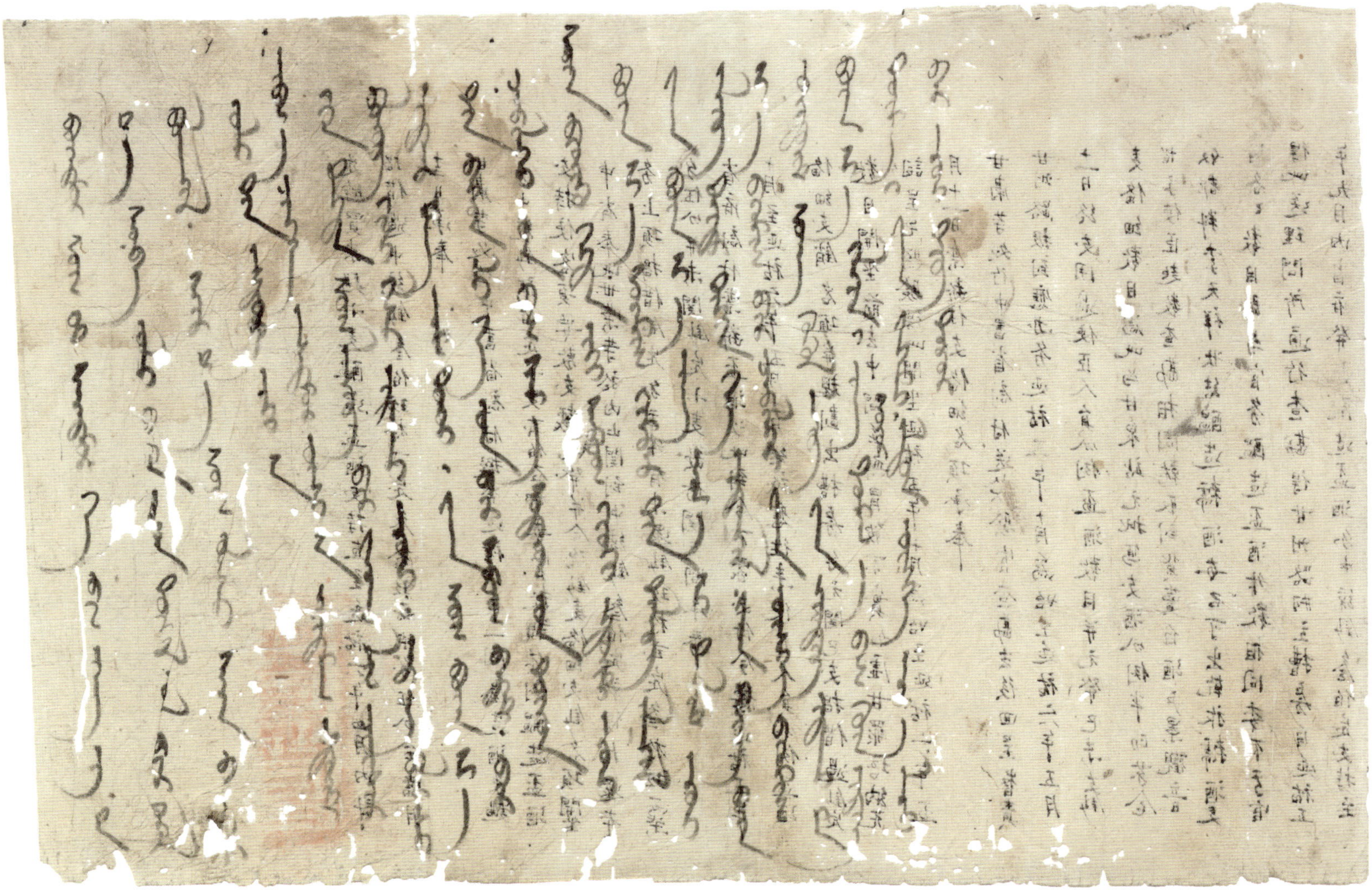

（二〇七）社會文書 **M1·207**［**無號1反**］ 尺寸：41.1cm×27.8cm（縮放比例：51%）

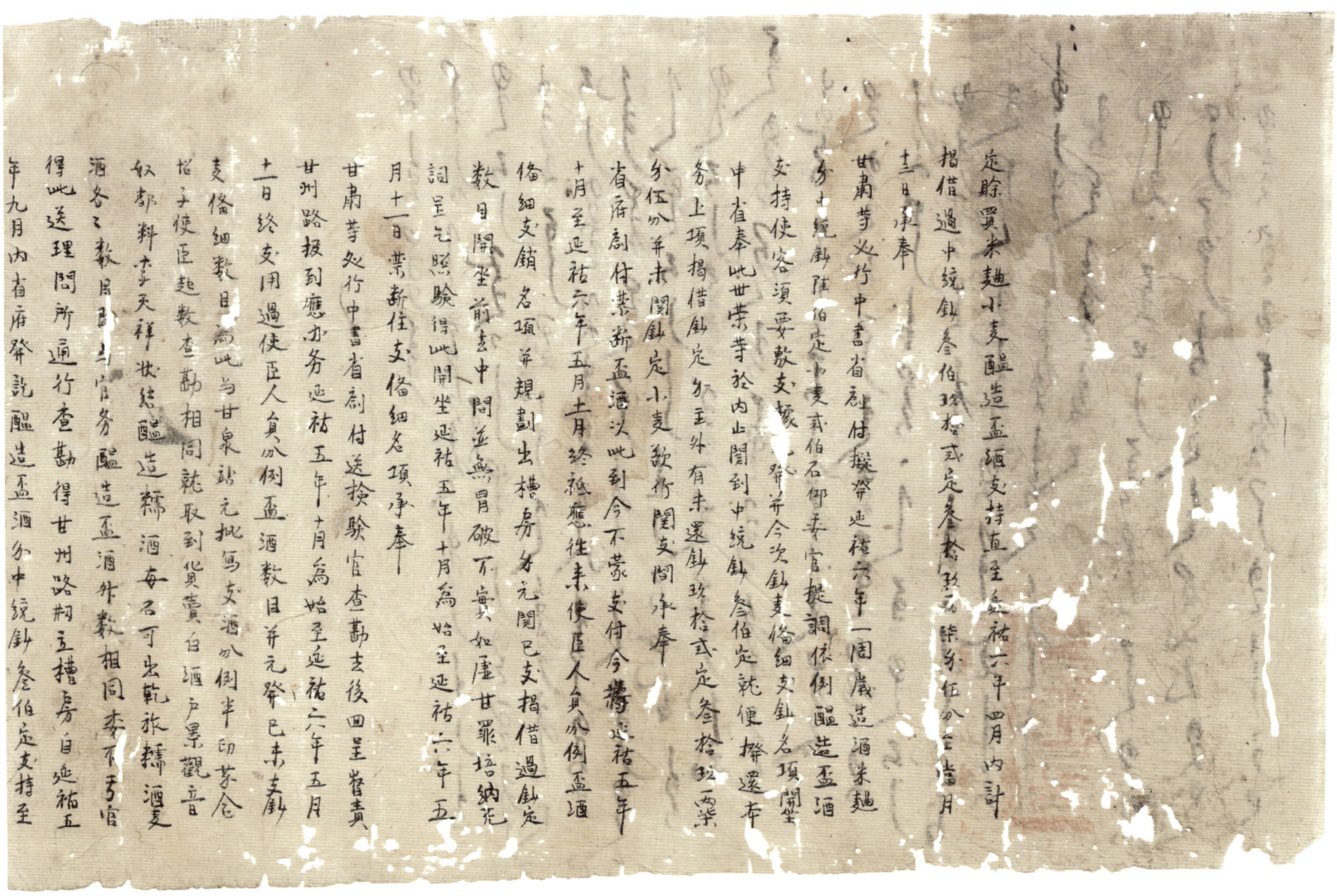
定除買米麴小麦醞造盃酒支持直至延祐六年四月内計
揭借過中統鈔叁伯玖拾貳定叁拾玖两陸錢伍分五釐當月
十三日承奉
甘肅等処行中書省劄付擬於延祐六年一周歲造酒米麴
分中統鈔陸伯定小麦貳伯石仰委官提調依例醞造盃酒
支持使客須要數支撥訖并今次鈔麦備細支鈔名項開坐
中省奉此世榮等於内止関到中統鈔叁伯定就便撥還本
務上項揭借鈔定外至外有未還鈔玖拾貳定叁拾玖两柒
分伍分并未関鈔定小麦欲行関支間承奉
省府劄付蒙斷盃酒以此到今不蒙支付今將延祐五年
十月至延祐六年五月十一日終祗應往來使臣人員分例盃酒
備細支銷名項并規劃出糟房錢元関已支揭借過鈔定
數目開坐前去中間並無冒破不實如虚甘罪培納施行
詞呈乞照驗得此開坐延祐五年十月為始至延祐六年五
月十一日蒙斷住支備細名項承奉
甘肅等処行中書省劄付送檢驗官查勘去後回呈照責
甘州路报到應办務延祐五年十月為始至延祐六年五月
十一日終支用過使臣人員分例盃酒數目并元發已未支鈔
麦備細數目為此當甘泉站元批寫支酒分例半印勘合
指乎使臣起數查勘相同就取到貨賣白酒戶景觀音
奴、都料李天祥狀結醞造糯酒每石可出乾糯糯酒麦
酒各□數目與官務醞造盃酒外數相同委不虧官
得此送理問所通行查勘得甘州路抛立糟房自延祐五
年九月内省府發訖醞造盃酒分中統鈔叁伯定支持至

（二〇八）漢文文獻　**M1·208［無號2正］**　尺寸：41.1cm×27.8cm（縮放比例：51%）

（二〇九）星宫圖　**M1·209［83HF9:W5］**　尺寸：37.3cm×36.5cm（縮放比例：56%）

（二一〇）殘件　**M1·210［F124:W22］**　尺寸：7.8cm×7.2cm（縮放比例：200%）

（二一一）殘件 **M1·211［F13:W65］** 尺寸：7.3cm×5.2cm（縮放比例：200%）

（二一二）殘件　**M1·212［F13:W67］**　尺寸：16.5cm×12.3cm（縮放比例：127%）

（二一三）殘件　**M1・213［F155:W6］**　尺寸：11.4cm×6cm（縮放比例：188%）

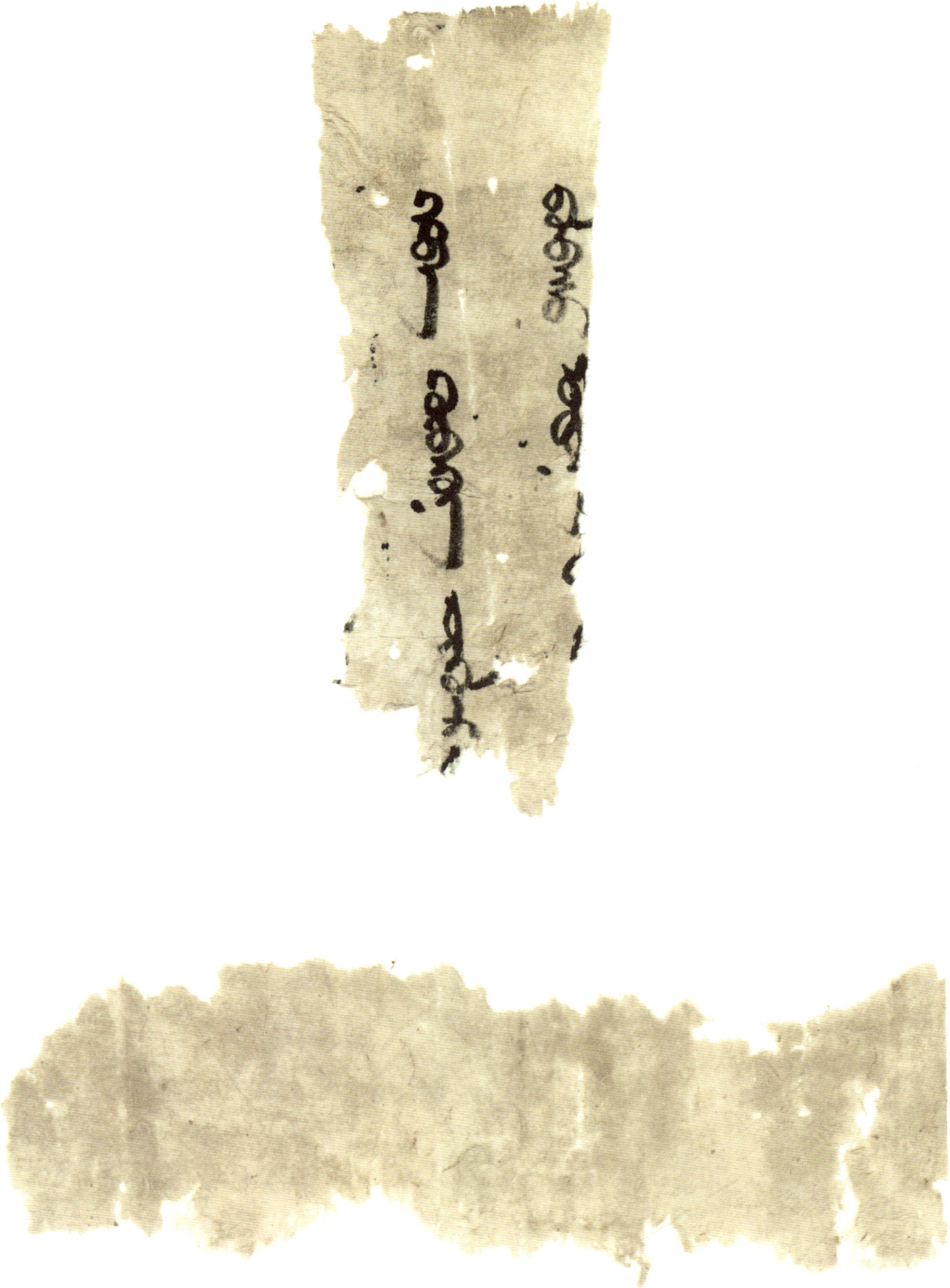

（二一四）殘件　**M1 · 214［F125:W2］**　尺寸：26.4cm × 18.7cm（縮放比例：91%）

六、叙利亚文

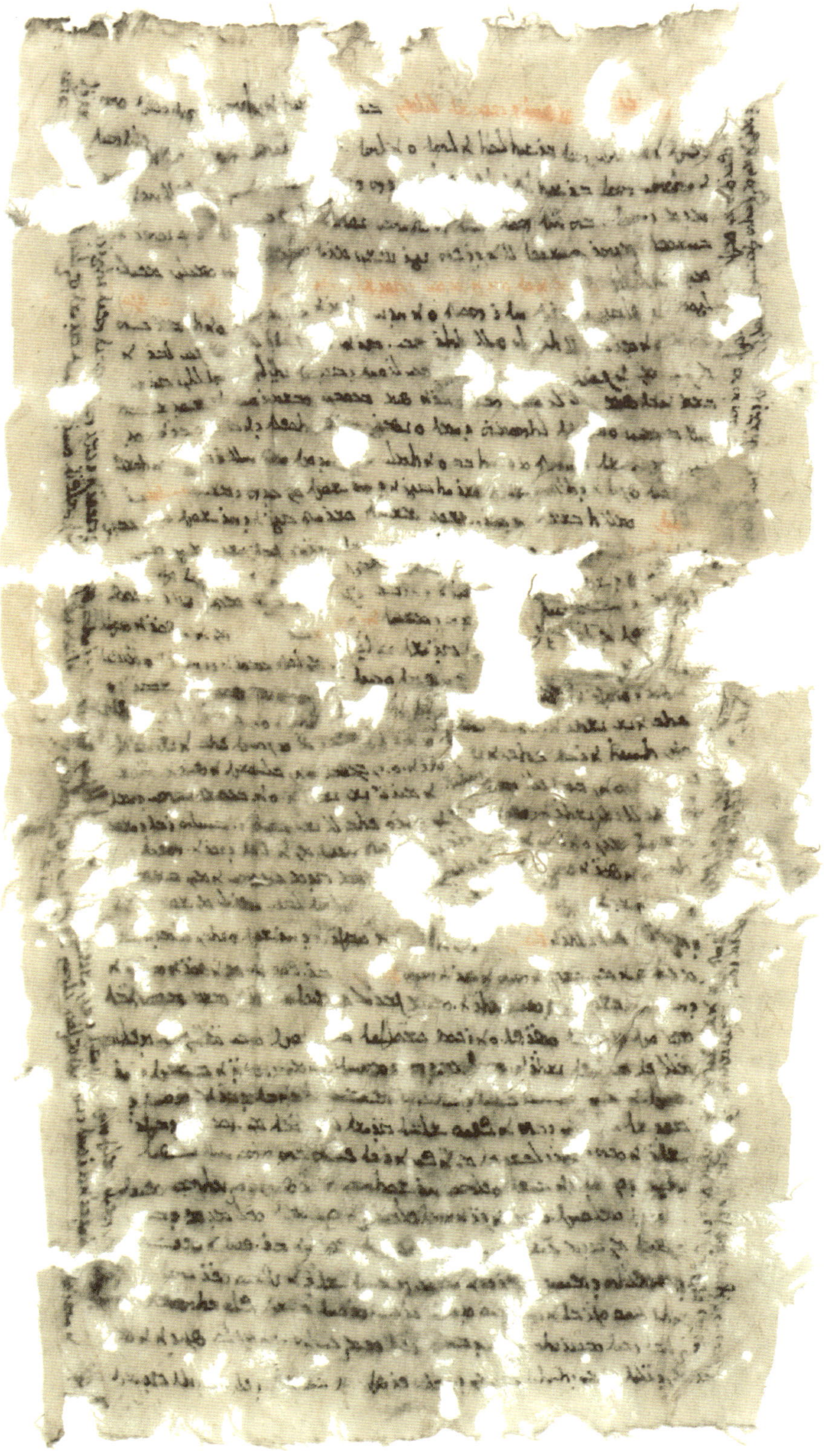

（二一五）景教文書　**M1·215［H彩101］**　尺寸：34.2cm×19cm（縮放比例：61%）

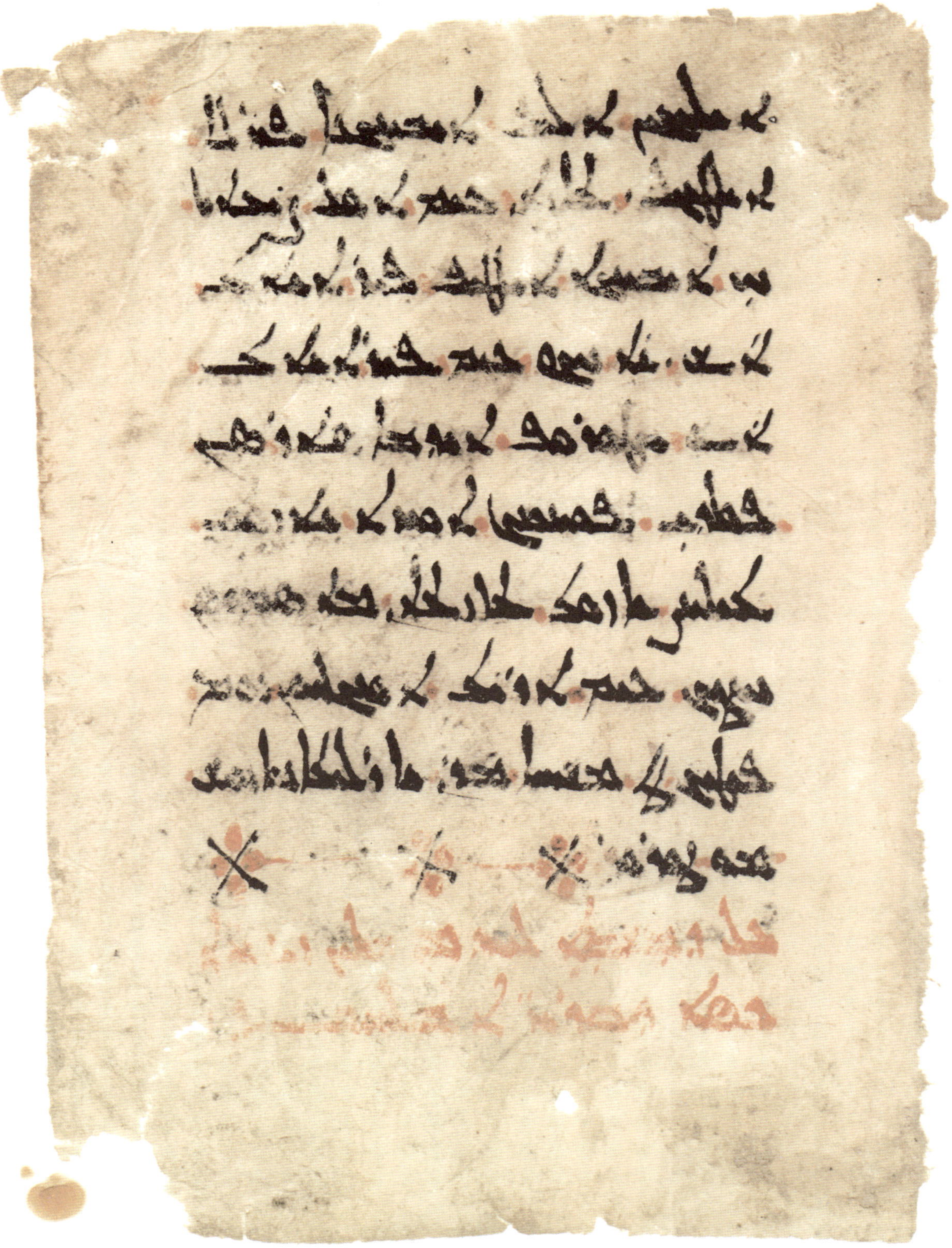

（二一六）文書殘件　M1・216［84H・F21:W34/0751（1）］　尺寸：16.4cm×12.2cm（縮放比例：128%）

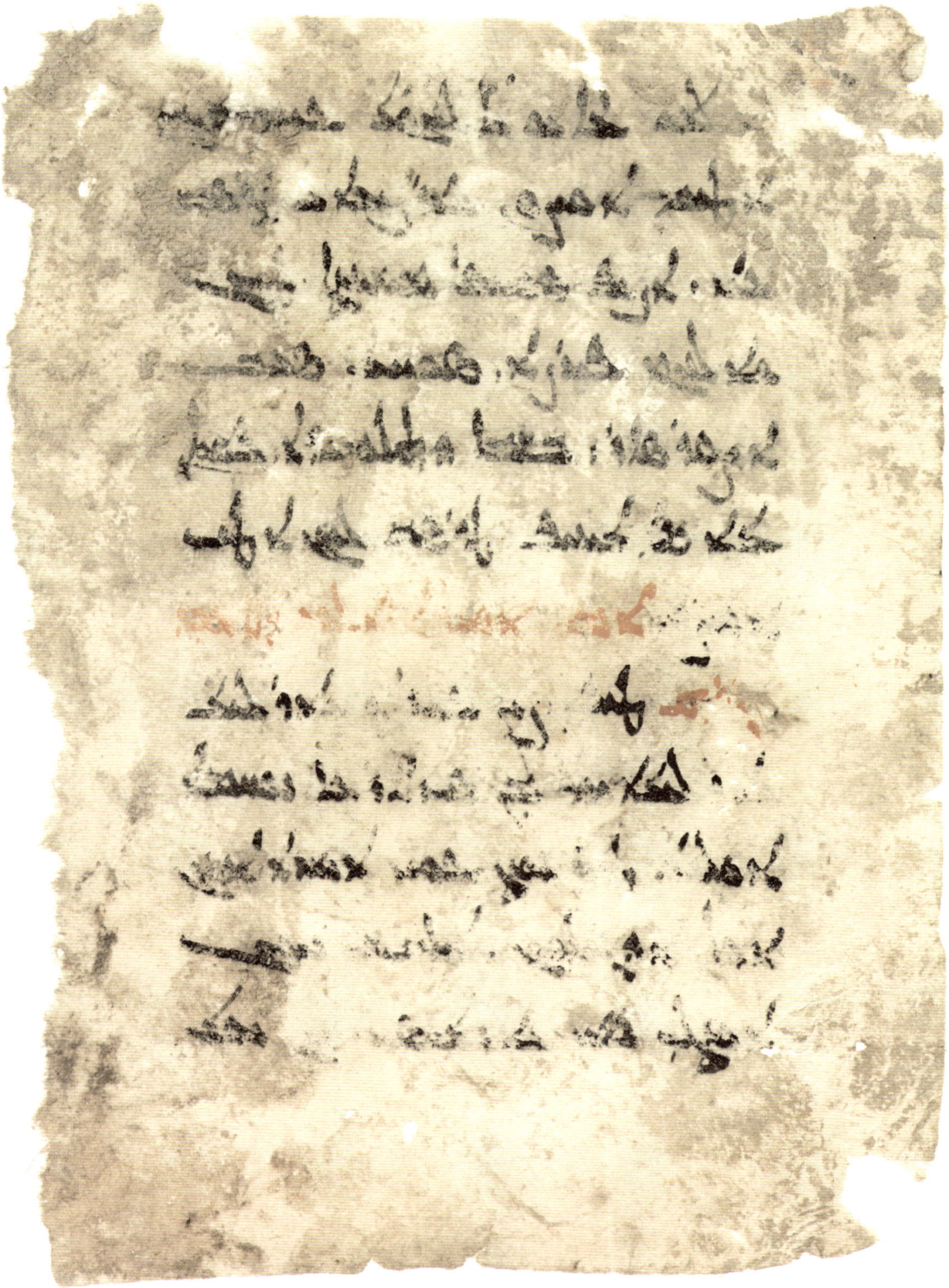

（二一七）文書殘件　M1·217［84H·F21:W34/0751（2）］　尺寸：16.5cm×11.8cm（縮放比例：127%）

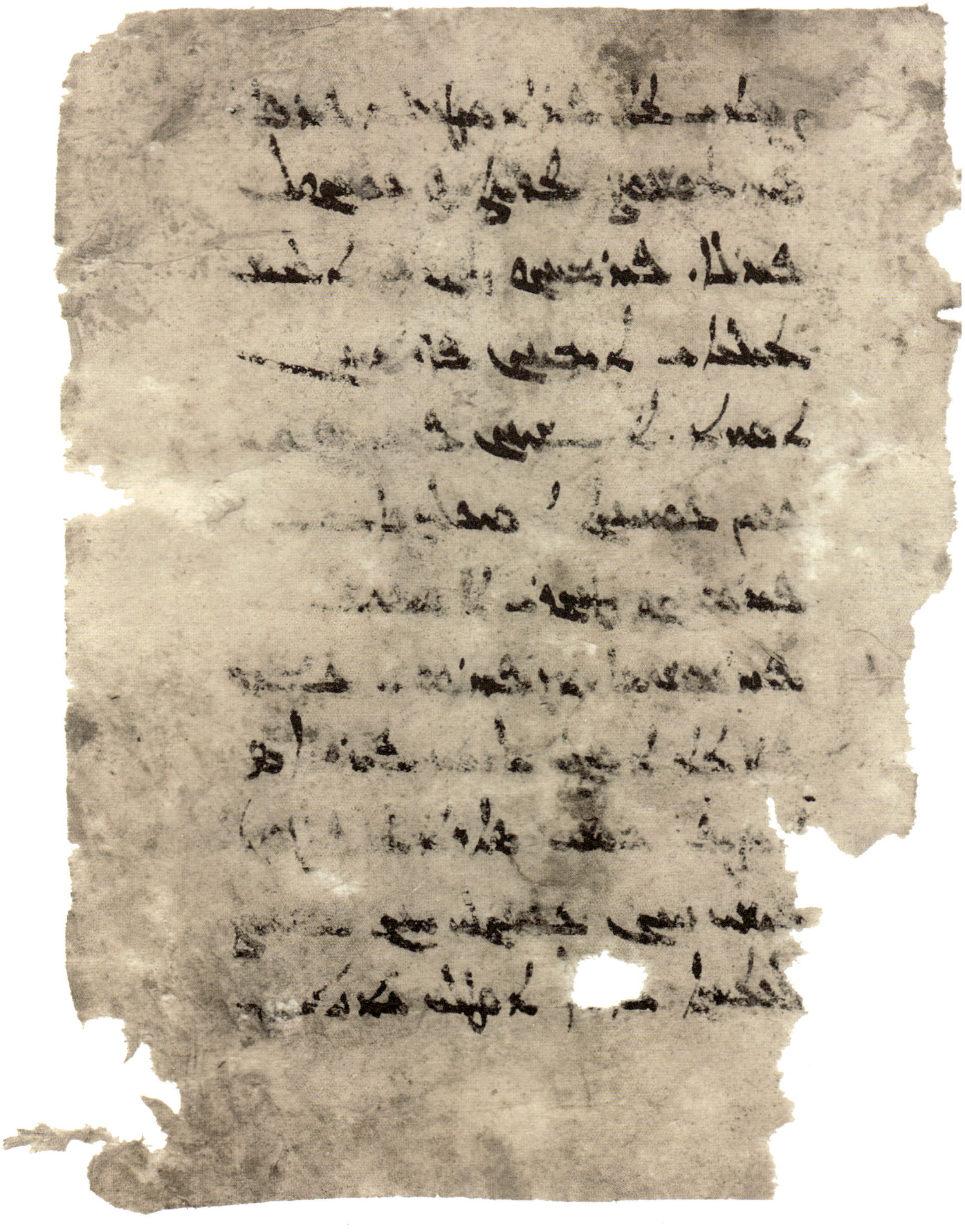

（二一八）文書殘件　M1·218［84H·F21:W38/0755］　尺寸：15.9cm×12.2cm（縮放比例：132%）

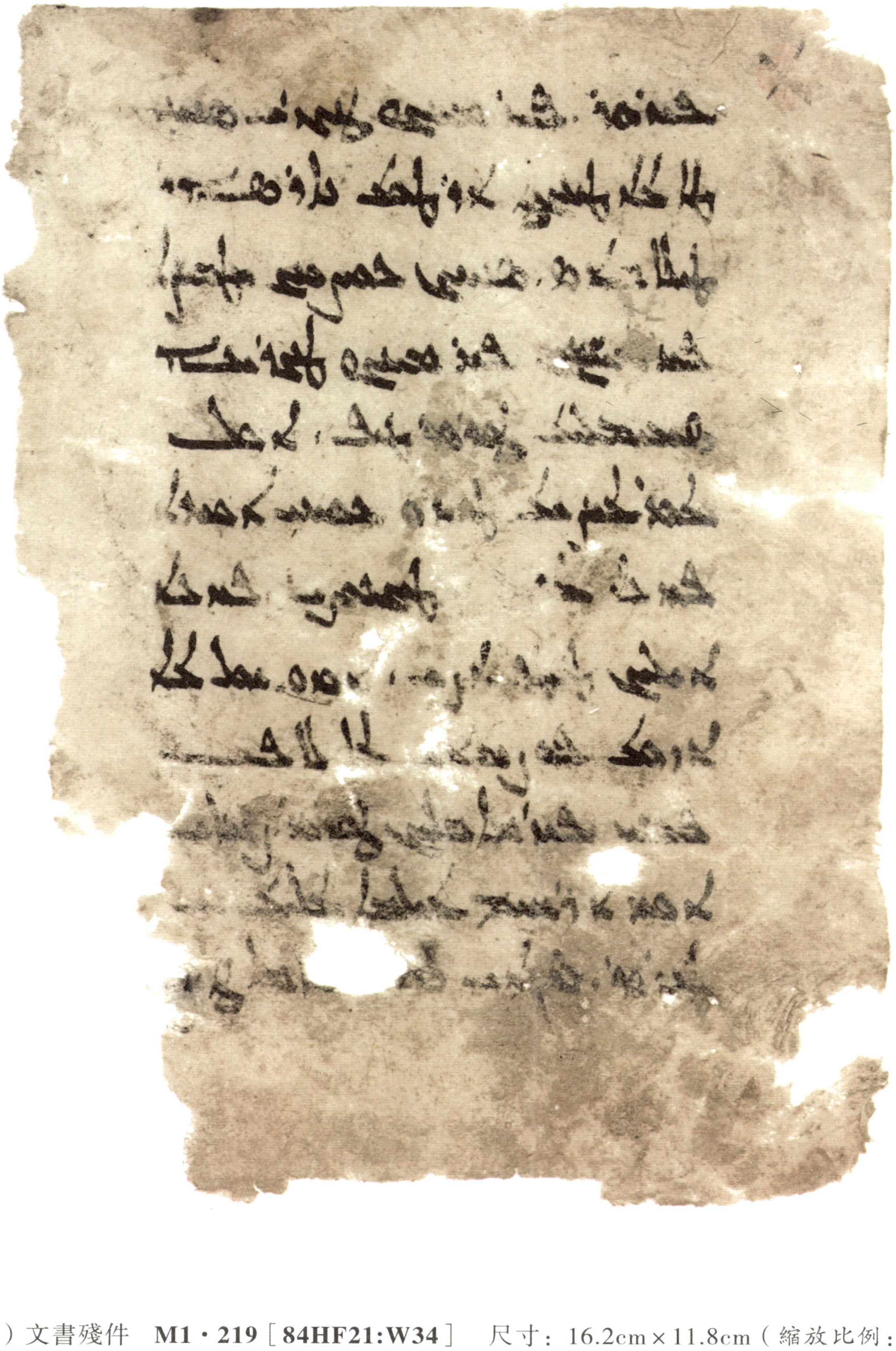

（二一九）文書殘件　M1·219［84HF21:W34］　尺寸：16.2cm×11.8cm（縮放比例：130%）

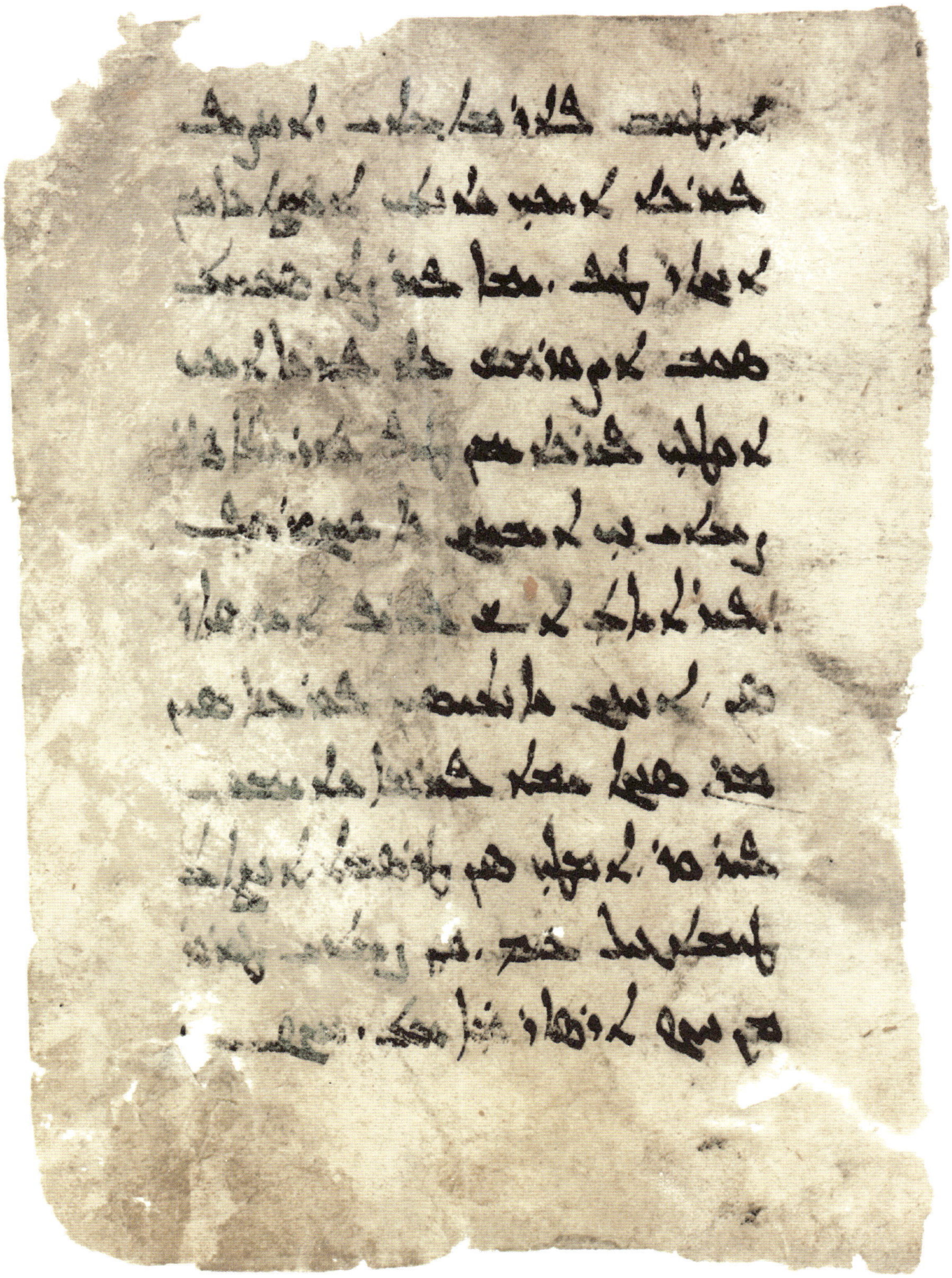

（二二〇）文書殘件　**M1・220［84H・F21:W37/0754］**　尺寸：16.6cm×11.9cm（縮放比例：127%）

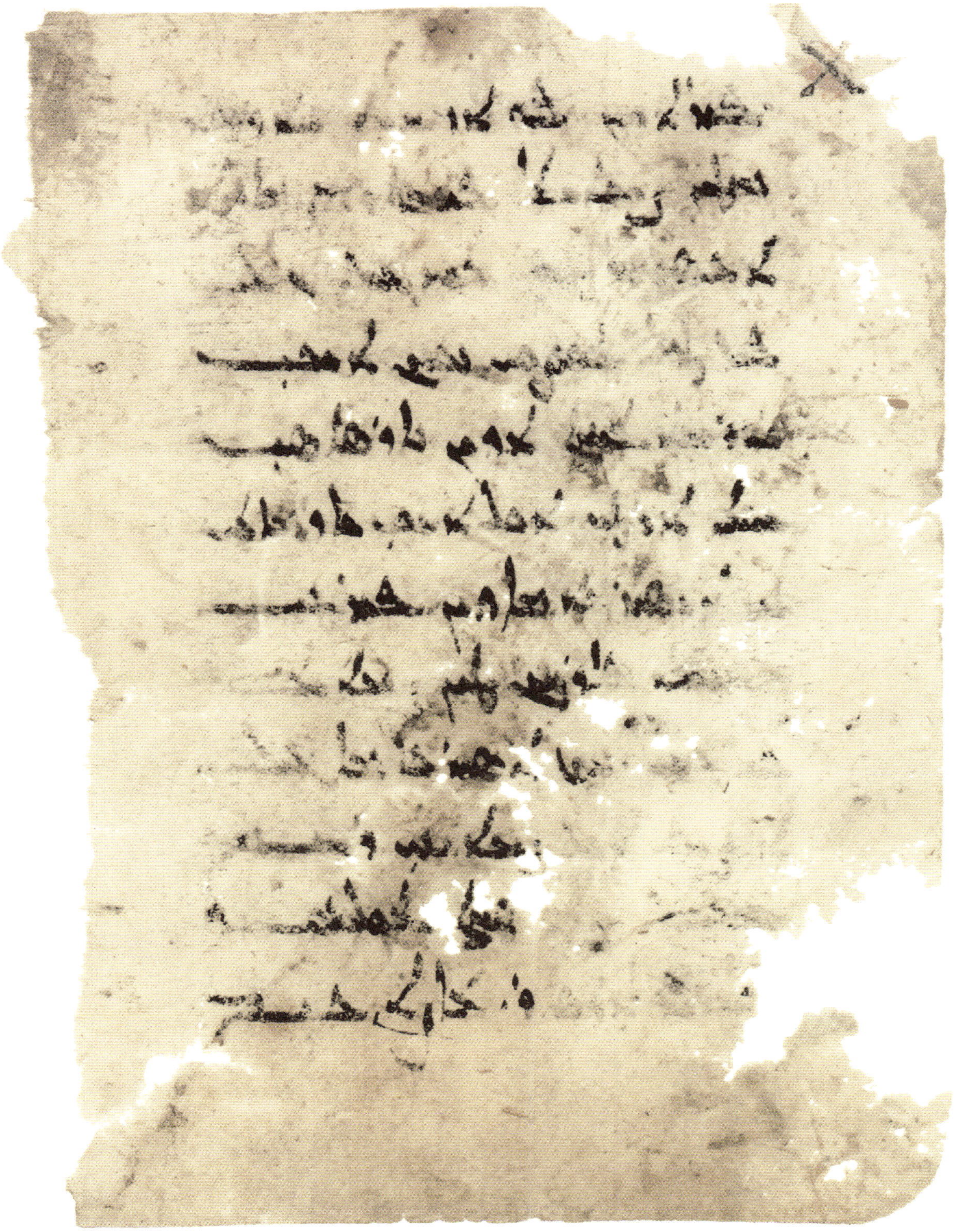

（二二一）文書殘件　M1・221［84H・F21:W37-2］　尺寸：16.2cm×12cm（縮放比例：130%）

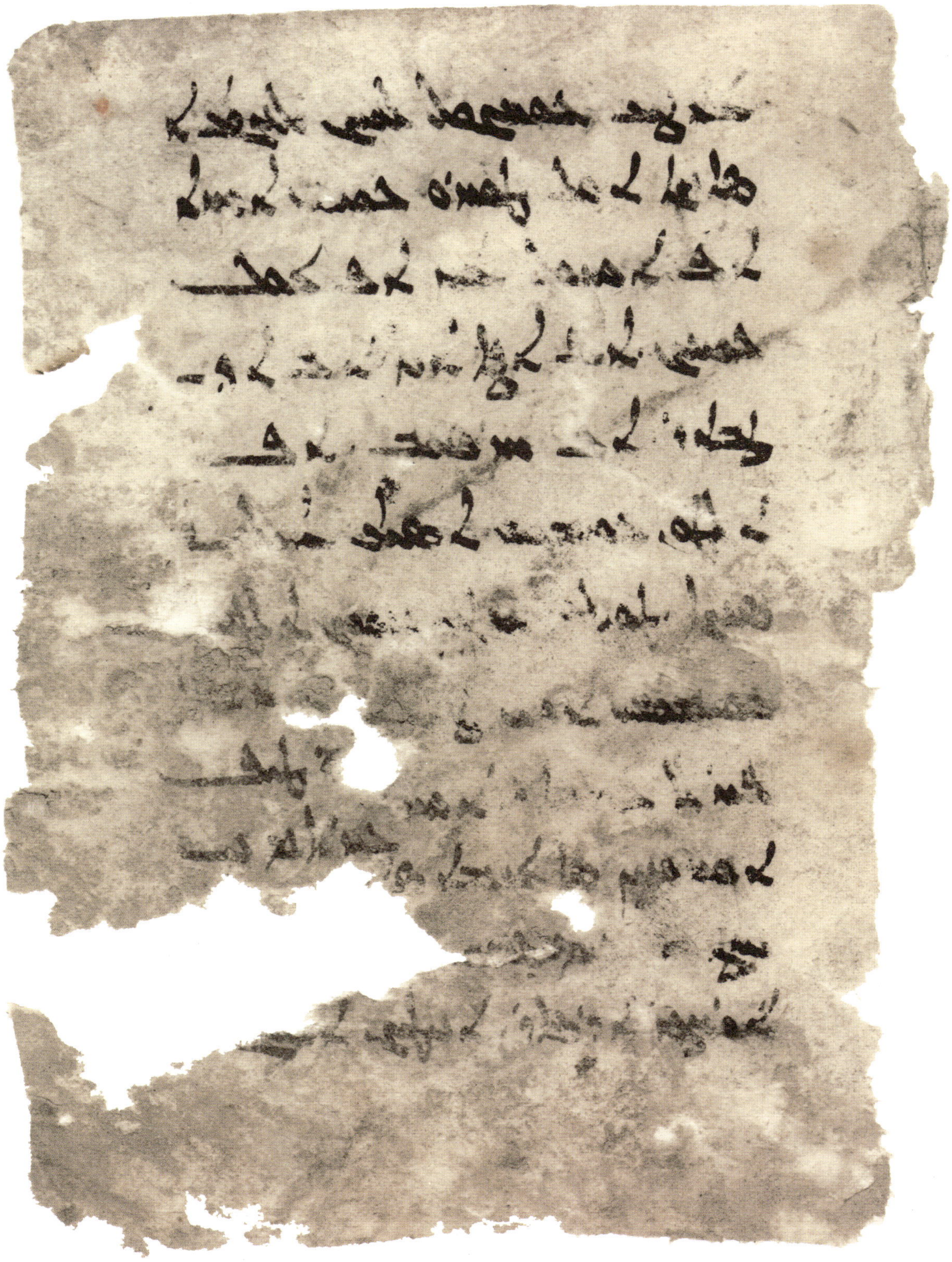

（二二二）文書殘件　M1·222［84H·F21:W35/0752（2）］　尺寸：16.2cm×12cm（縮放比例：130%）

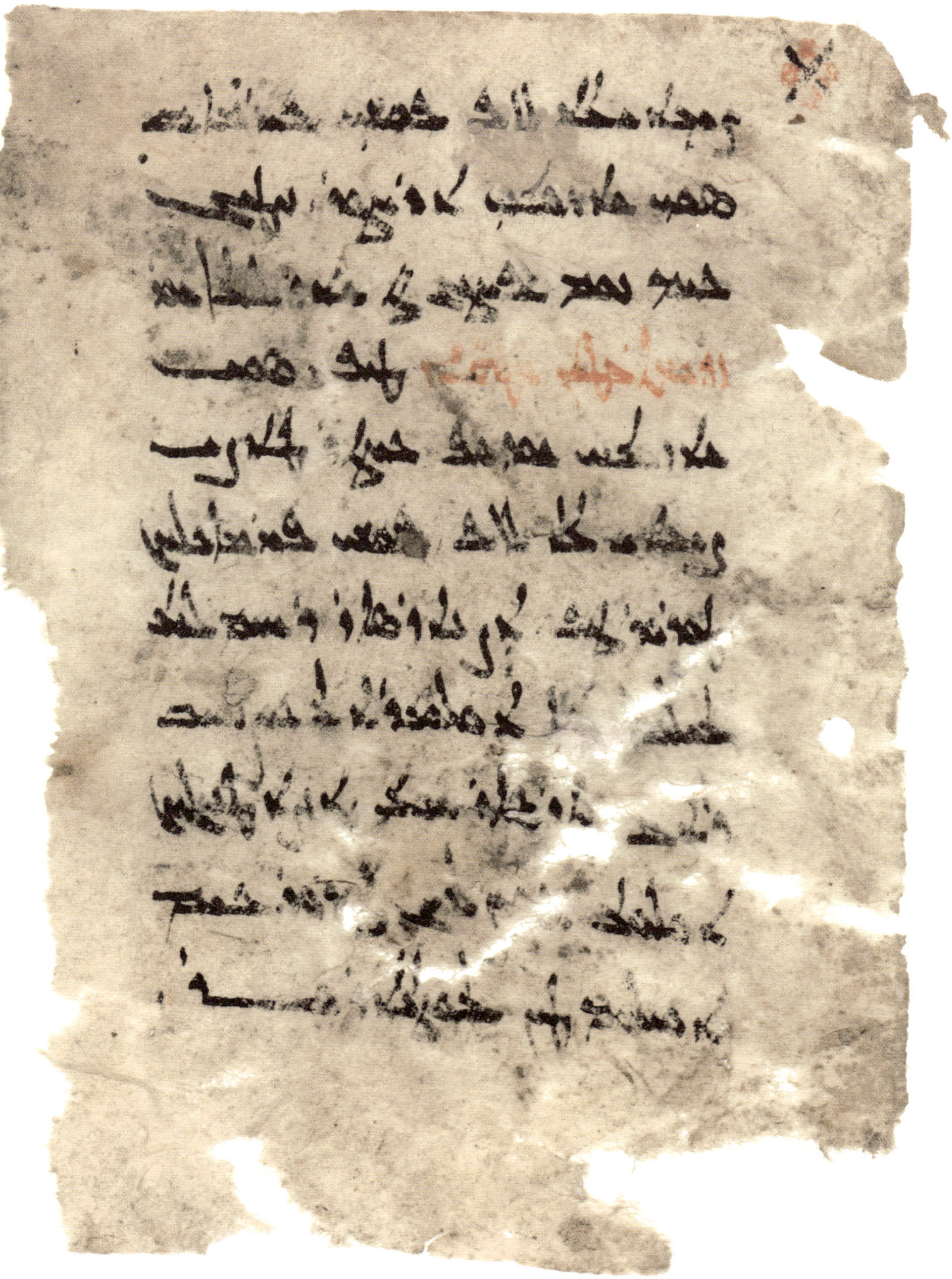

（二二三）文書殘件　M1・223［84H・F21:W35/0752（1）］　尺寸：16.2cm×12cm（縮放比例：130%）

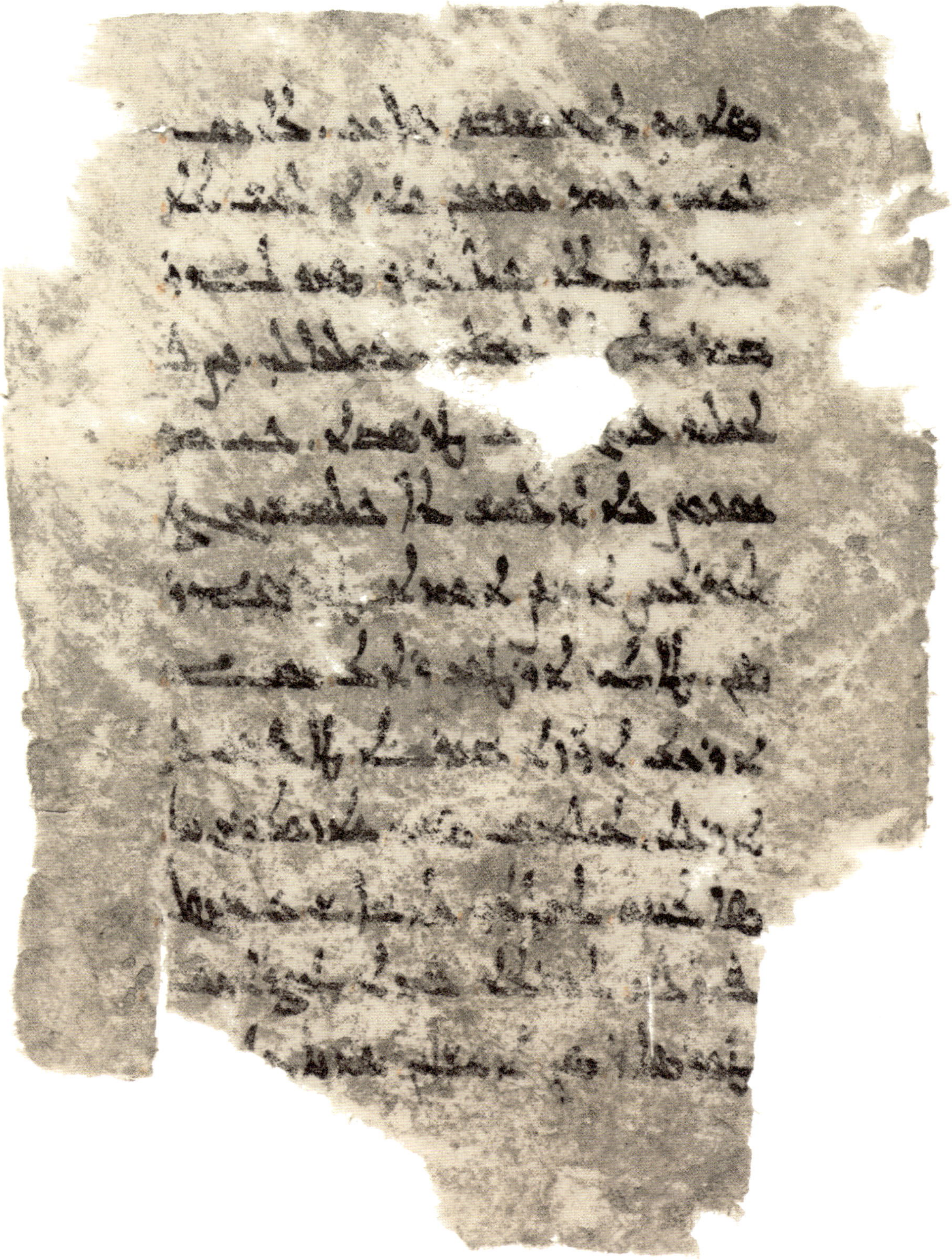

（二二四）文書殘件　M1·224［84H·F21:W35/0753（2）］　尺寸：16cm×11.7cm（縮放比例：131%）

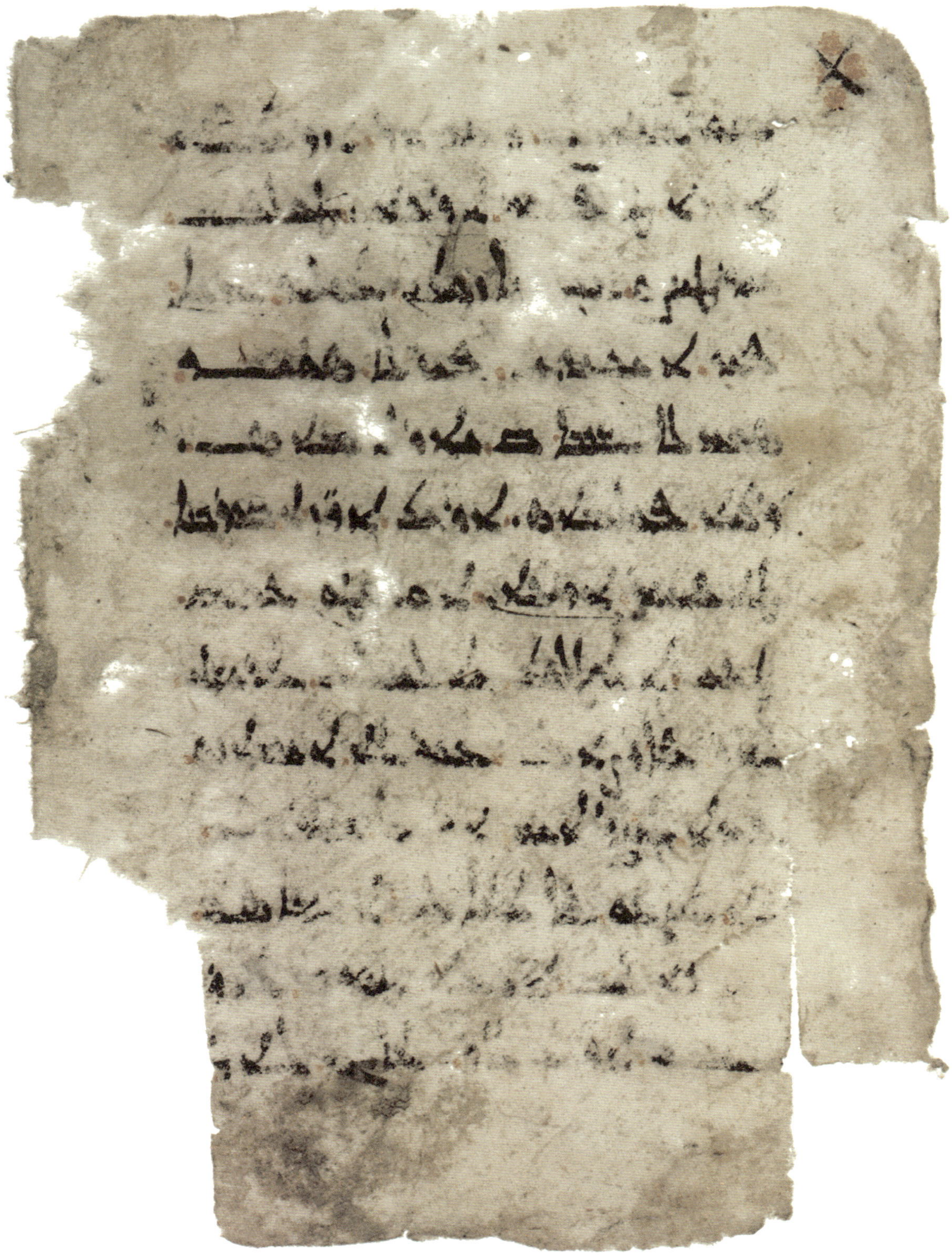

（二二五）文書殘件　M1·225［84H·F21:W35/0753（1）］　尺寸：16cm×11.7cm（縮放比例：131%）

（二二六）文書殘件　M1·226［84HF137反1］　尺寸：8.9cm×3.4cm（縮放比例：197%）

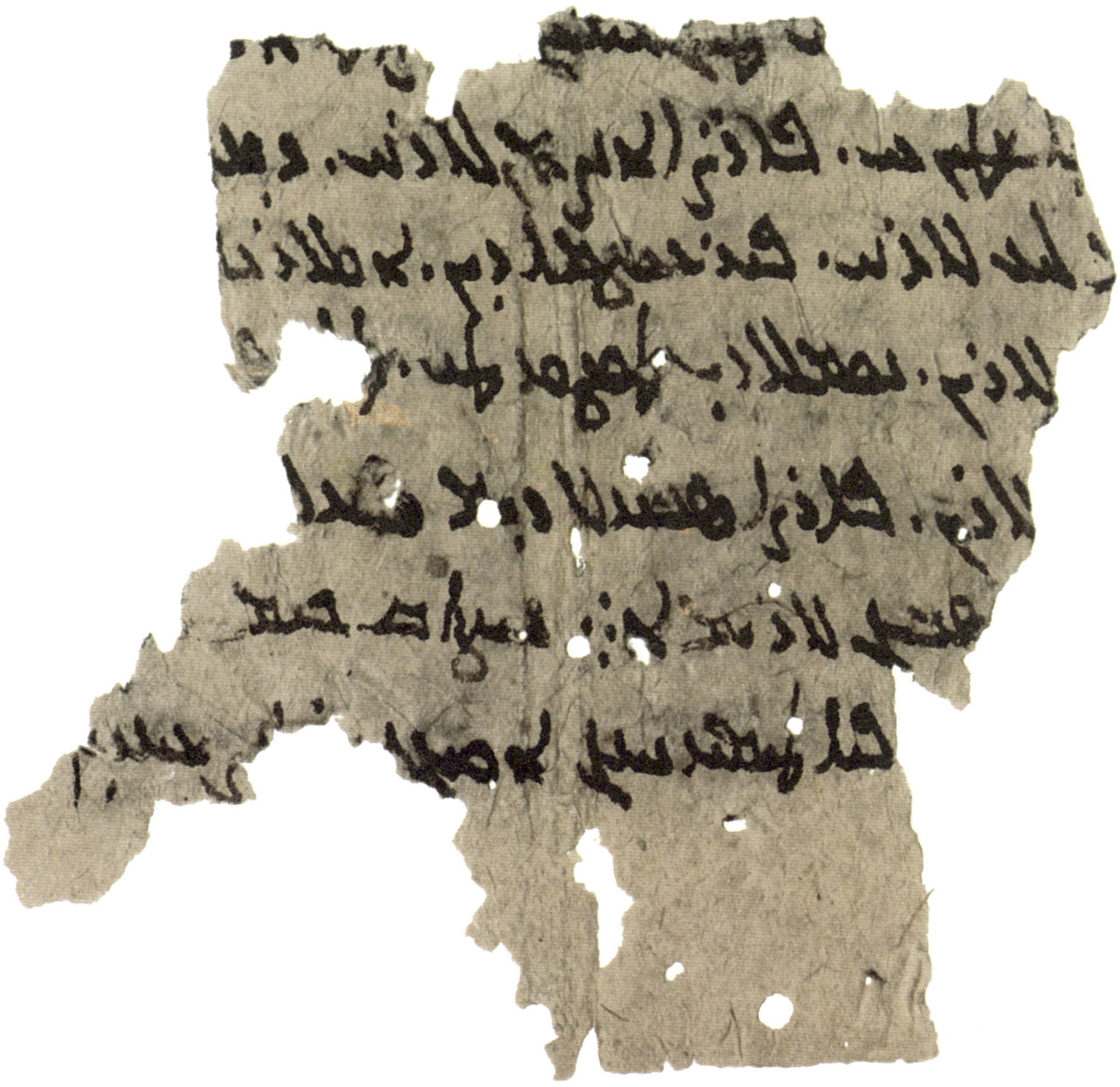

（二二七）文書殘件　M1・227［84HF137反2］　尺寸：8.8cm×8.5cm（縮放比例：190%）

（二二八）文書殘件　M1·228［84HF137正1］　尺寸：8.9cm×3.4cm（縮放比例：197%）

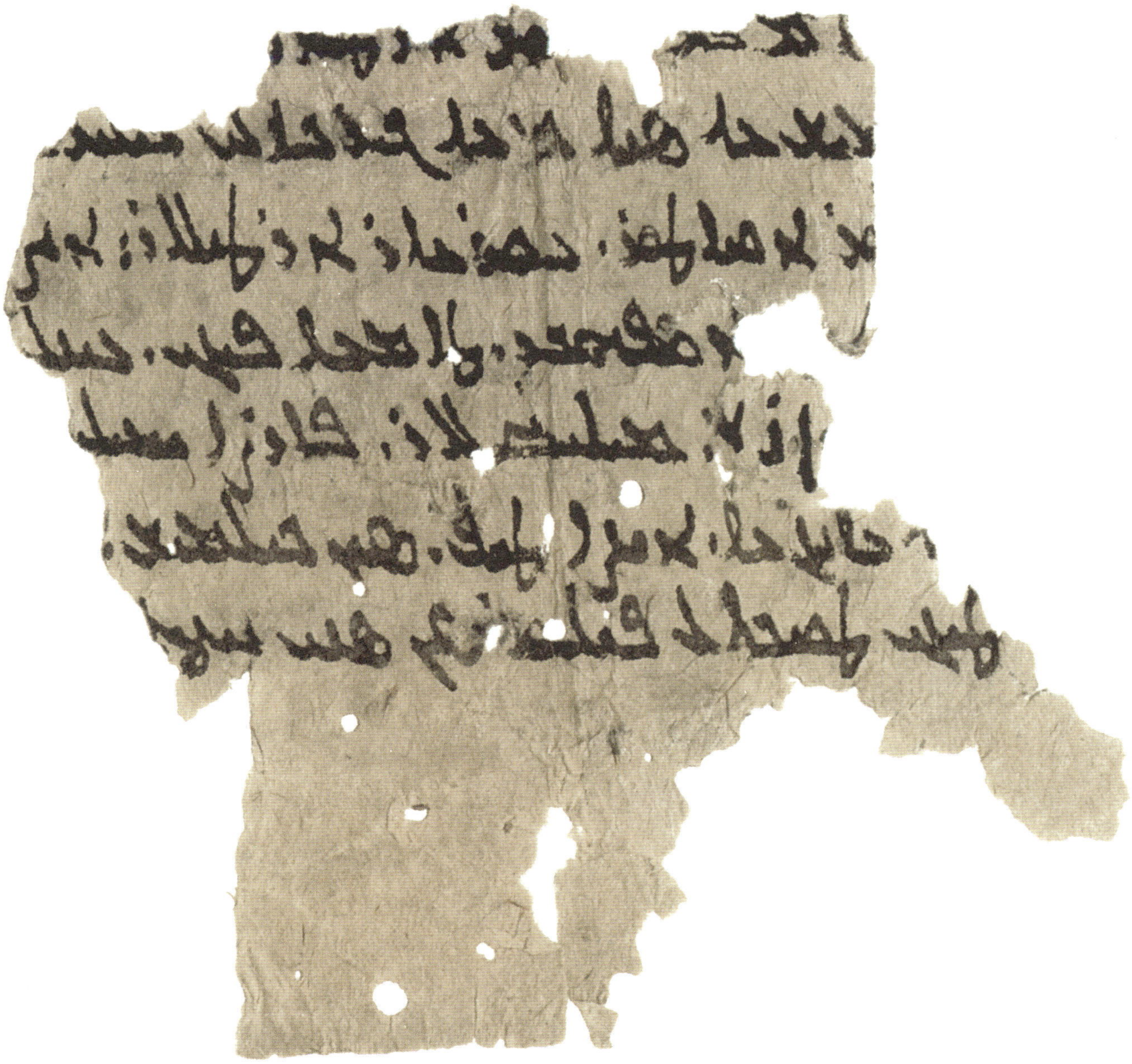

（二二九）文書殘件　**M1·229［84HF137正2］**　尺寸：8.8cm×8.5cm（縮放比例：190%）

（二三〇）文書殘件　**M1·230［HF239反］**　尺寸：19.1cm×14.2cm（縮放比例：100%）

（二三一）文書殘件　M1·231［HF239正］　尺寸：19.1cm×14.2cm（縮放比例：100%）

七、梵文

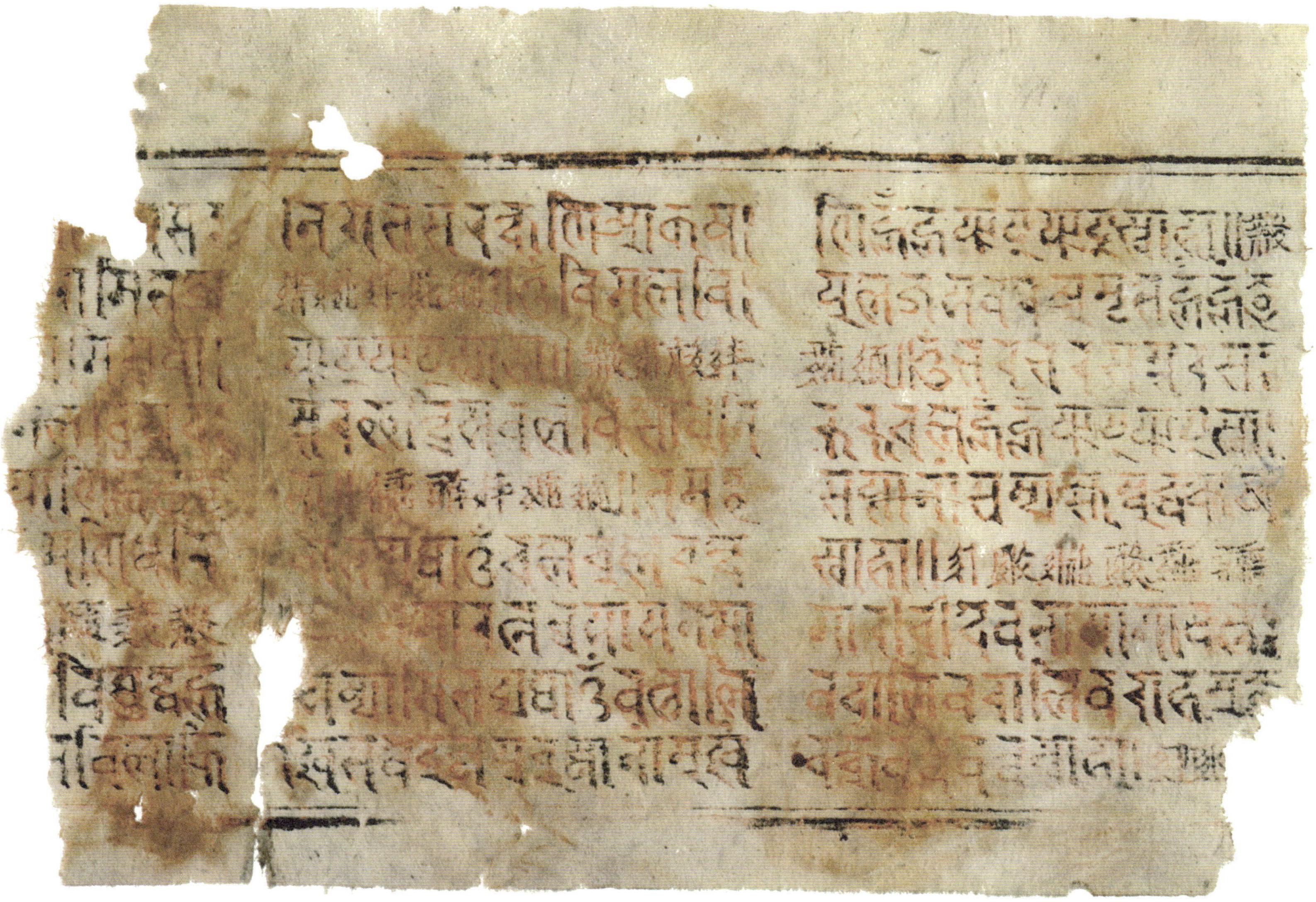

（二三二）西夏文・梵文・陀羅尼集 **M1・232**［**F13:W83**］ 尺寸：16.1cm×11.5cm（縮放比例：130%）

（二三三）梵文未知名殘件　M1·233［F224:W5］　尺寸：27.3cm×7.6cm（縮放比例：88%）

八、西夏文

（二三四）金剛般若波羅密經殘件　M1・234［AE189ZHI28］　尺寸：22.5cm×18cm（縮放比例：93%）

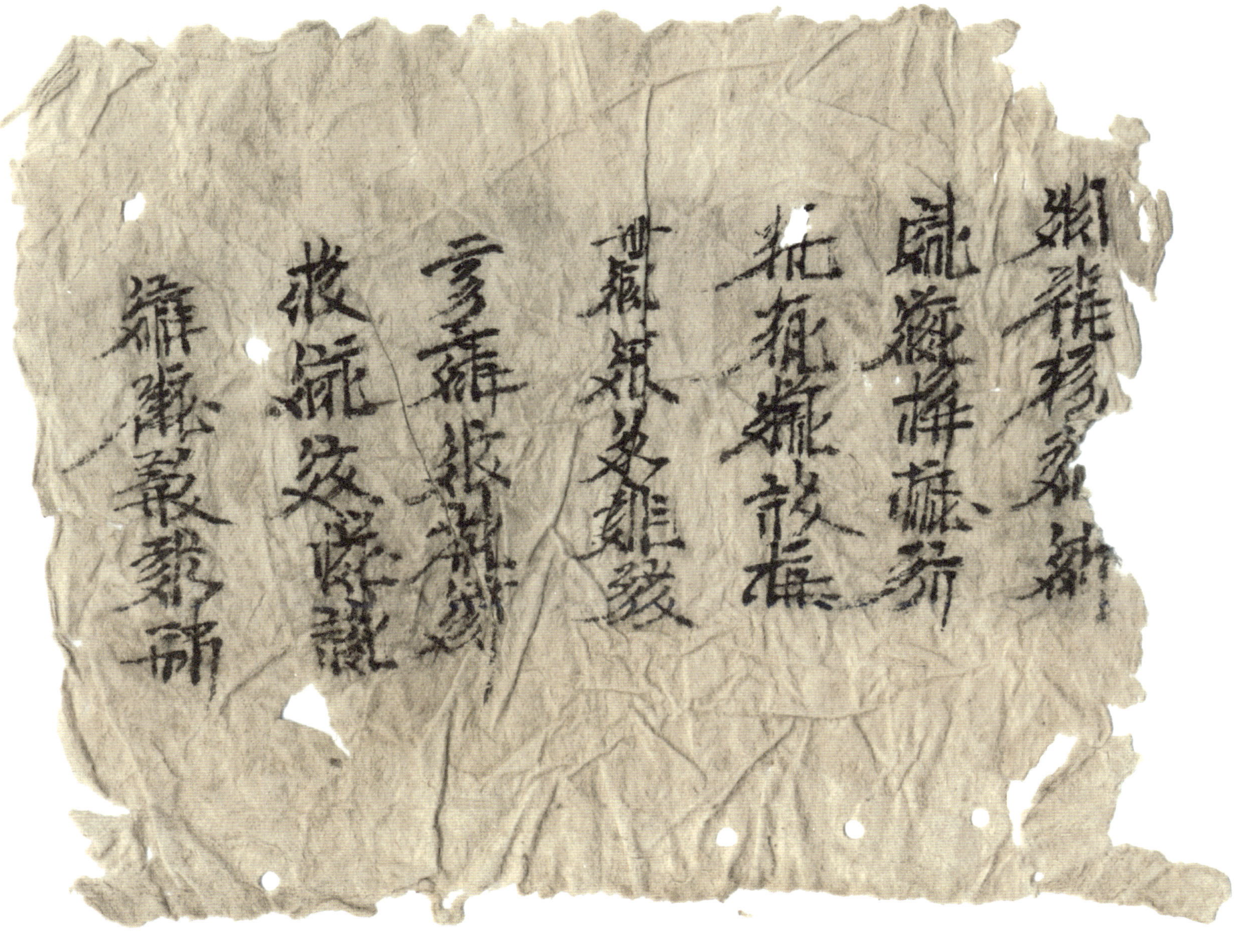

（二三五）碎金殘件　M1·235［A679］　尺寸：13.1cm×10.2cm（縮放比例：160%）

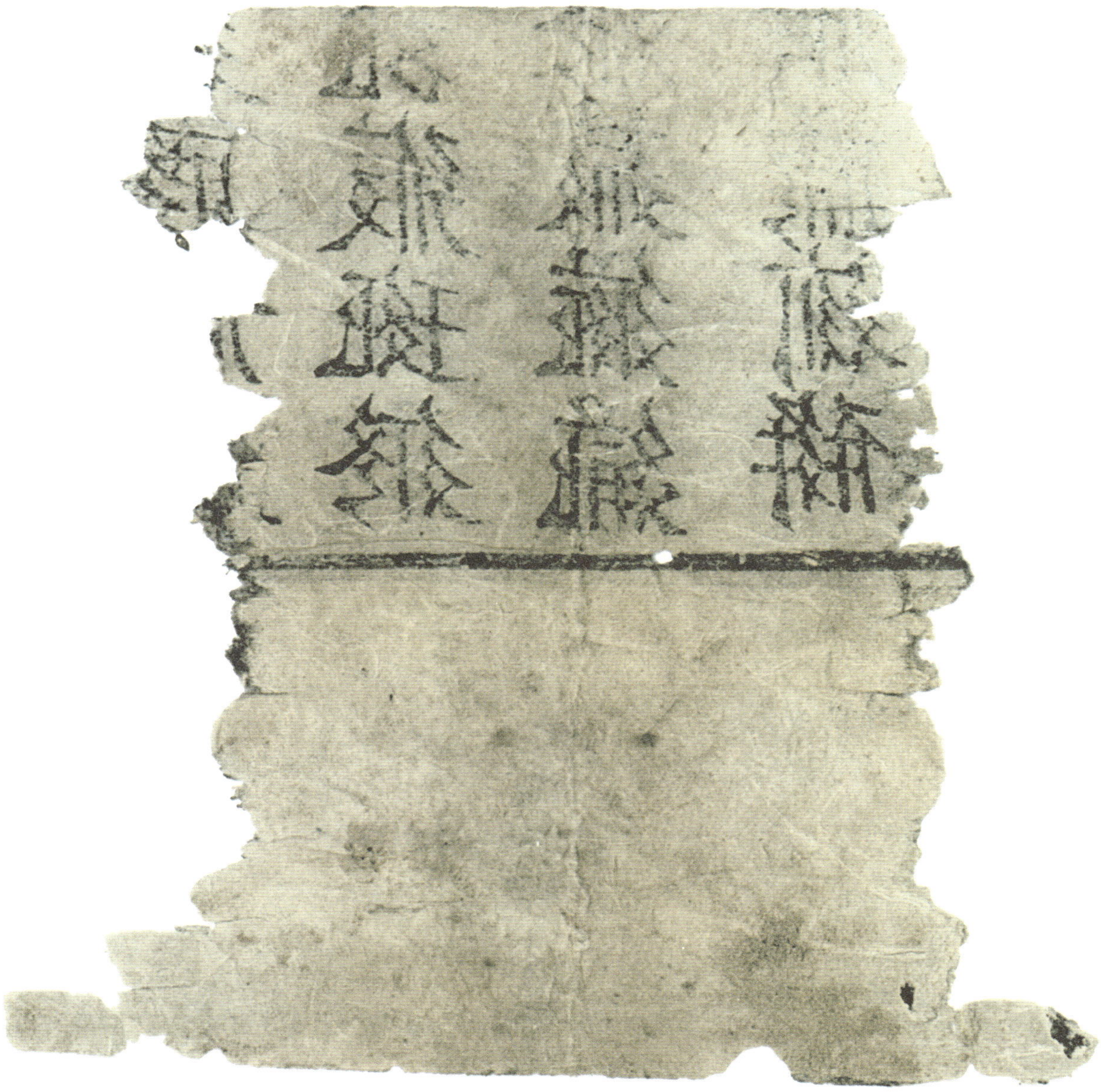

（二三六）未知名殘件　**M1·236［F2h反］**　尺寸：8cm×7.9cm（縮放比例：200%）

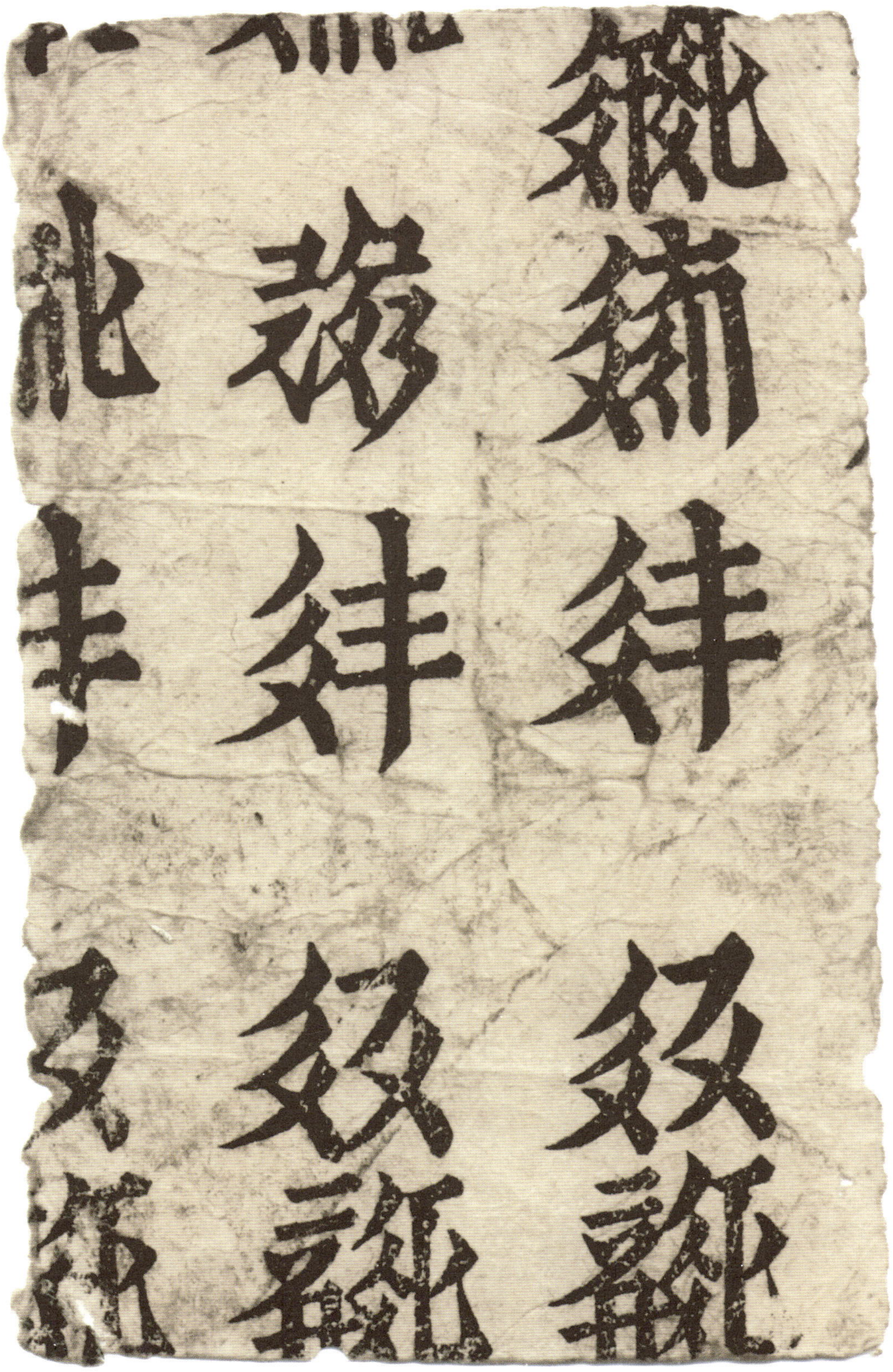

（二三七）未知名殘件 **M1·237**［**無編號X2**］ 尺寸：10.9cm×7cm（縮放比例：200%）

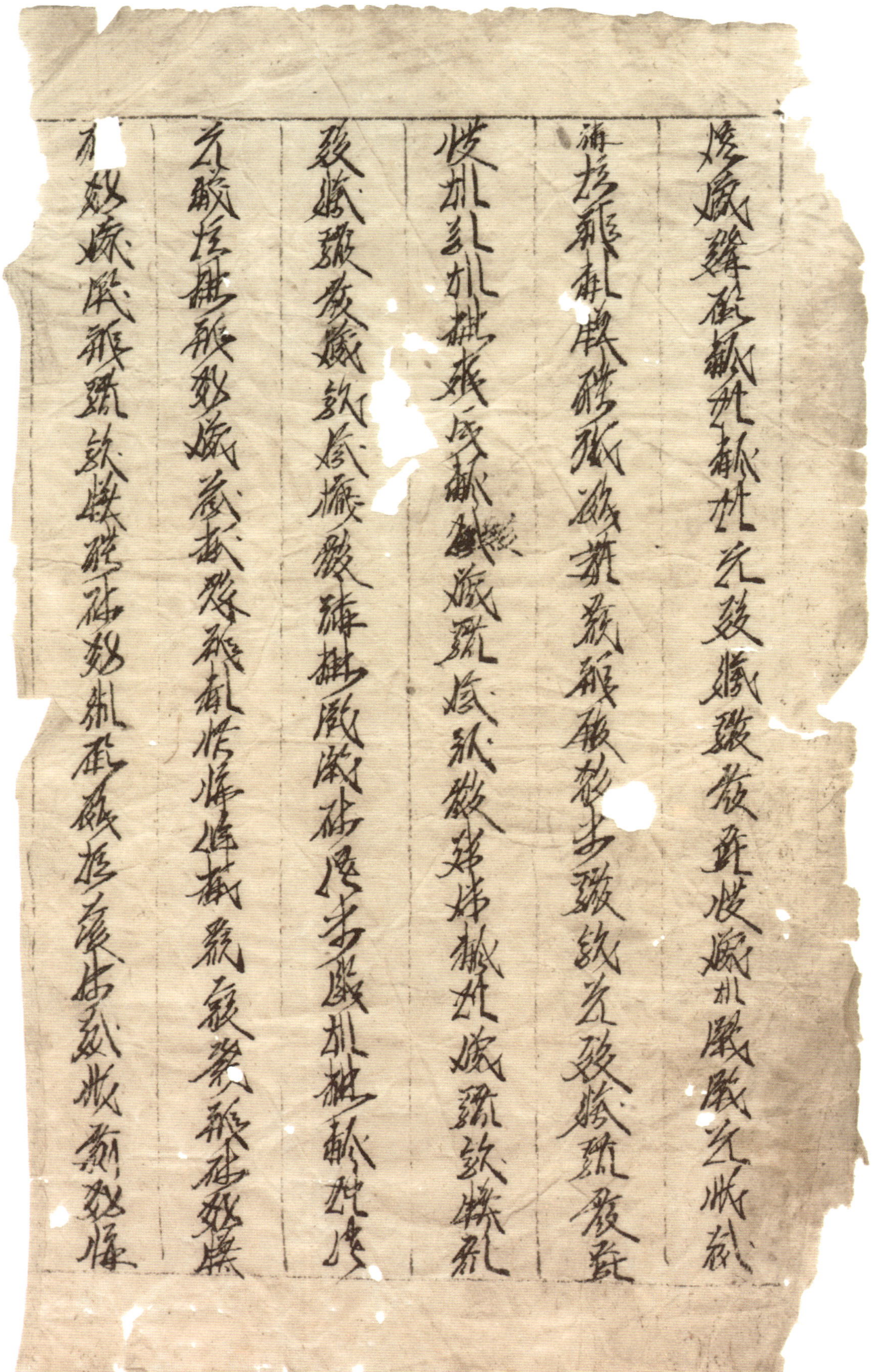

（二三八）佛名經殘件　**M1·238**［**無編號X1**］　尺寸：18.9cm×11.6cm（縮放比例：127%）

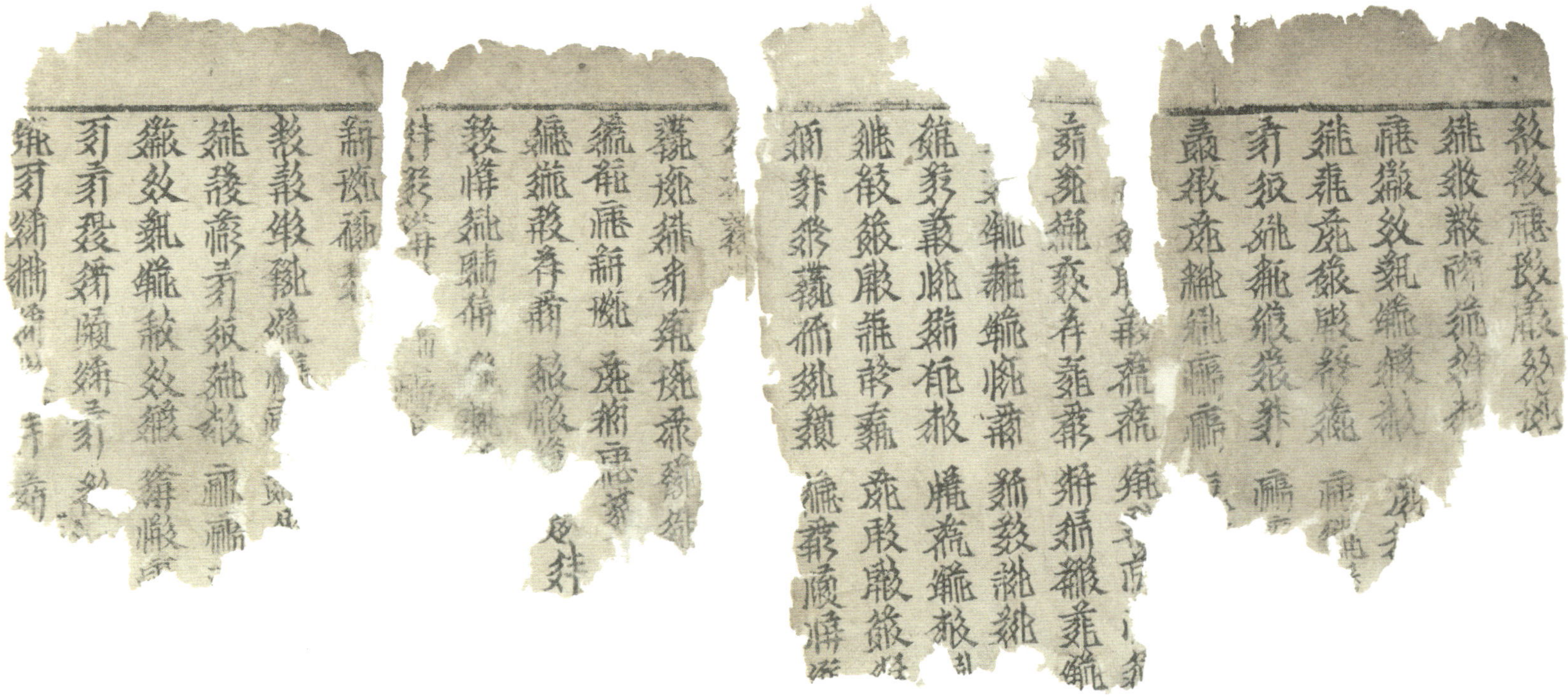

（二三九）1.大方廣佛華嚴經普賢行願品　2.懺悔文（緑城出土）　M1·239［無號］　尺寸：33.1cm×15.24cm（縮放比例：63%）

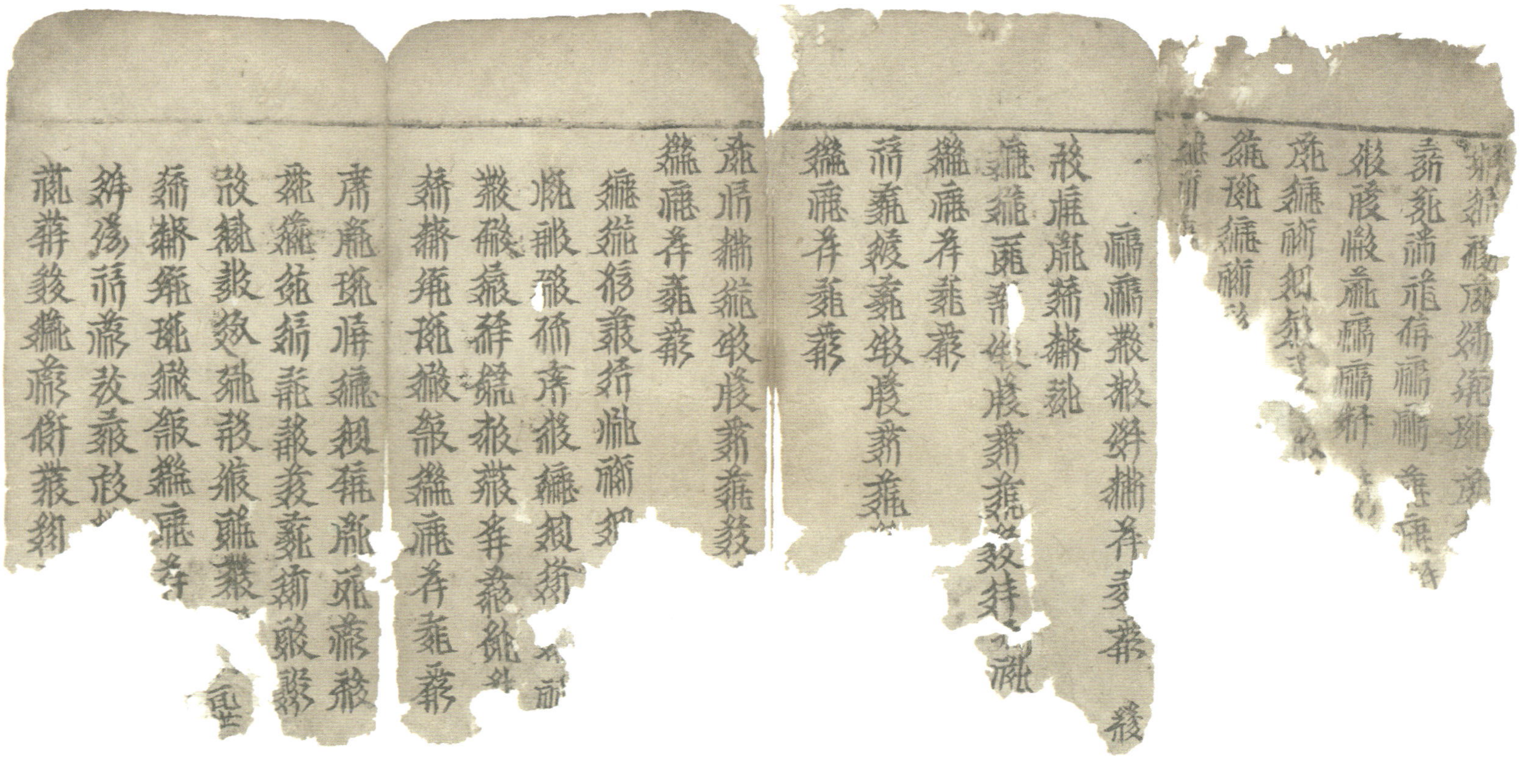

二四〇）1.大方廣佛華嚴經普賢行願品　2.十二宮吉祥偈（緑城出土）　M1・240［無號］　尺寸：34.3cm×17.4cm（縮放比例：6

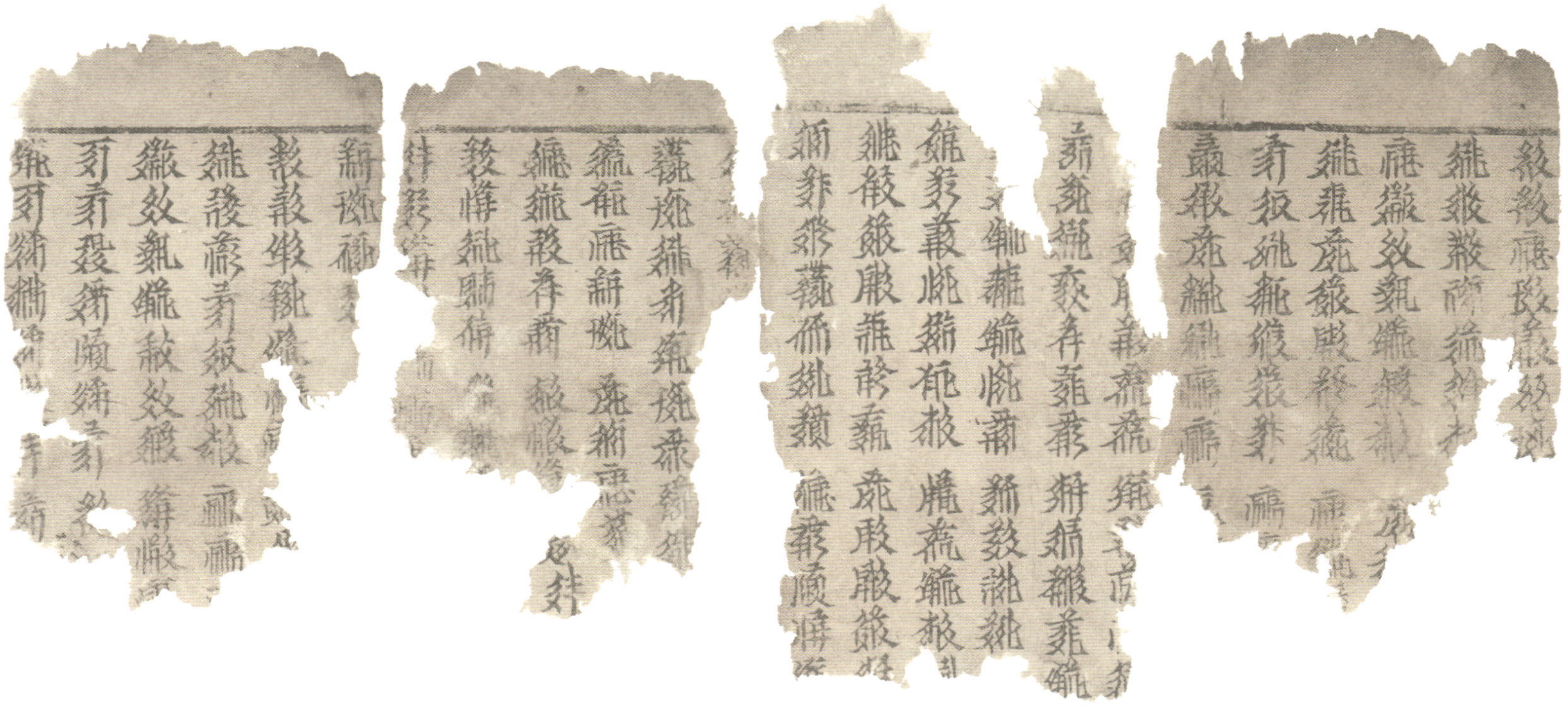

（二四一）大方廣佛華嚴經普賢行願品（緑城出土）　**M1·241**［無號］　尺寸：33cm×15.14cm（縮放比例：64%）

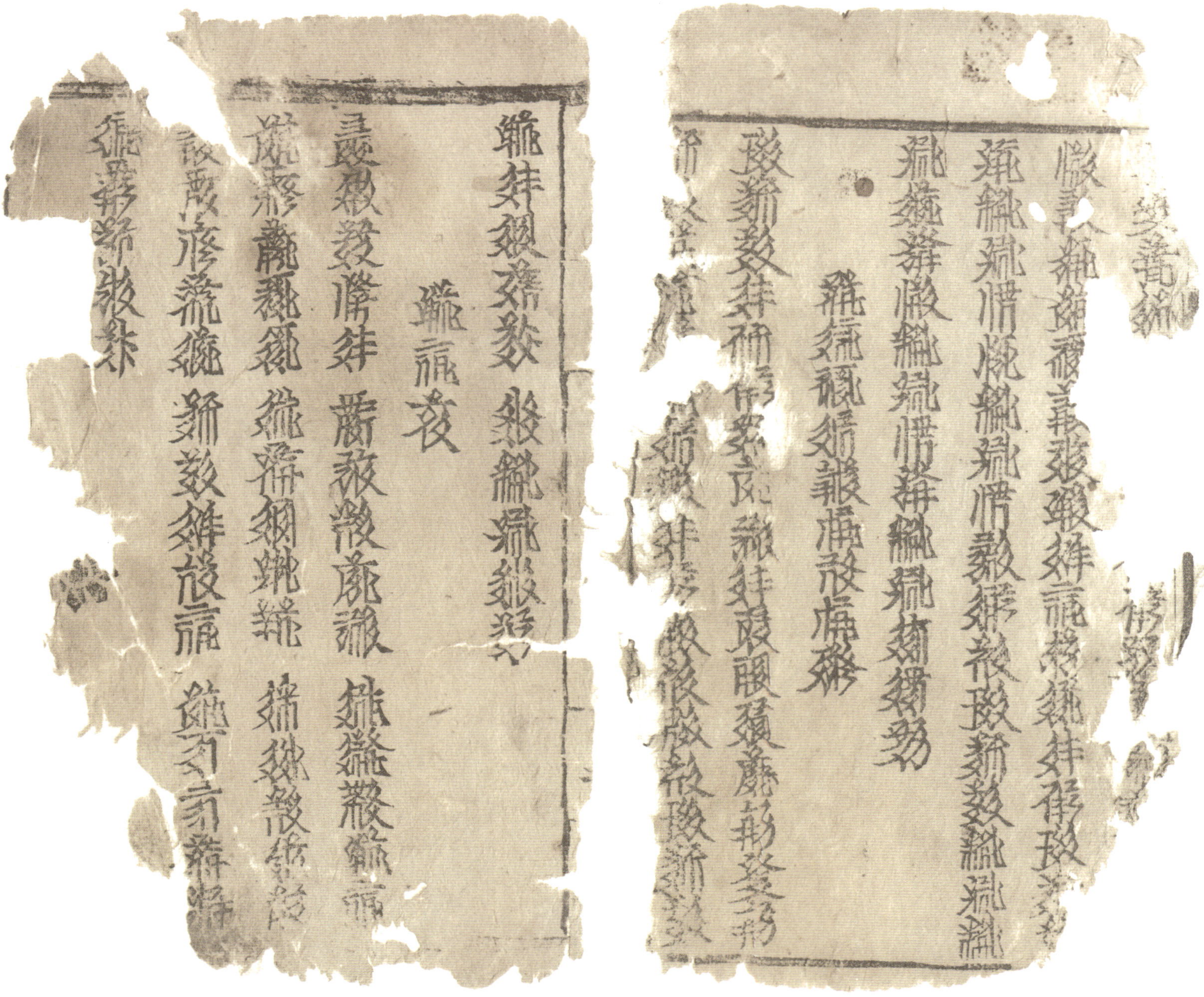

（二四二）金剛般若波羅密經（緑城出土）　**M1·242**［無號］　尺寸：21.8cm×18.1cm（縮放比例：96%）

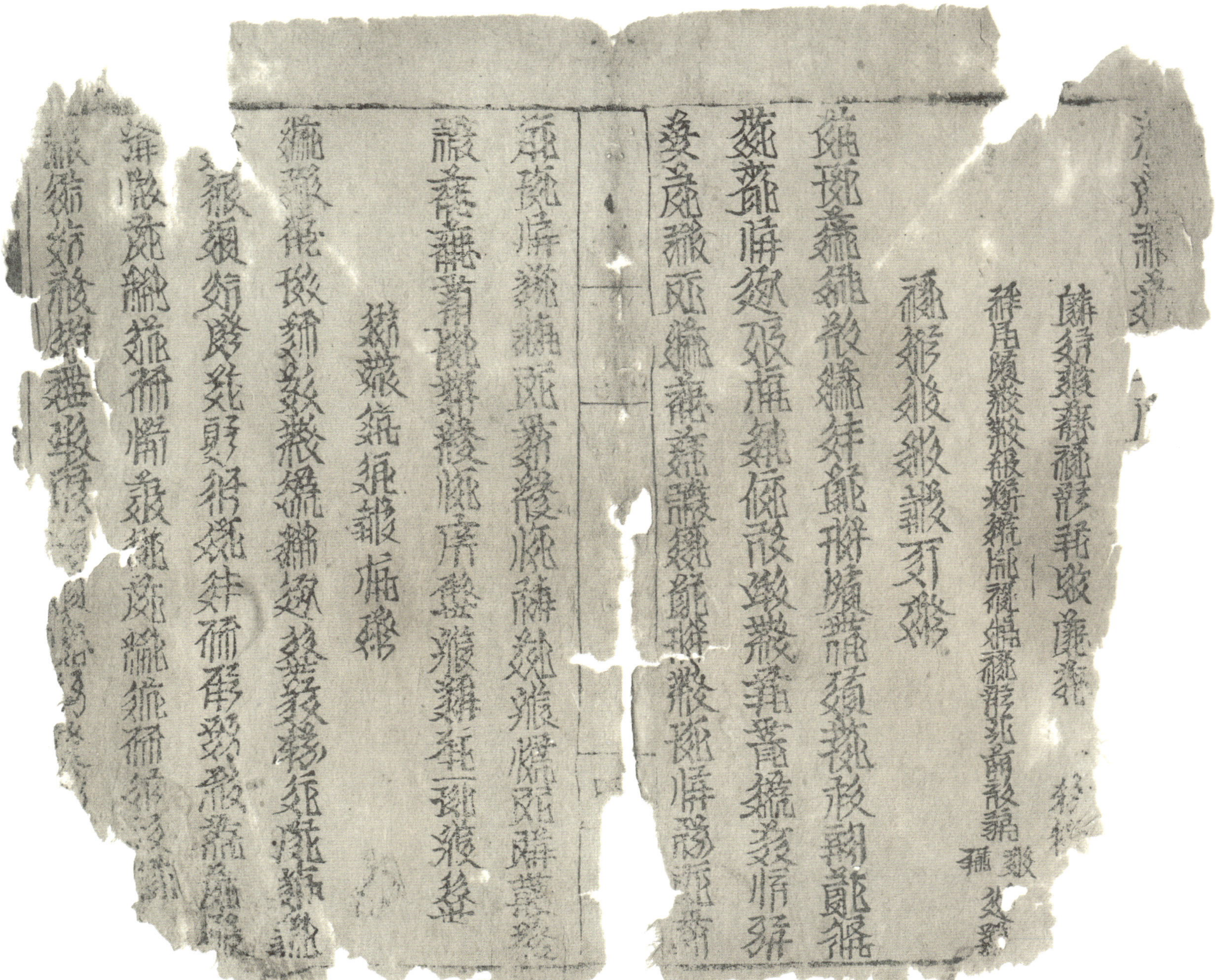

（二四三）金剛般若波羅密經（緑城出土） **M1·243**［無號］ 尺寸：21.6cm×18.4cm（縮放比例：97%）

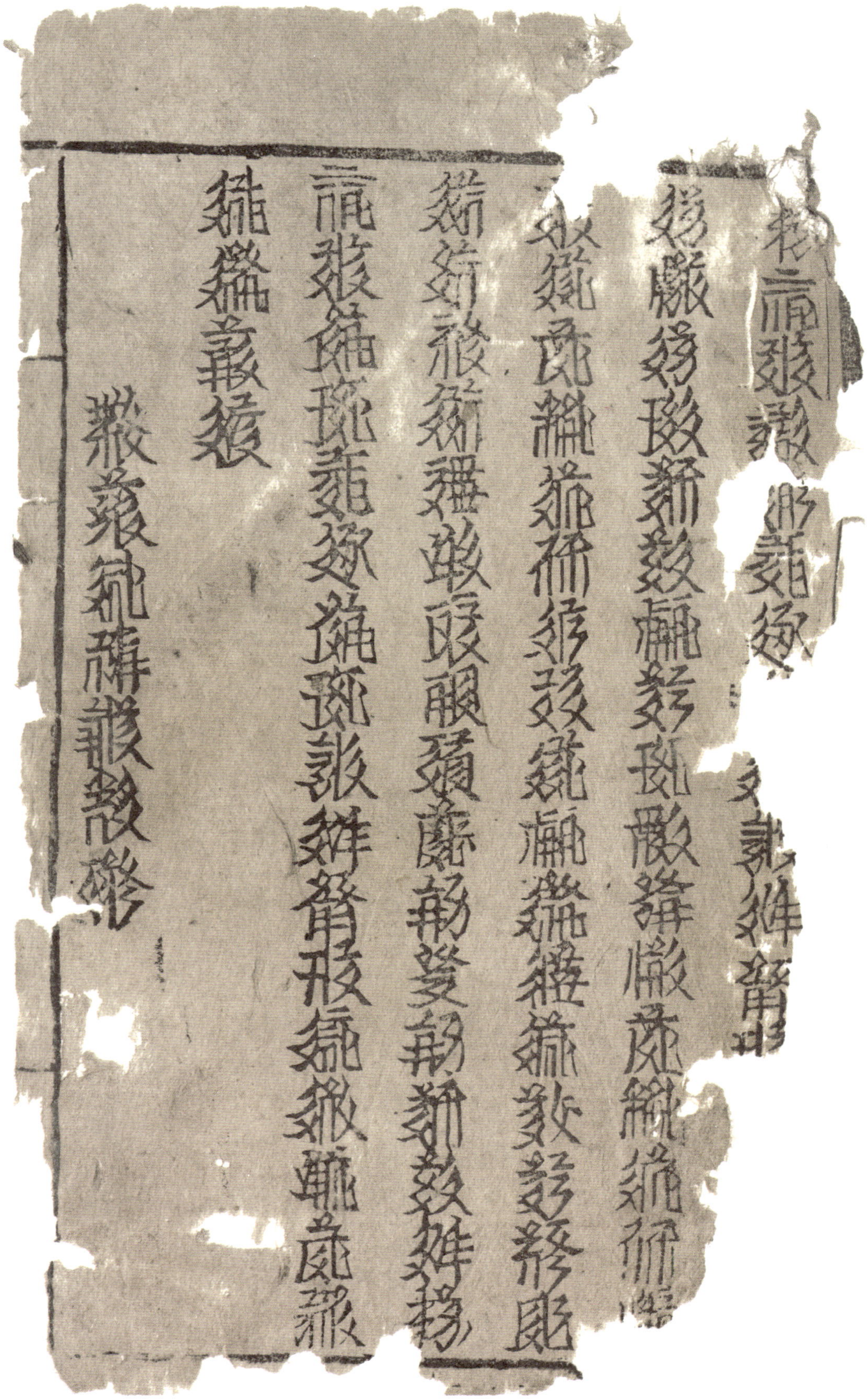

（二四四）金剛般若波羅密經（緑城出土）　**M1·244**［無號］　尺寸：10.8cm×18.4cm（縮放比例：130%）

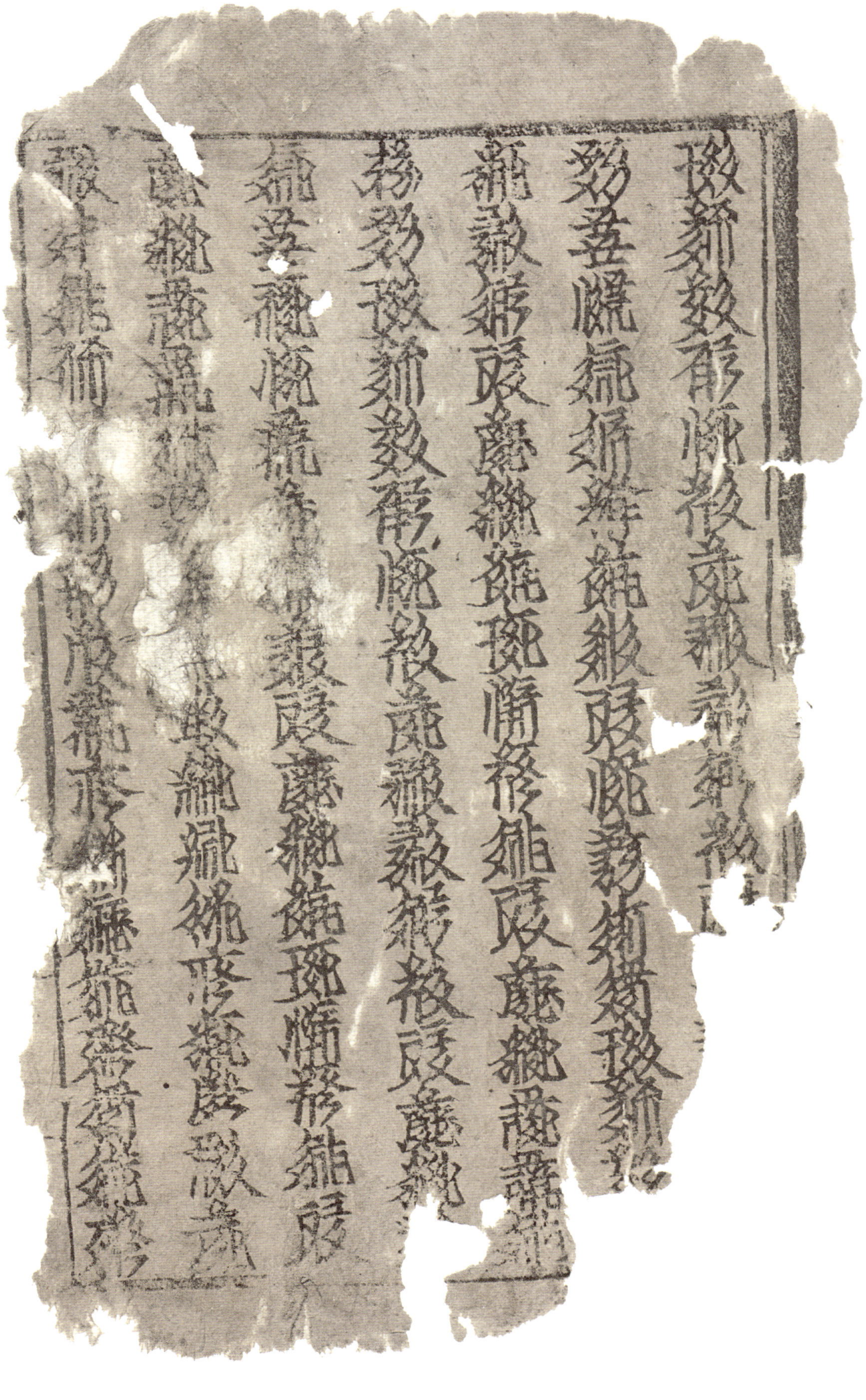

（二四五）金剛般若波羅密經（绿城出土）　**M1·245**［無號］　尺寸：11.3cm×18.4cm（缩放比例：130%）

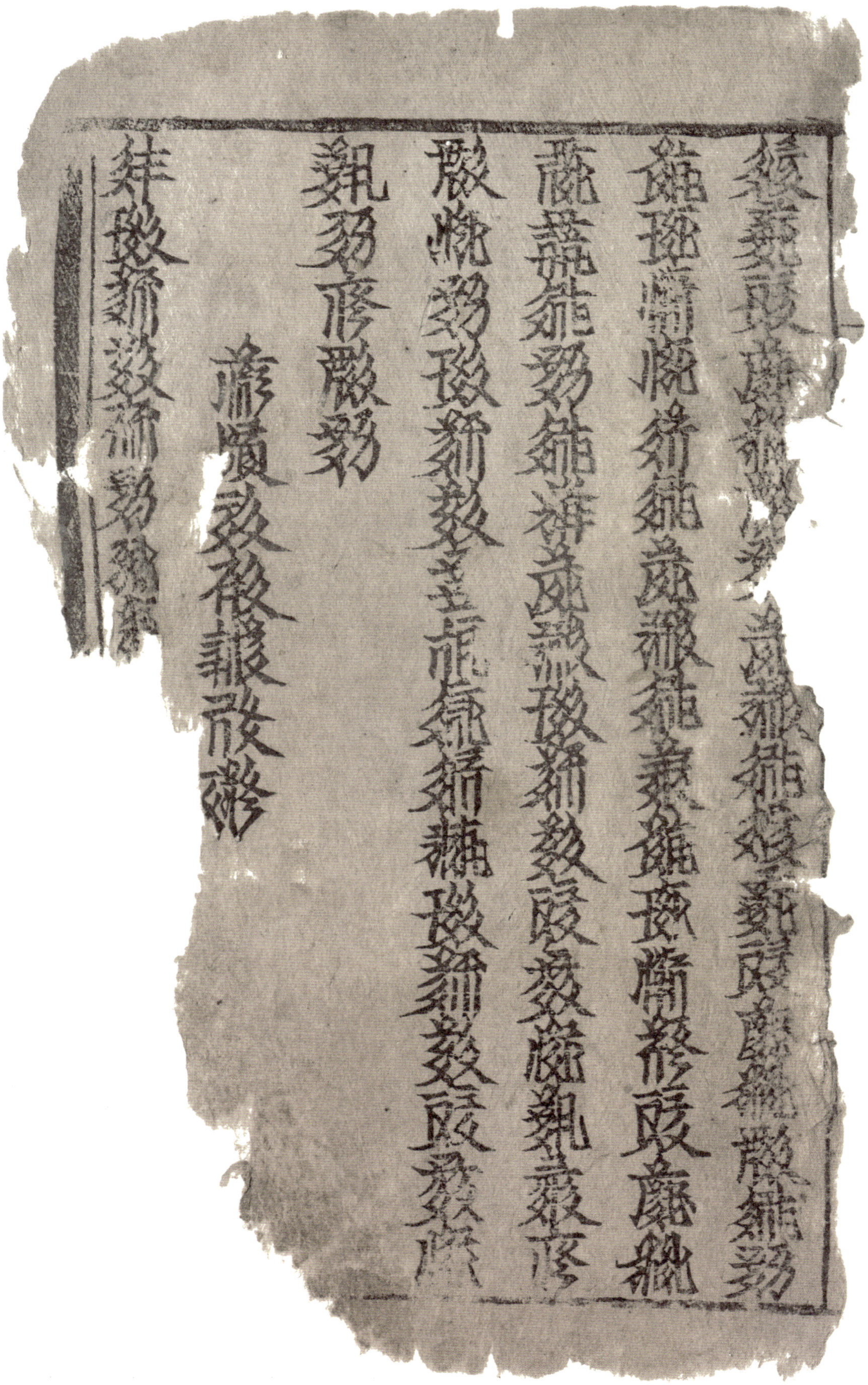

（二四六）金剛般若波羅密經（緑城出土）　**M1·246**［無號］　尺寸：10.8cm×18.4cm（縮放比例：130%）

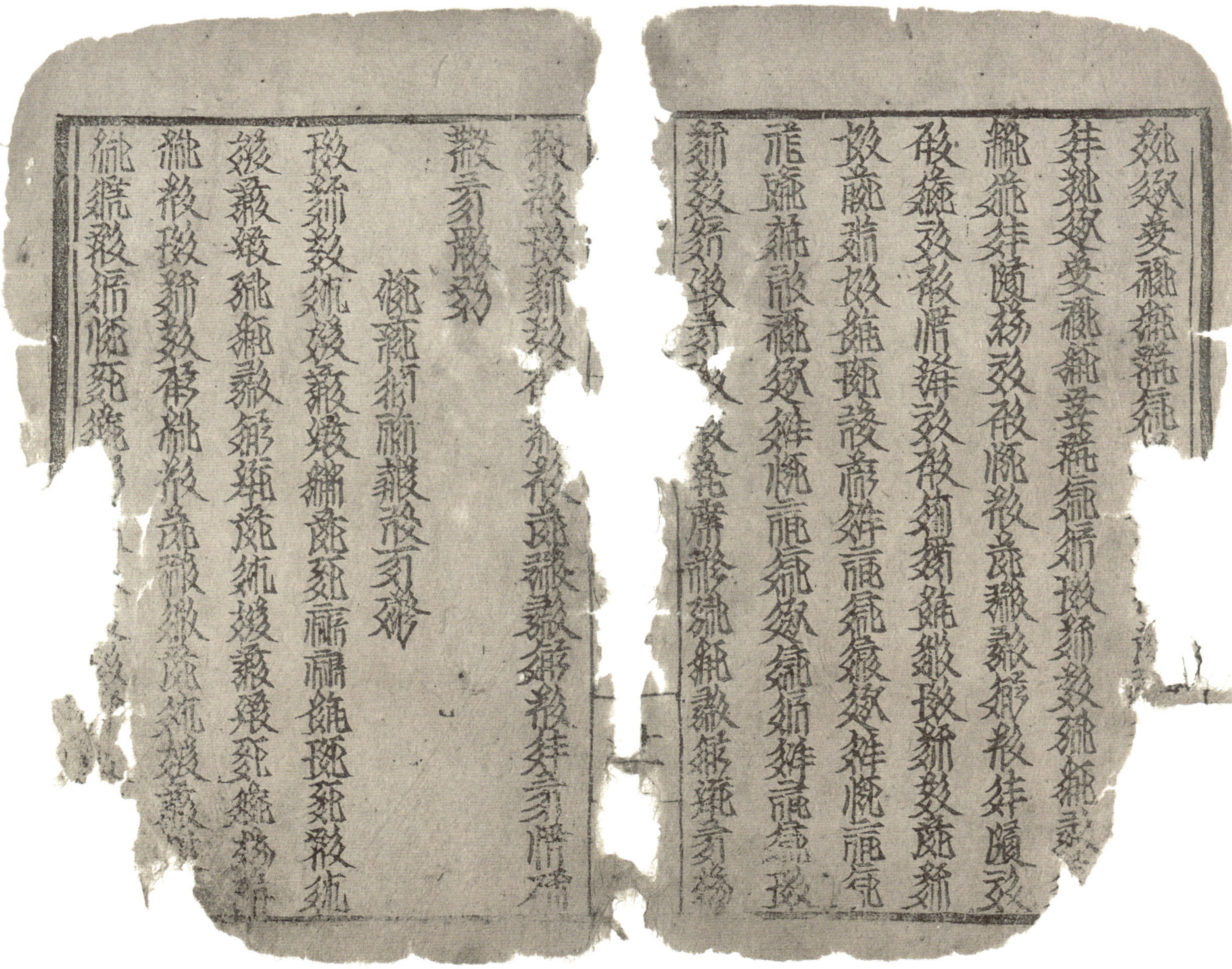

（二四七）金剛般若波羅密經（綠城出土） **M1·247**［無號］ 尺寸：23.6cm×18.7cm（縮放比例：89%）

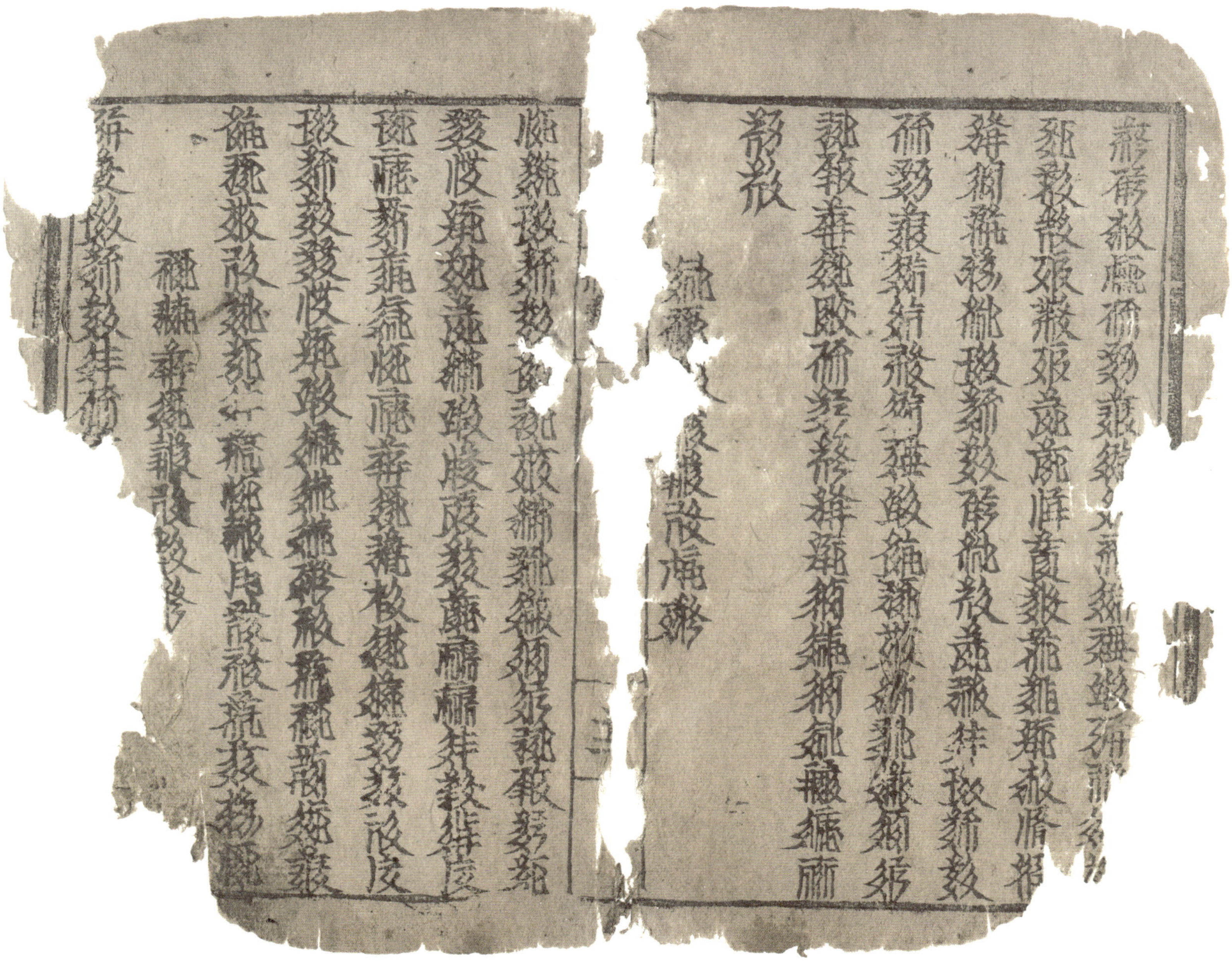

（二四八）金剛般若波羅密經（緑城出土）　**M1·248**［無號］　尺寸：23.2cm×18.6cm（縮放比例：90%）

（二四九）金剛般若波羅密經（緑城出土） **M1·249**［無號］ 尺寸：22.7cm×18.8cm（縮放比例：93%）

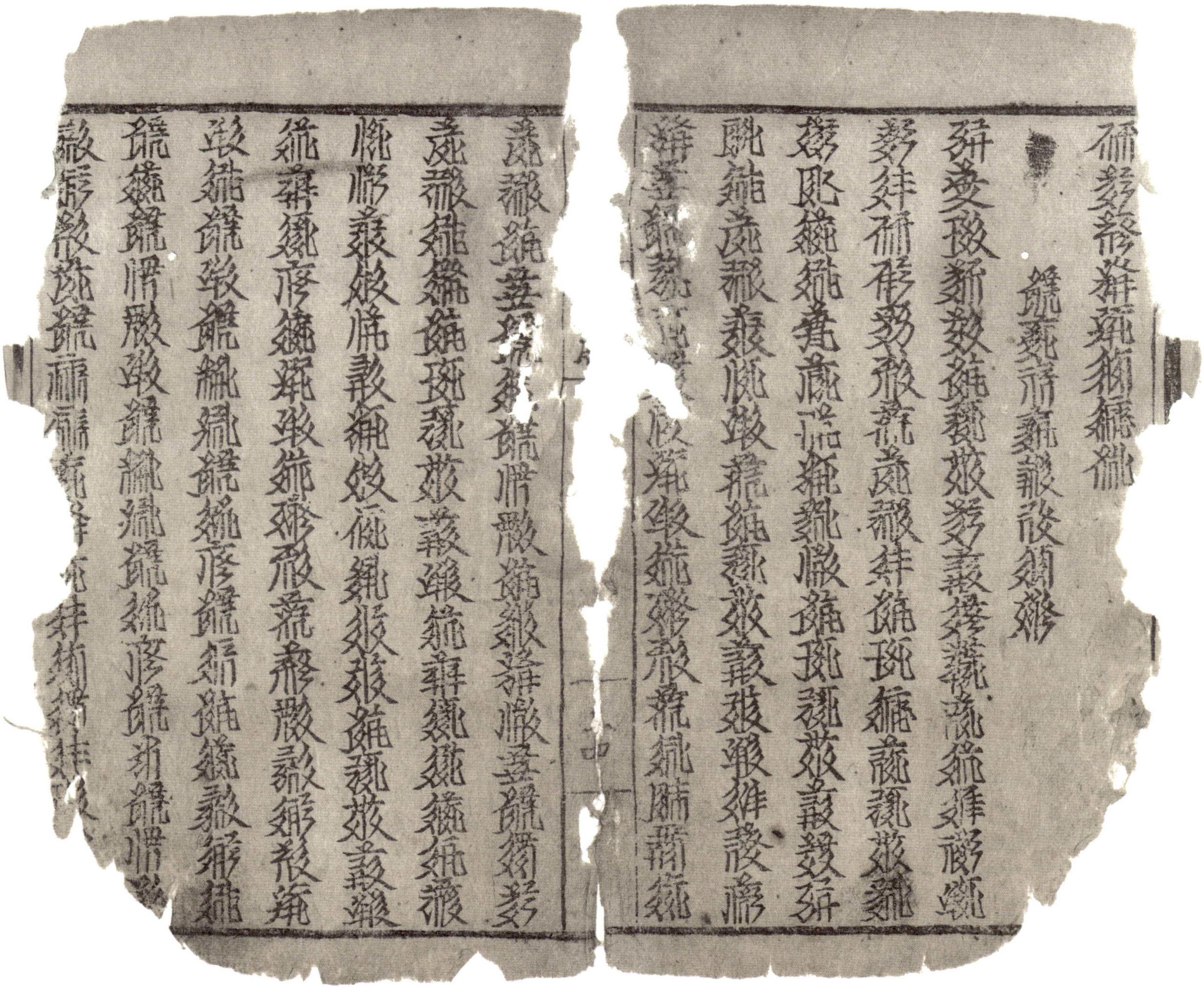

（二五〇）金剛般若波羅密經（綠城出土） **M1 · 250**［無號］ 尺寸：22.1cm × 18.7cm（縮放比例：95%）

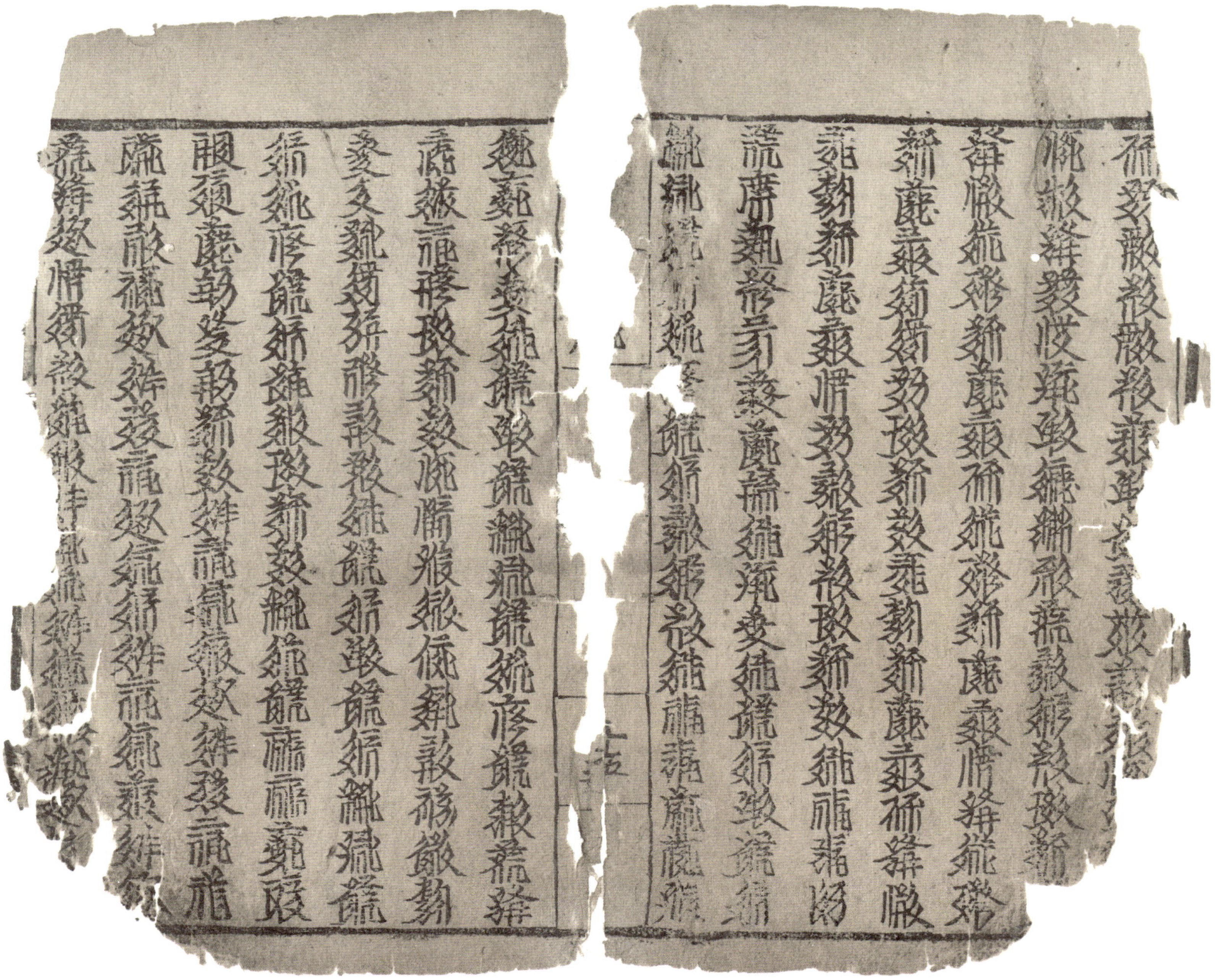

（二五一）金剛般若波羅密經（緑城出土） **M1·251**［**無號**］ 尺寸：22.3cm×18.6cm（縮放比例：94%）

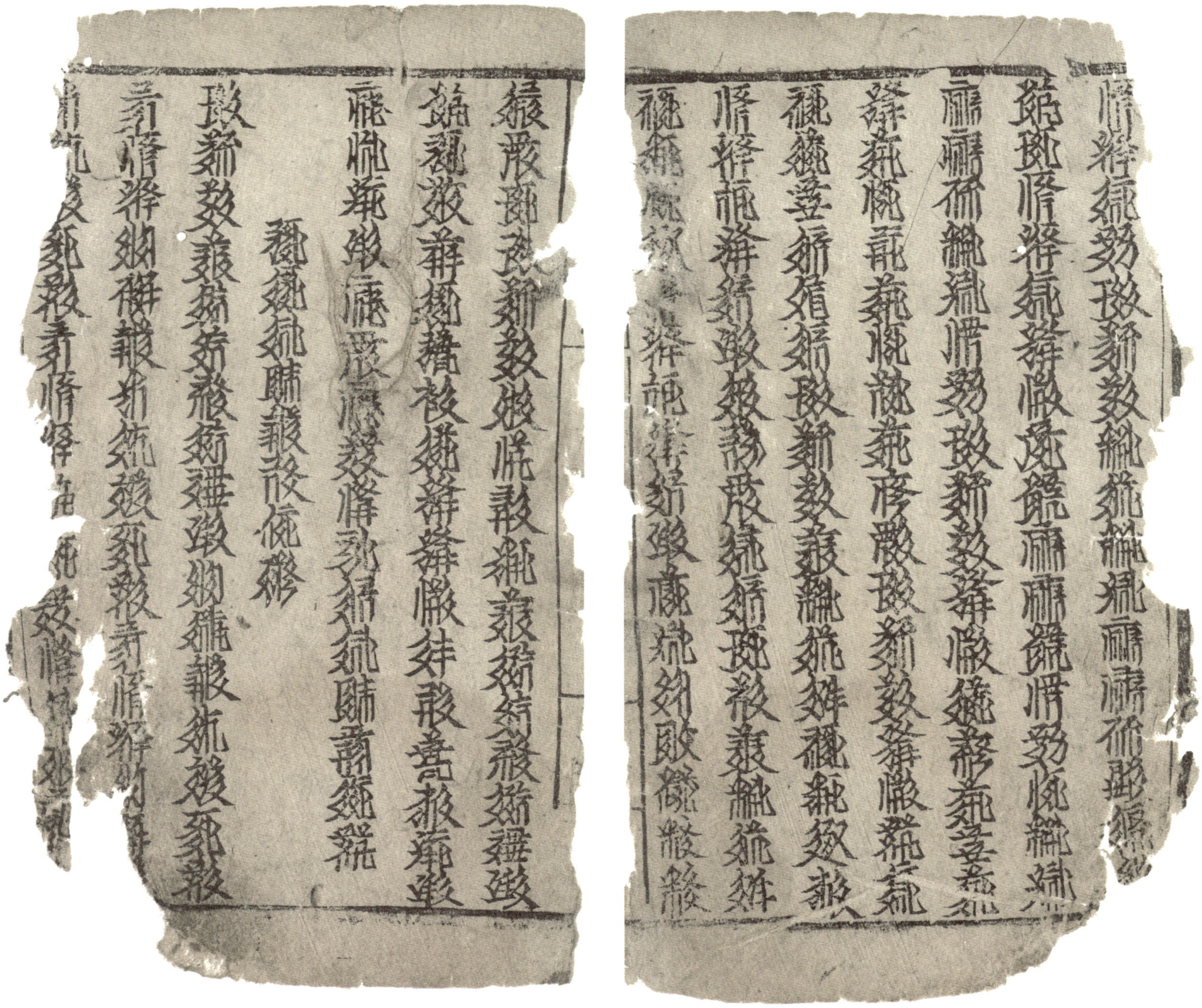

（二五二）金剛般若波羅密經（緑城出土） **M1·252**［無號］ 尺寸：21.8cm×18.8cm（縮放比例：96%）

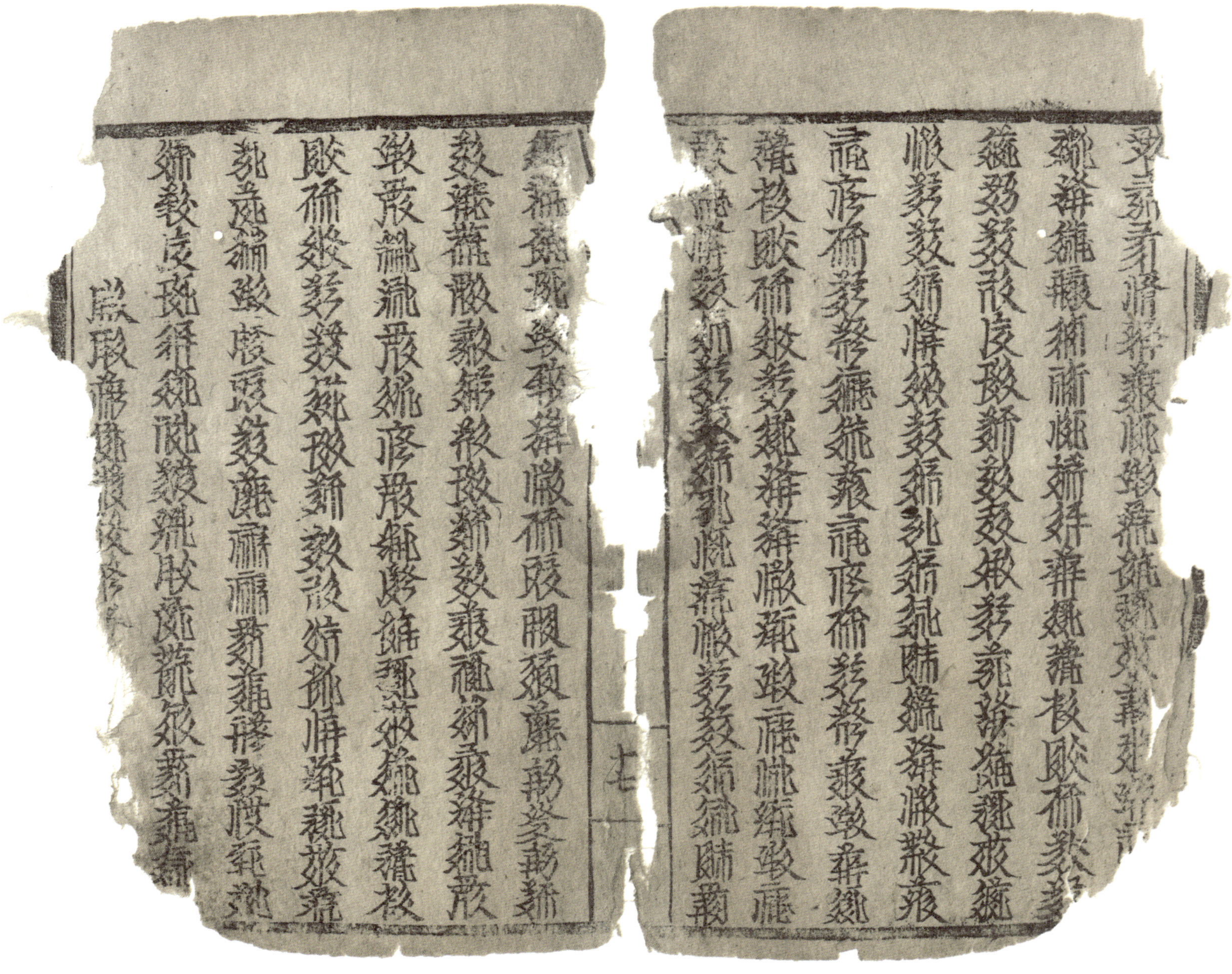

（二五三）金剛般若波羅密經（緑城出土）　**M1·253**［無號］　尺寸：23cm×18.6cm（縮放比例：91%）

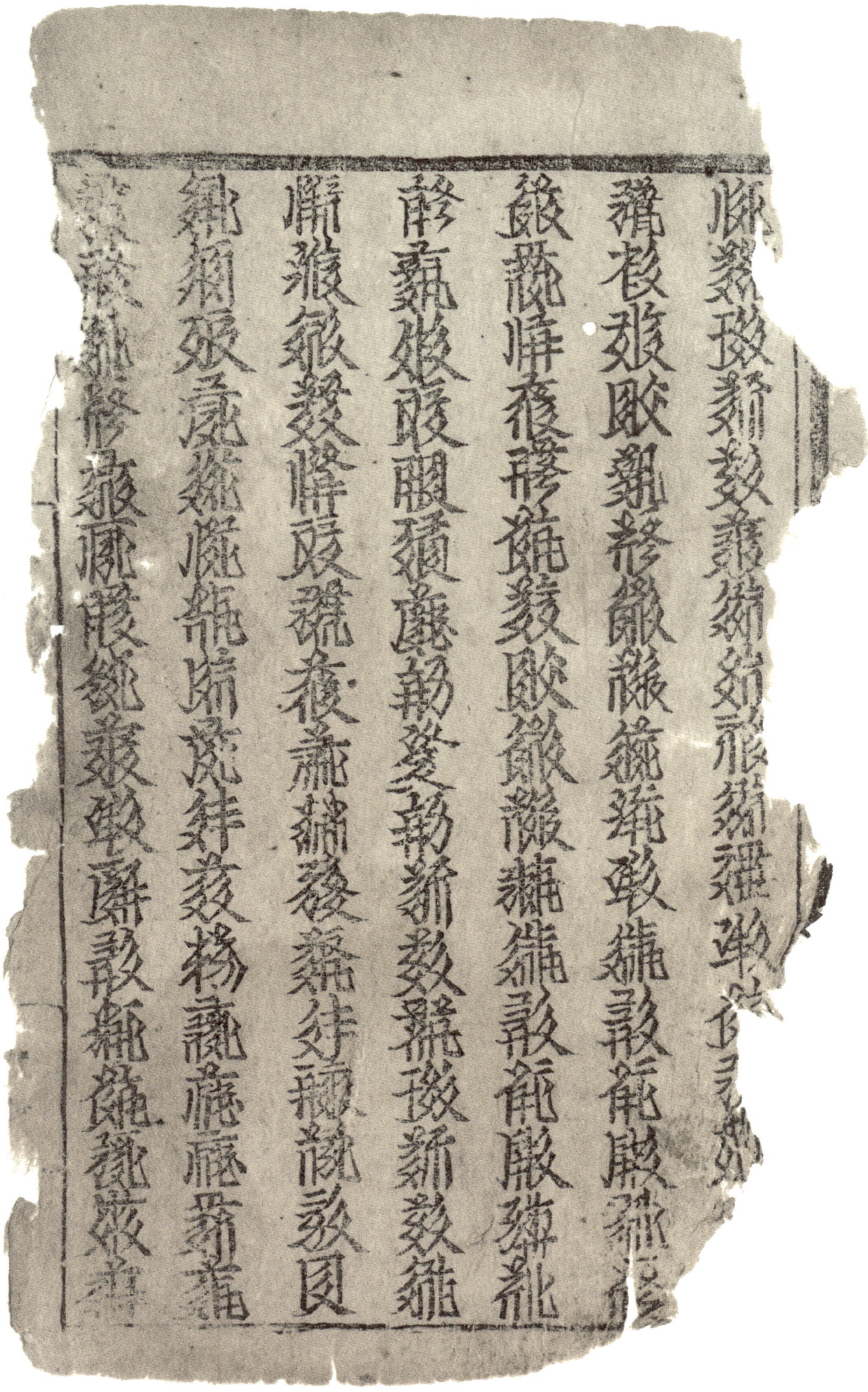

（二五四）金剛般若波羅密經（緑城出土）　**M1·254**［無號］　尺寸：11.13cm×19.13cm（縮放比例：125%）

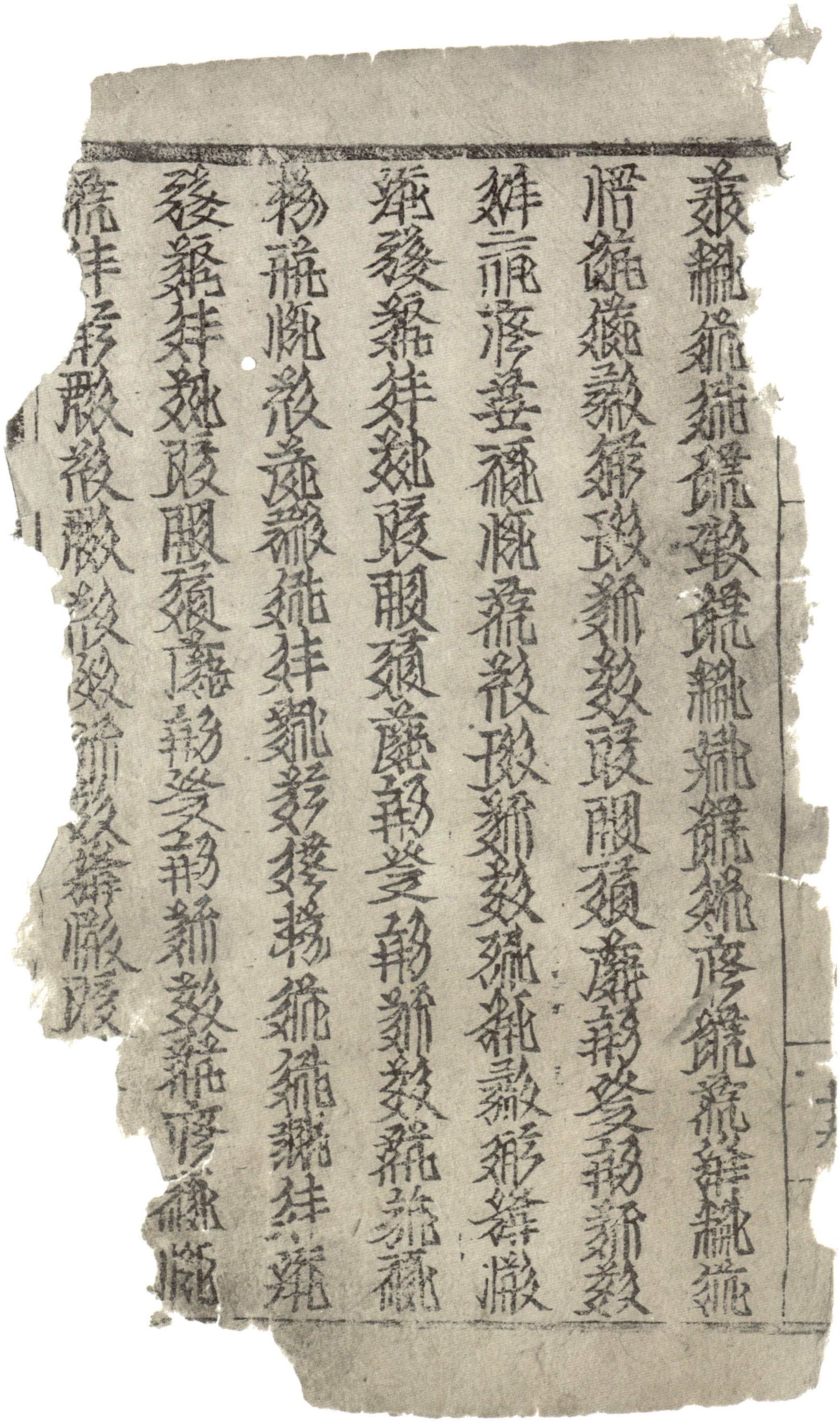

（二五五）金剛般若波羅密經（绿城出土）　**M1·255**［無號］　尺寸：11.13cm×19.13cm（縮放比例：125%）

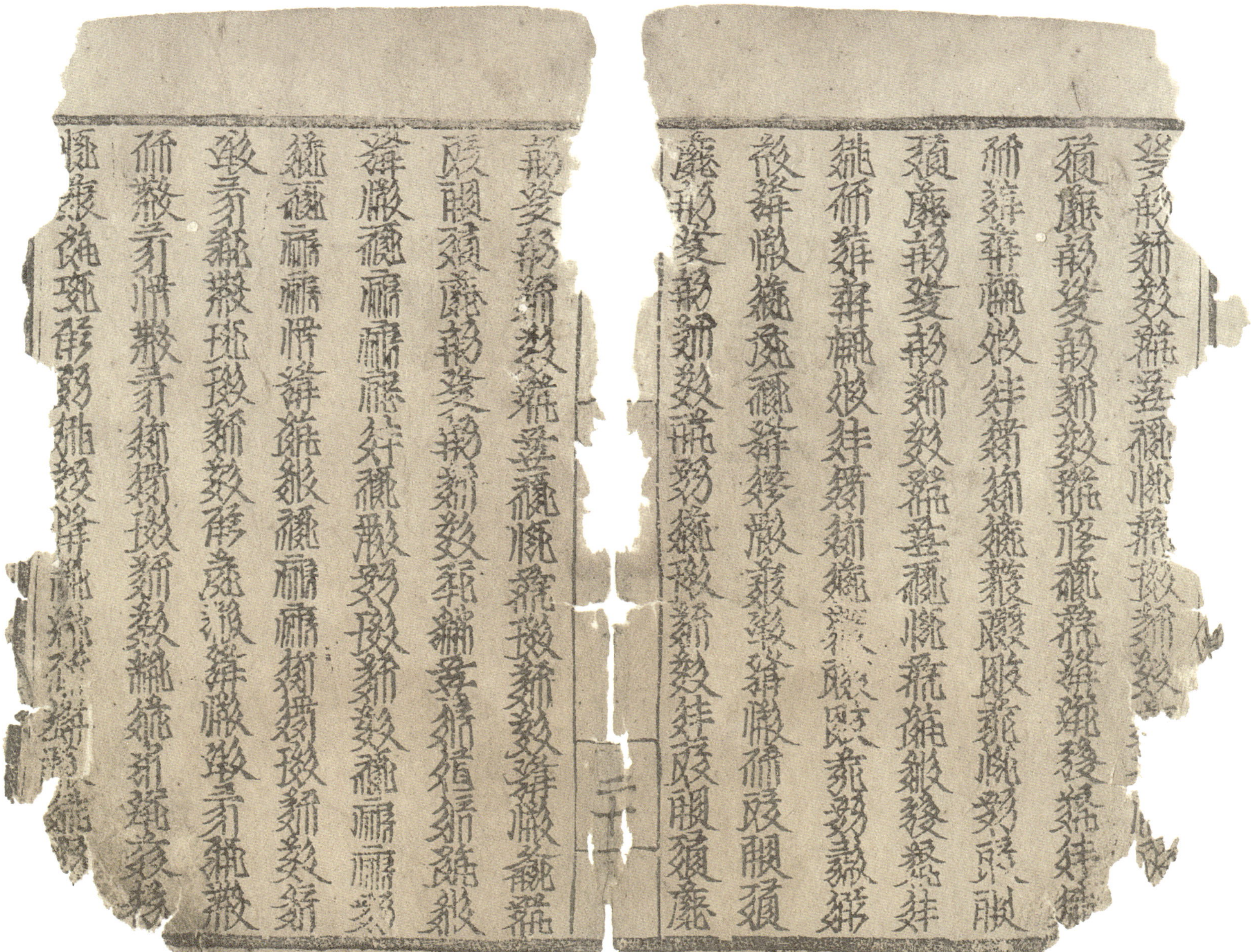

（二五六）金剛般若波羅密經（緑城出土）　**M1 · 256**［無號］　尺寸：22.4cm × 18.3cm（縮放比例：94%）

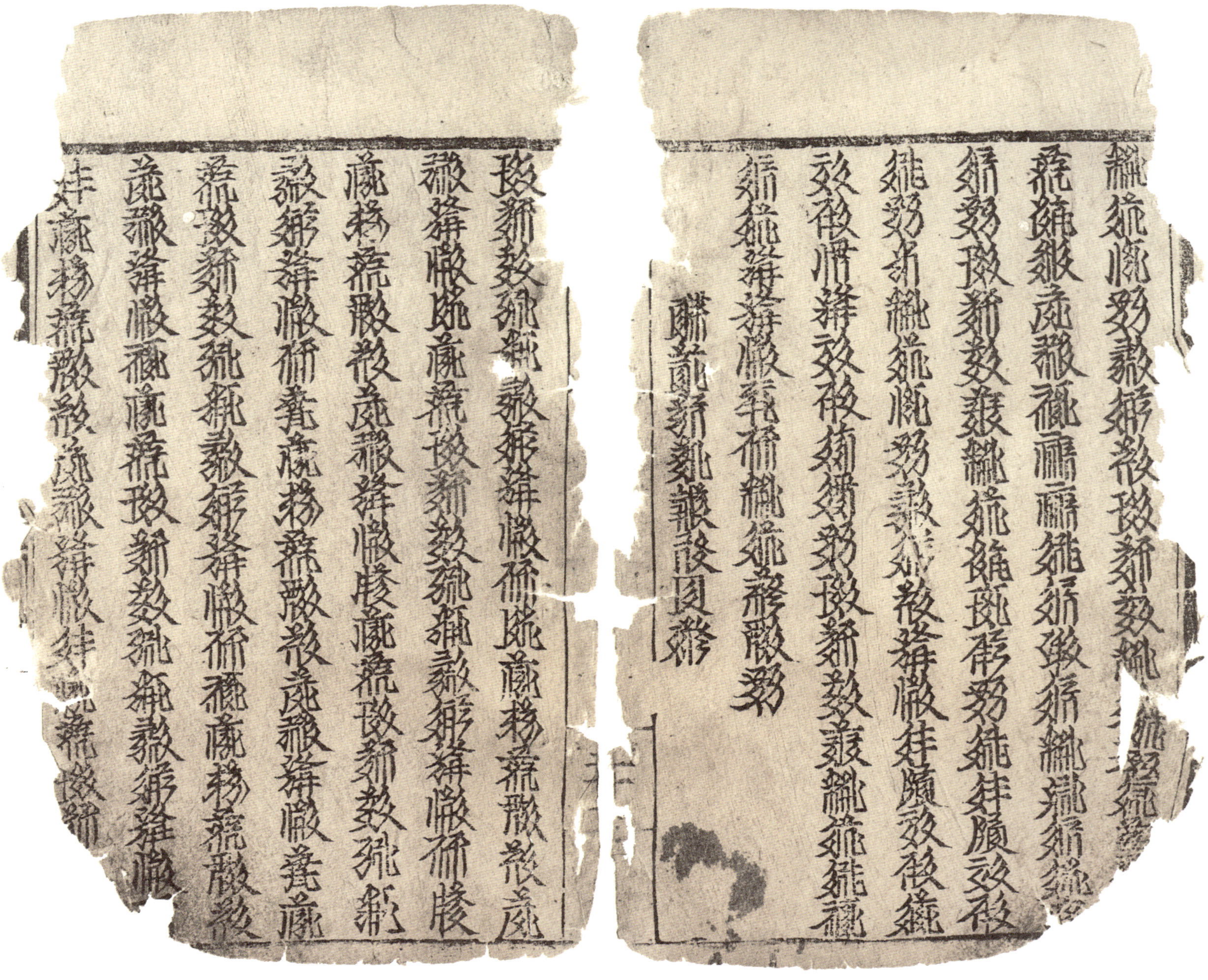

（二五七）金剛般若波羅密經（緑城出土） **M1·257**［無號］ 尺寸：22.2cm×18.4cm（縮放比例：95%）

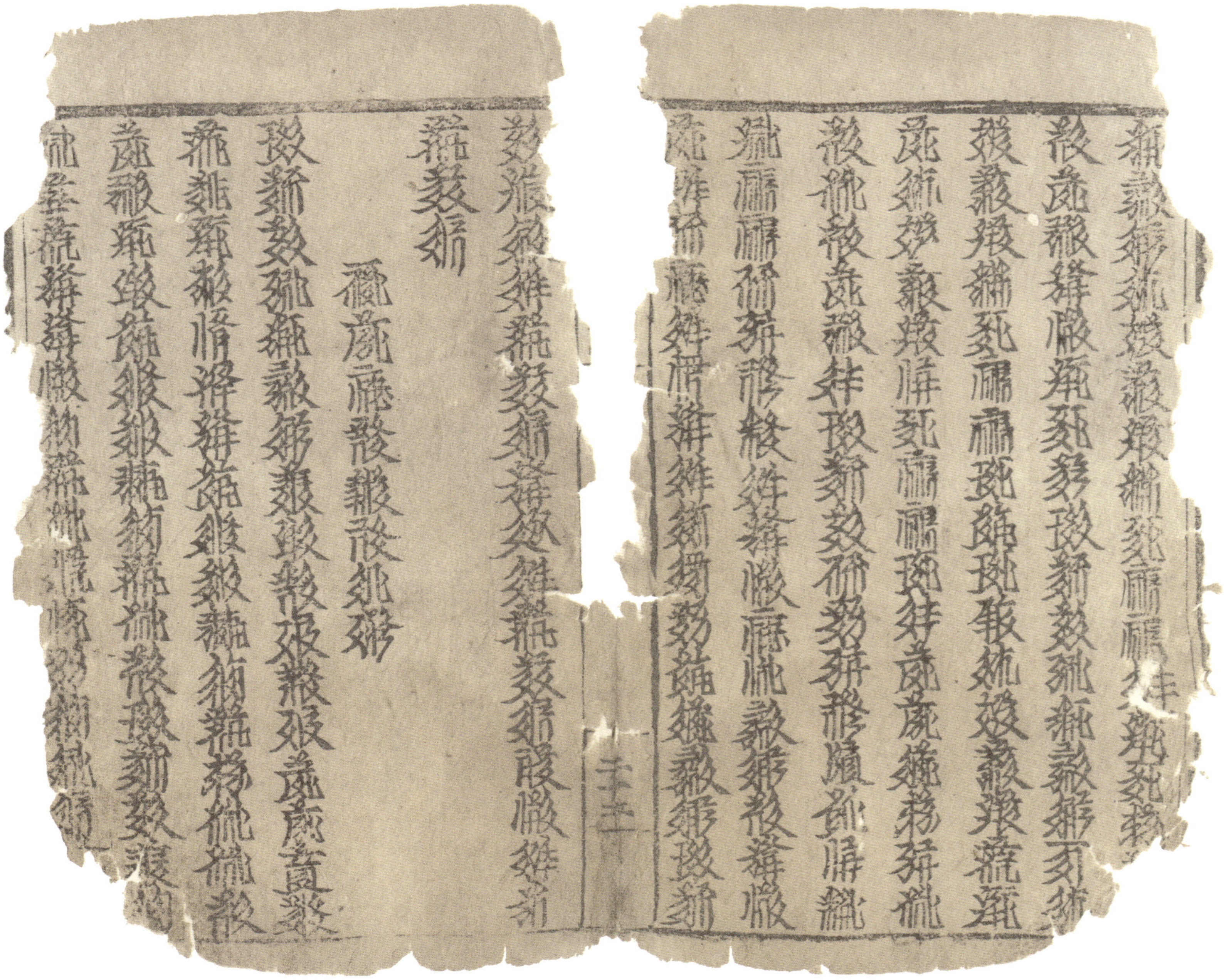

（二五八）金剛般若波羅密經（緑城出土） **M1·258**［無號］ 尺寸：22.2cm×18.4cm（縮放比例：95%）

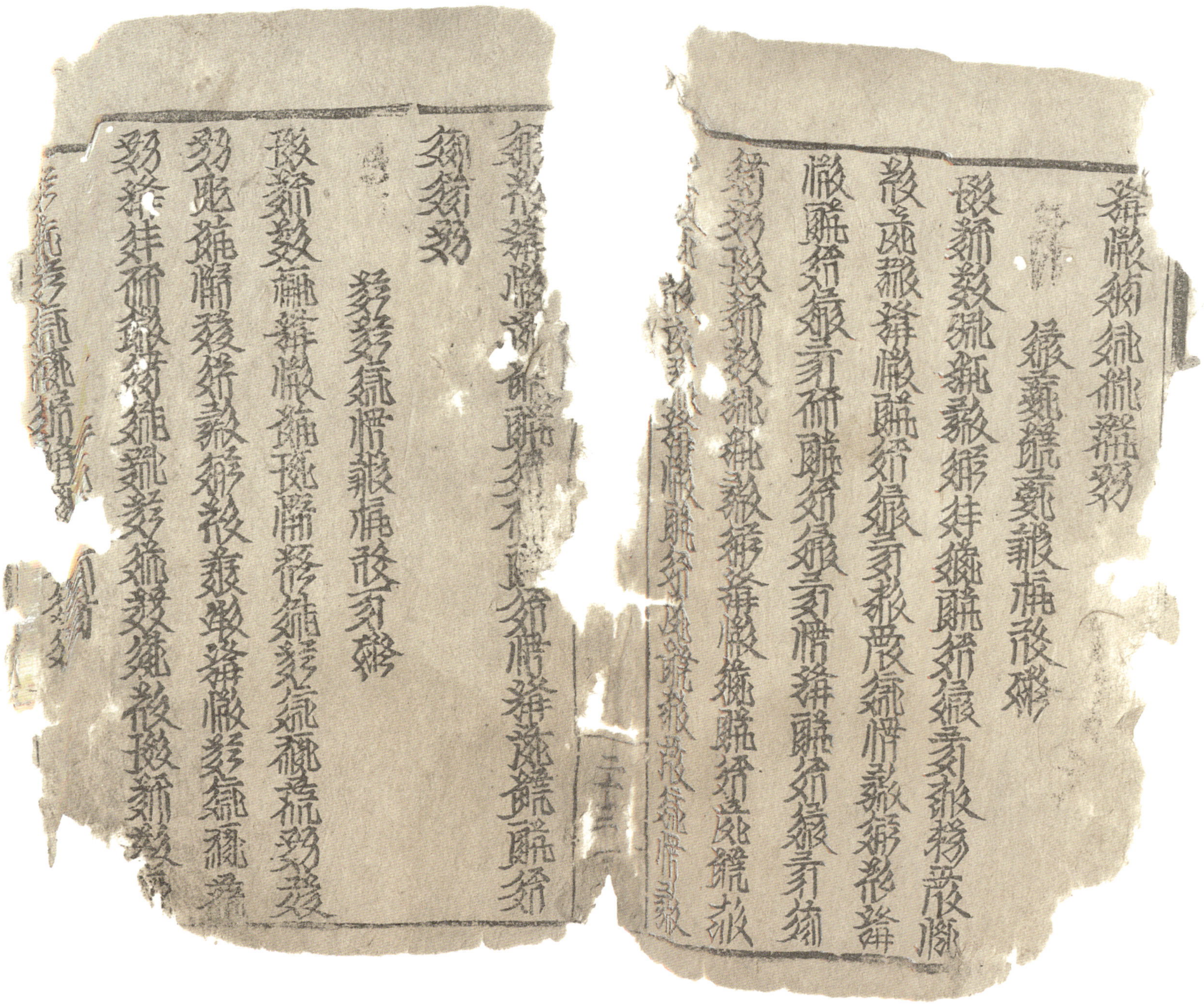

（二五九）金剛般若波羅密經（緑城出土） **M1·259**［無號］ 尺寸：22.2cm×19.1cm（縮放比例：95%）

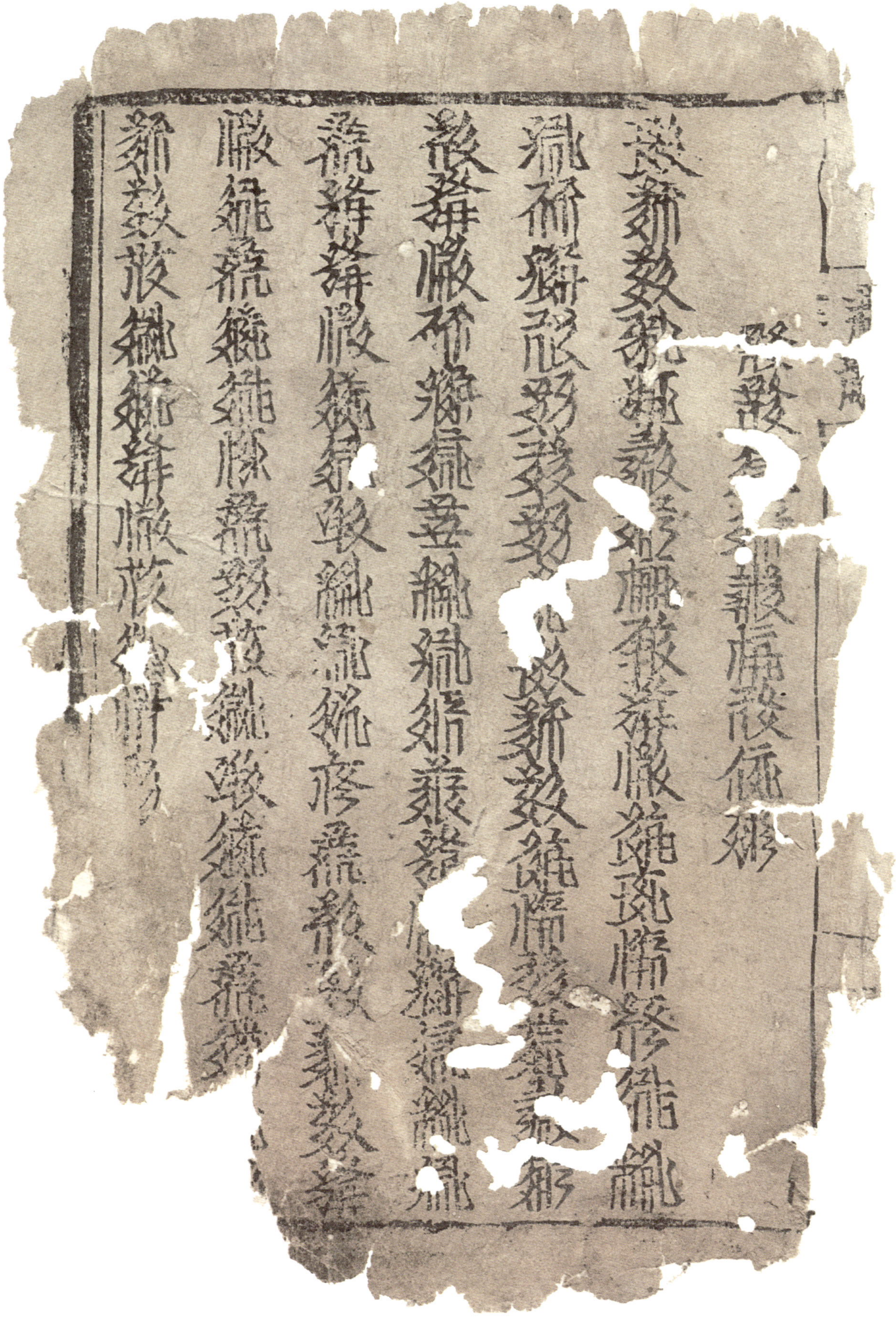

（二六〇）金剛般若波羅密經（緑城出土）　**M1·260**［無號］　尺寸：12cm×18.1cm（縮放比例：133%）

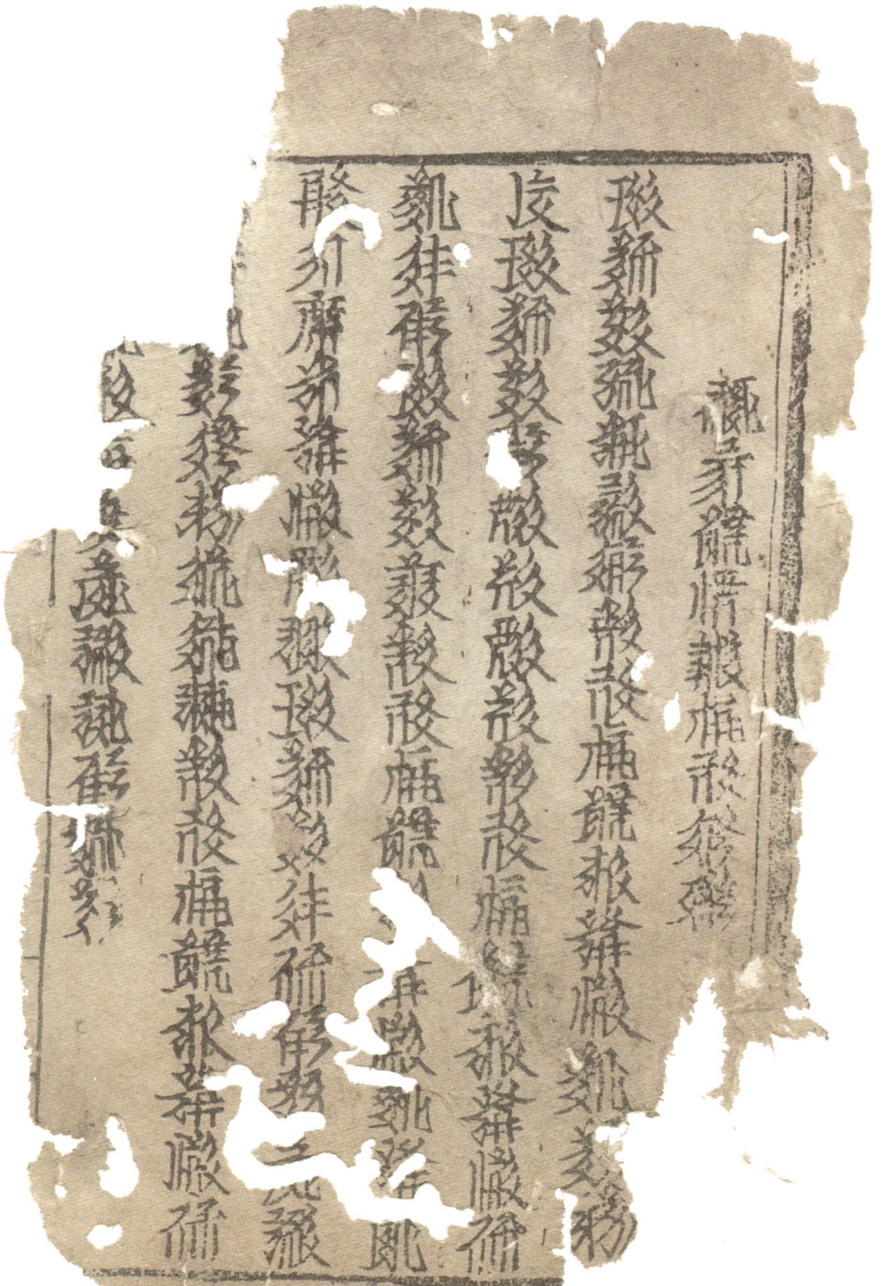

（二六一）金剛般若波羅密經（緑城出土） **M1·261**［**無號**］ 尺寸：11.6cm×18.2cm（縮放比例：100%）

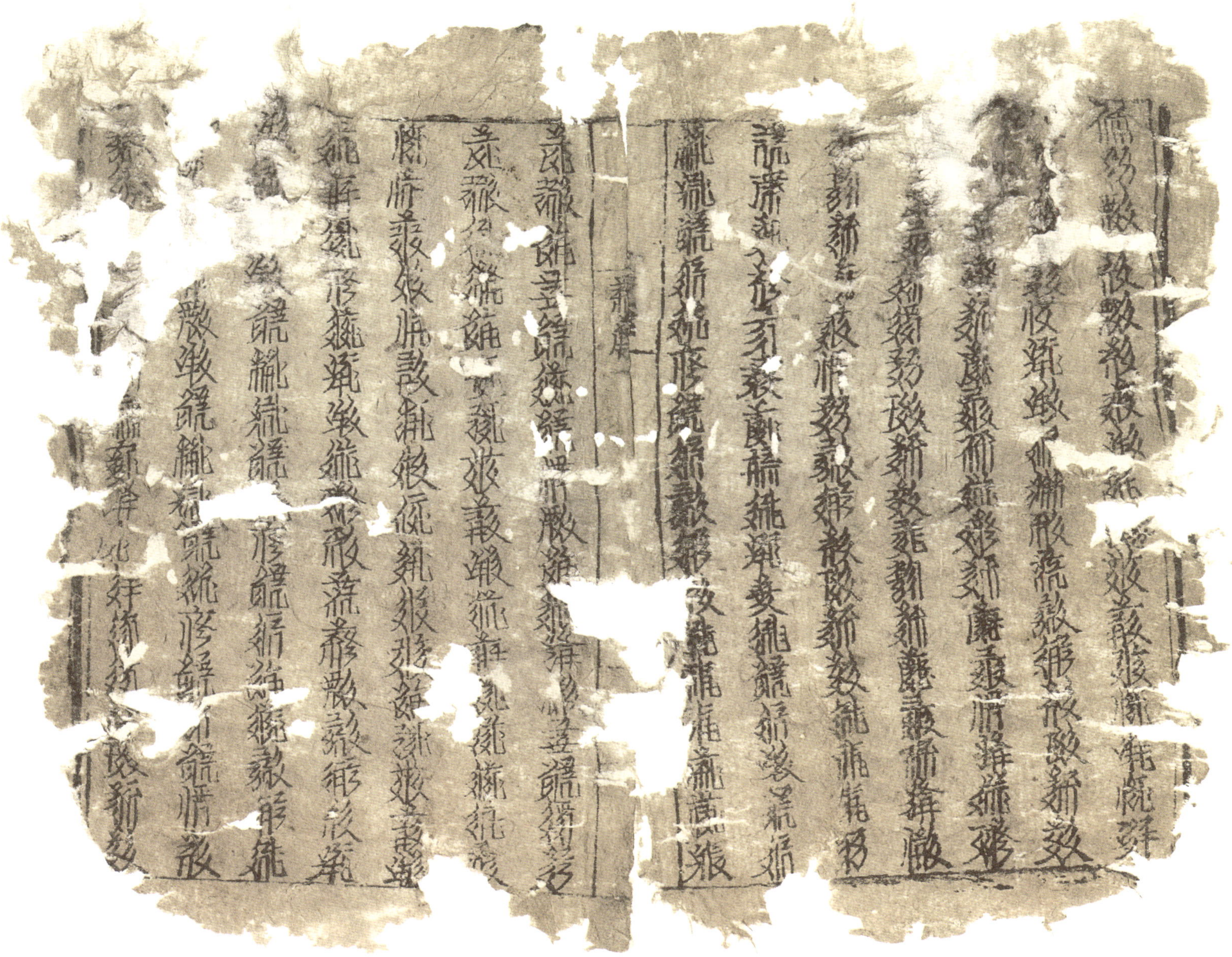

（二六二）金剛般若波羅密經（緑城出土）　**M1·262**［無號］　尺寸：23.5cm×18.8cm（縮放比例：89%）

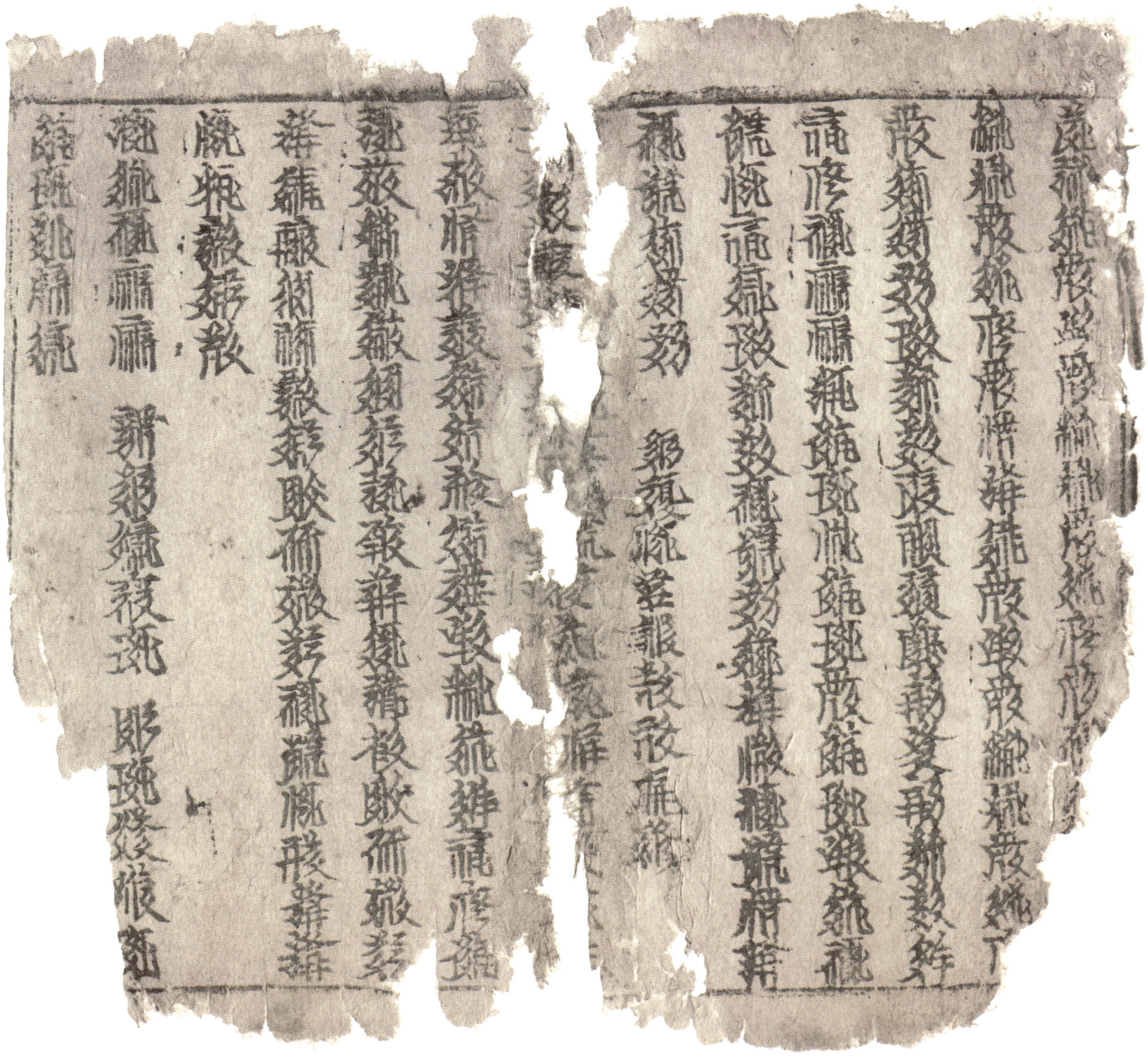

（二六三）金剛般若波羅密經（緑城出土）　**M1·263**［無號］　尺寸：19.2cm×18.2cm（縮放比例：89%）

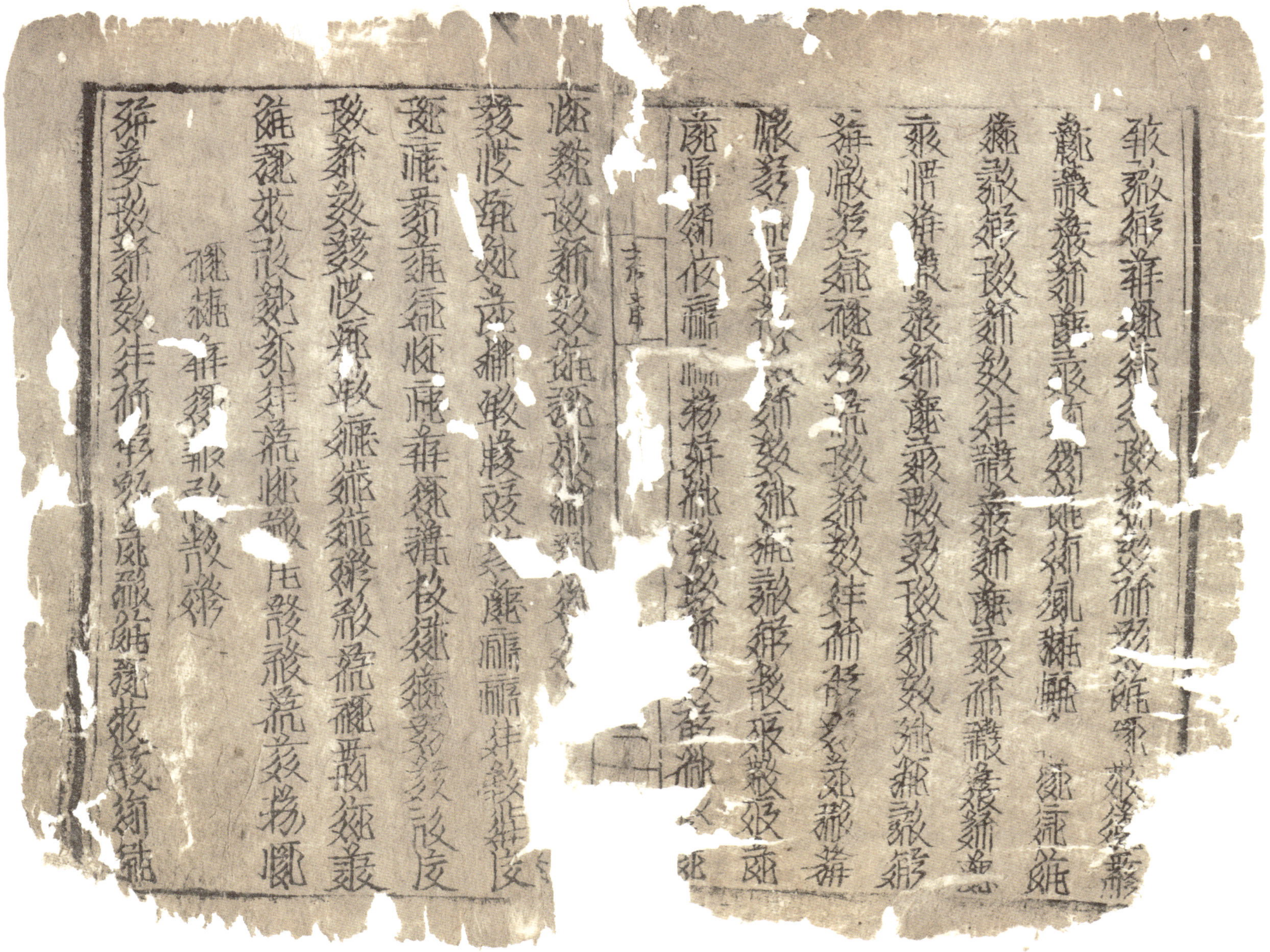

（二六四）金剛般若波羅密經（緑城出土）　**M1·264**［無號］　尺寸：23.5cm×18.6cm（縮放比例：89%）

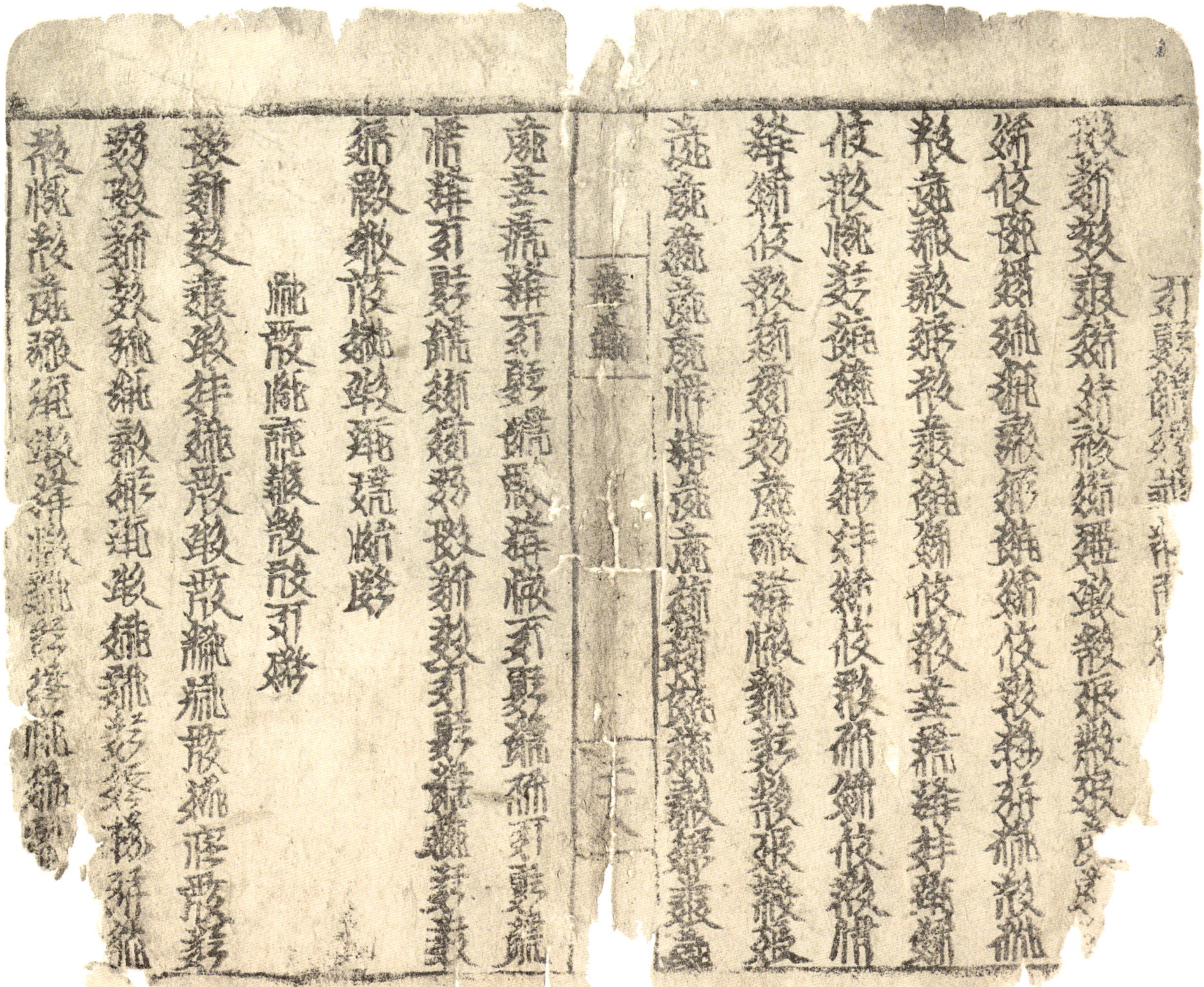

（二六五）金剛般若波羅密經（綠城出土）　**M1・265**［無號］　尺寸：20.6cm×18.14cm（縮放比例：102%）

（二六六）金剛般若波羅密經（緑城出土）　**M1·266**［無號］　尺寸：22.9cm×18.4cm（縮放比例：92%）

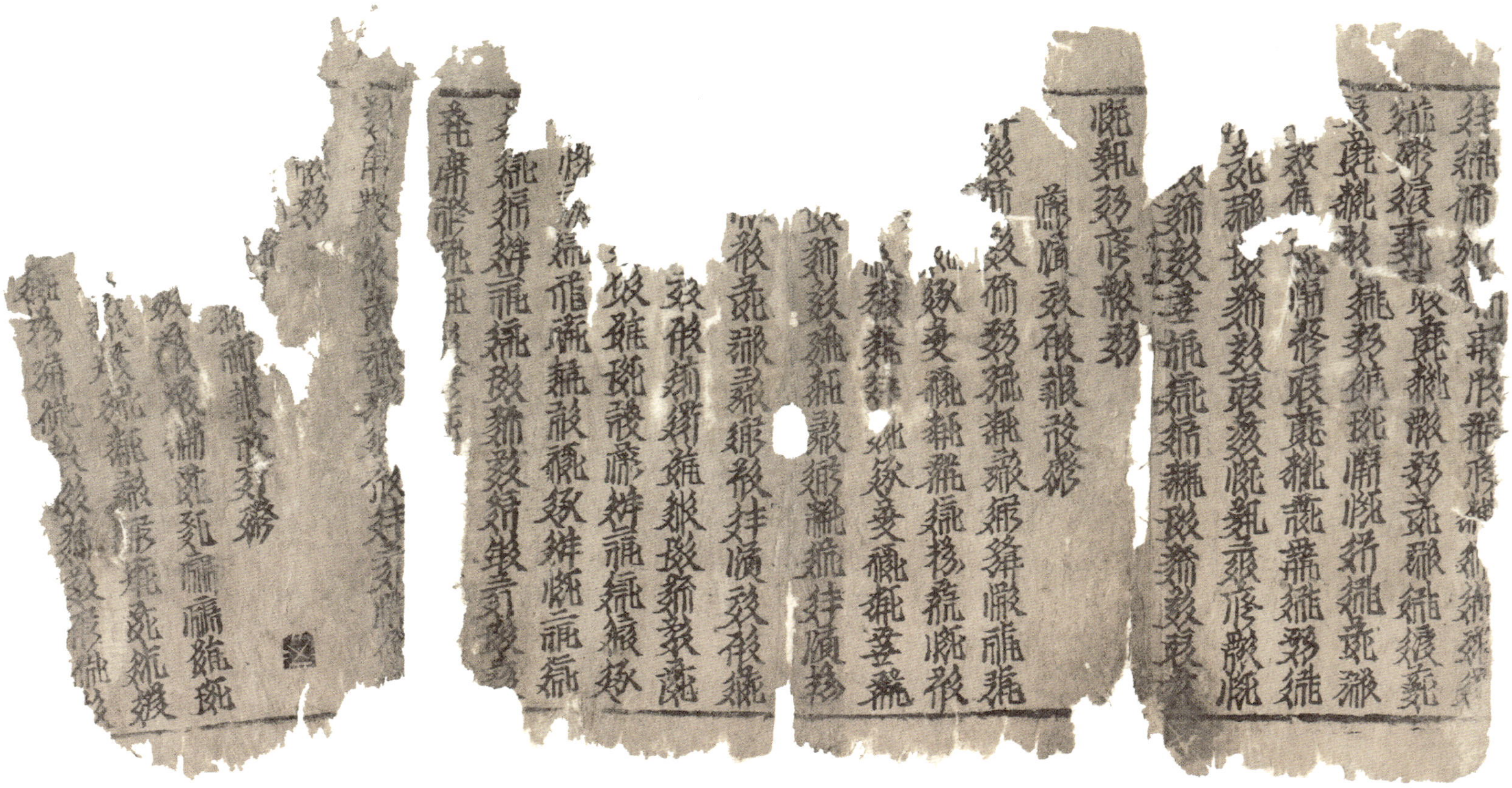

（二六七）金剛般若波羅密經（緑城出土）　**M1·267**［無號］　尺寸：33.5cm×18.1cm（縮放比例：63%）

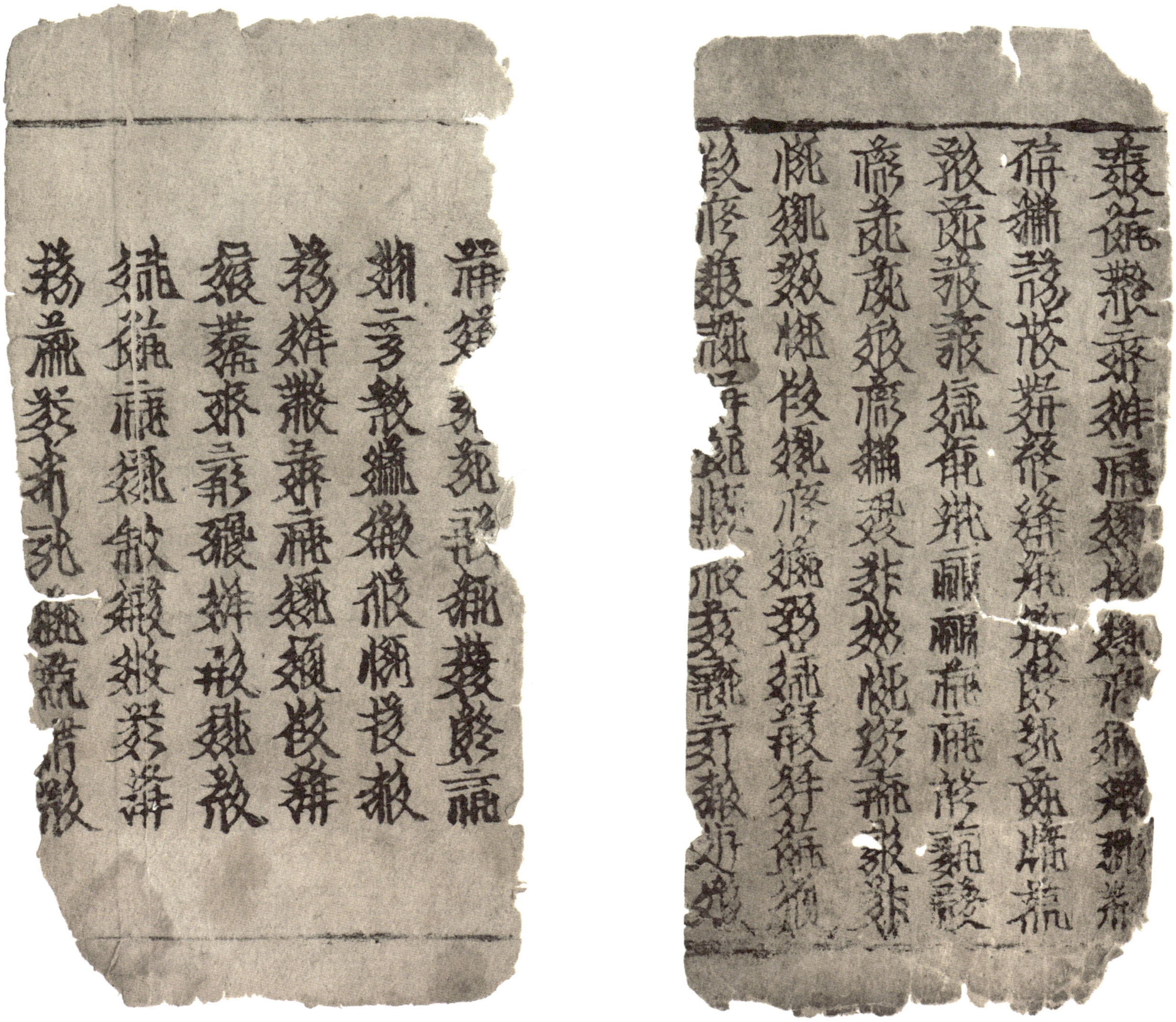

（二六八）聖觀自在大悲心總持功能依經録（緑城出土） **M1·268**［無號］ 尺寸：19.6cm×17.5cm（縮放比例：107%

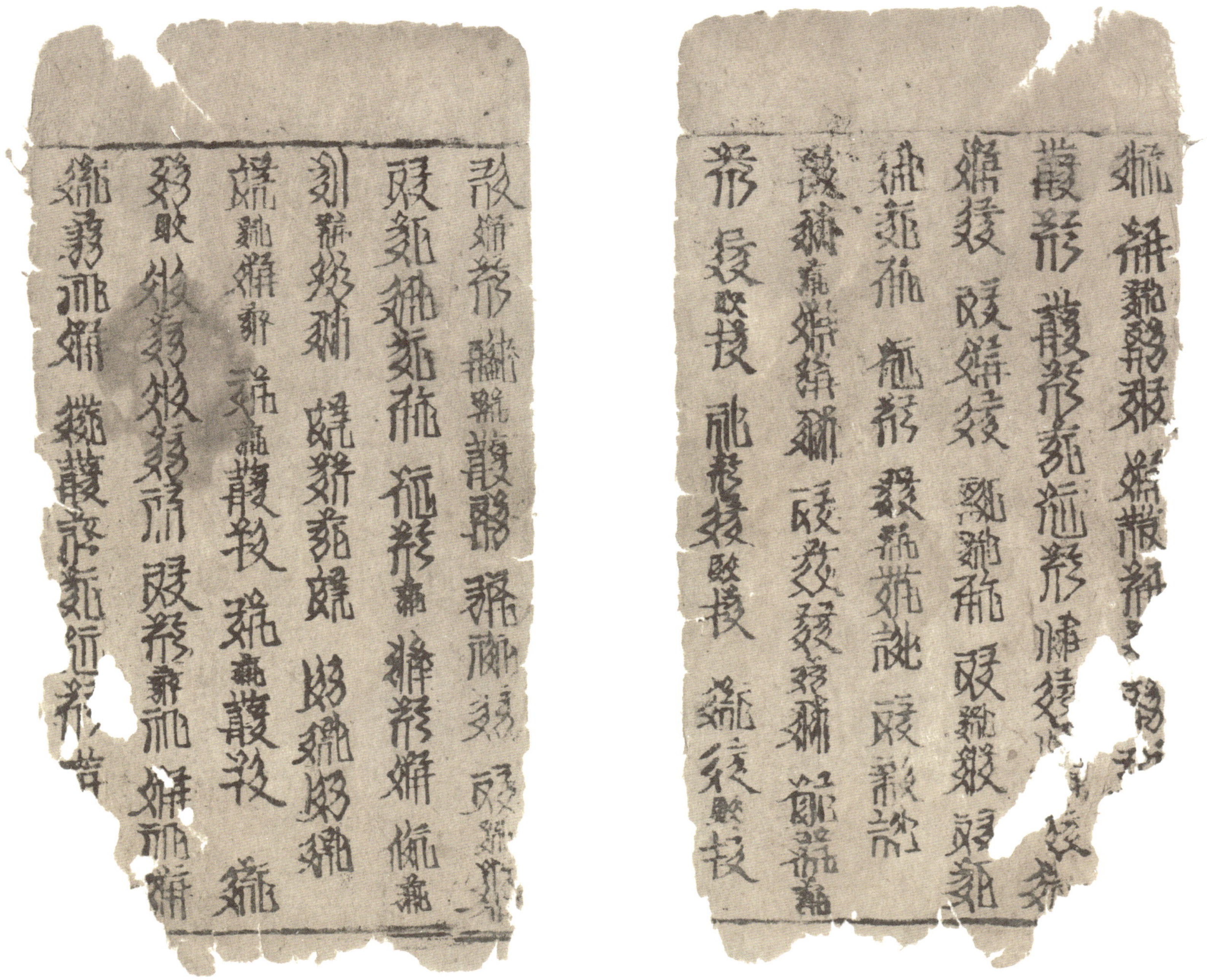

（二六九）聖觀自在大悲心總持功能依經録（緑城出土）　**M1·269**［無號］　尺寸：20.4cm×17cm（縮放比例：103%）

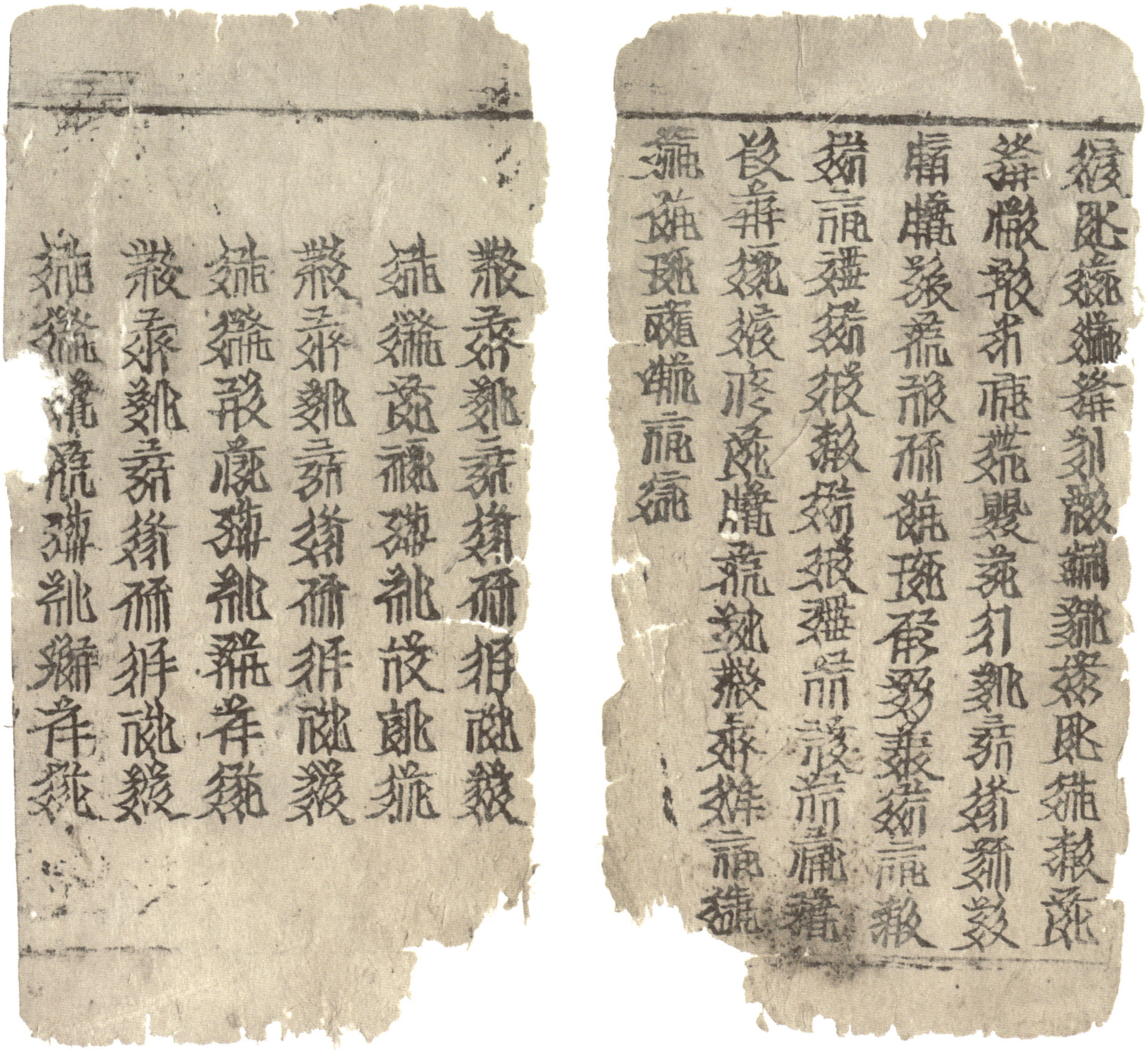

（二七〇）聖觀自在大悲心總持功能依經録（緑城出土）　**M1·270**［無號］　尺寸：20.4cm×17cm（縮放比例：103%）

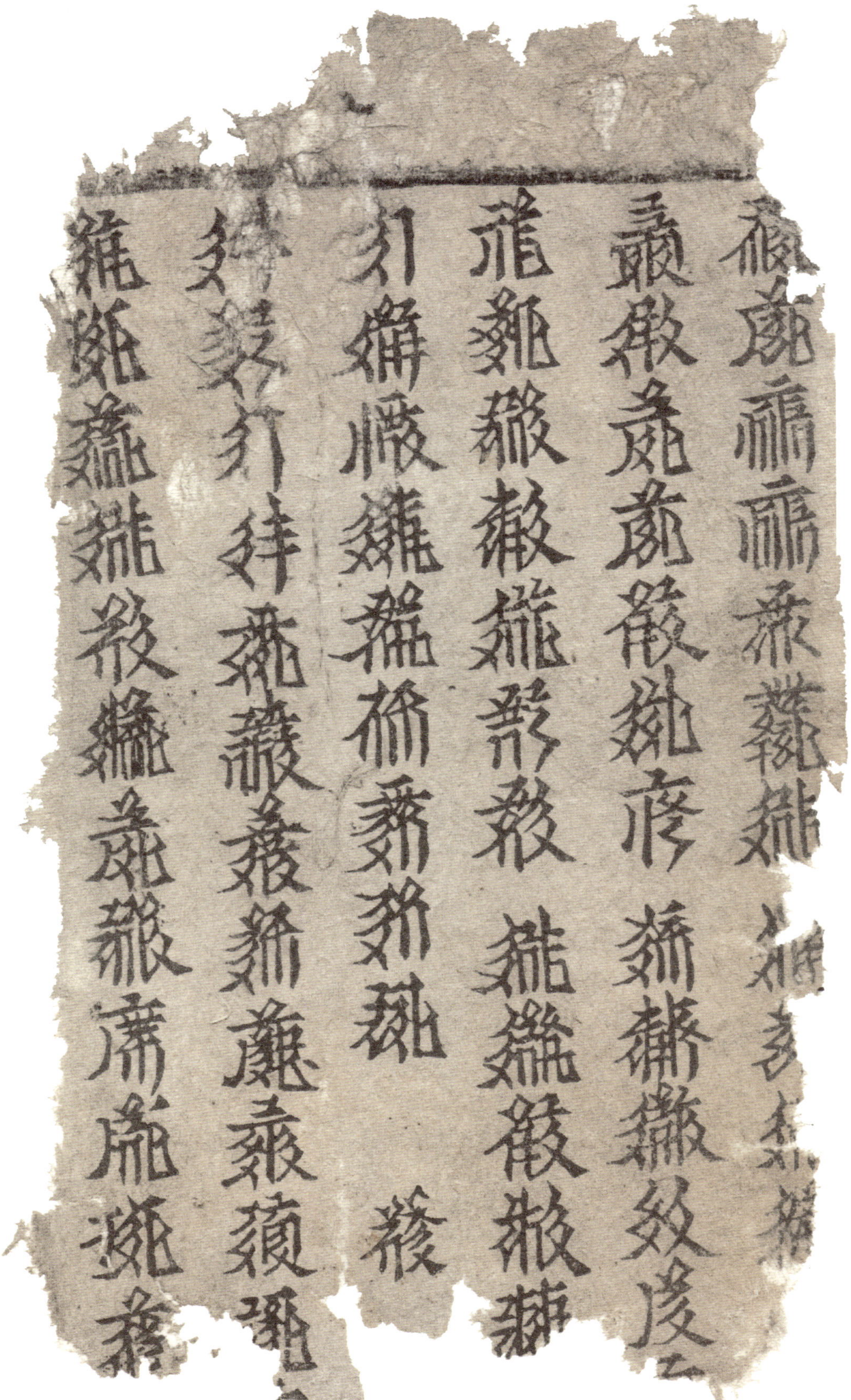

（二七一）佛説聖佛母般若波羅密多經等（緑城出土）　M1·271［無號］　尺寸：8.9cm×15.6cm（縮放比例：154%）

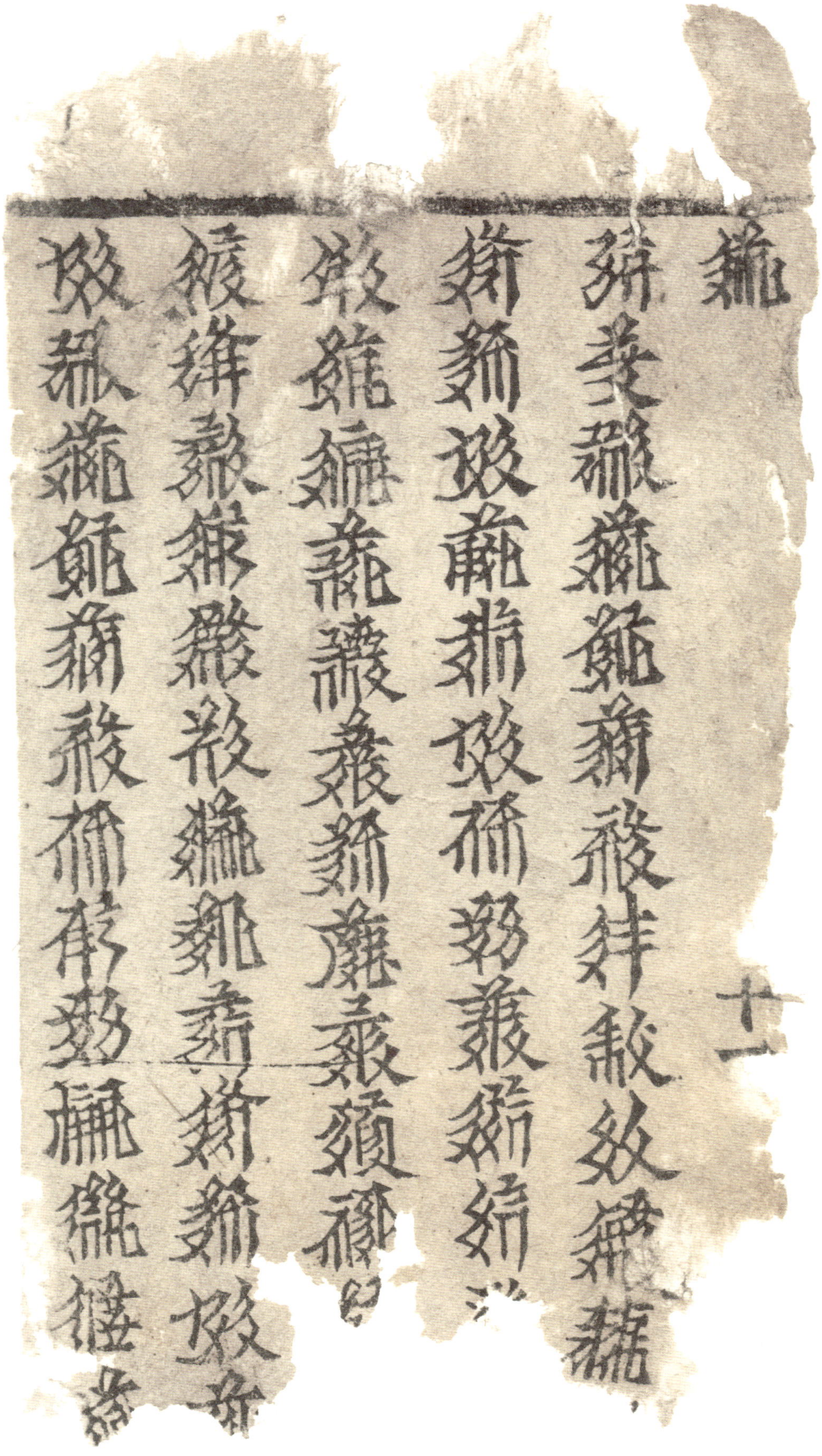

（二七二）佛說聖佛母般若波羅密多經等（緑城出土） **M1·272**［**無號**］ 尺寸：8.58cm×15.7cm（縮放比例：153%）

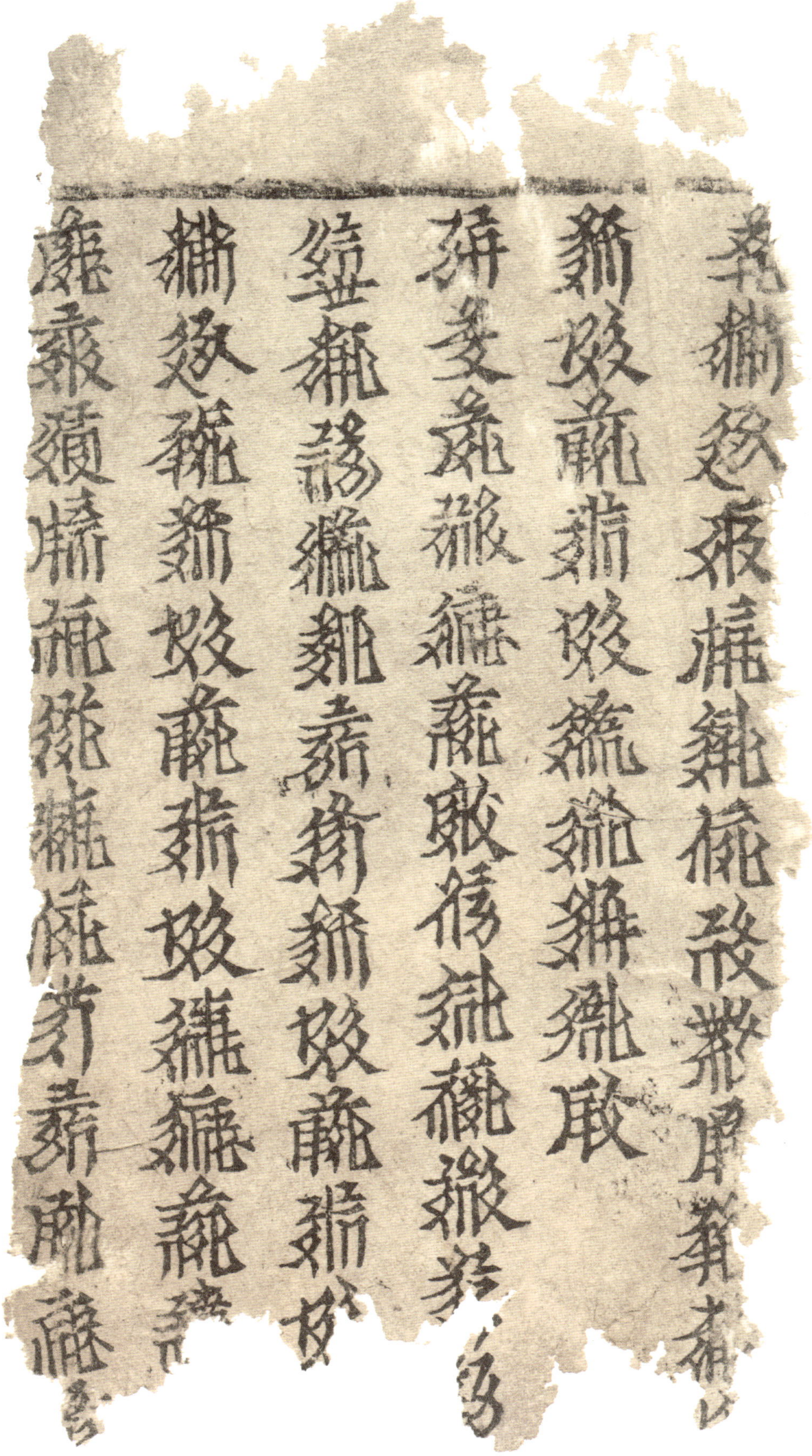

（二七三）佛説聖佛母般若波羅密多經等（緑城出土）　**M1·273**［無號］　尺寸：8.52cm×15.8cm（縮放比例：151%）

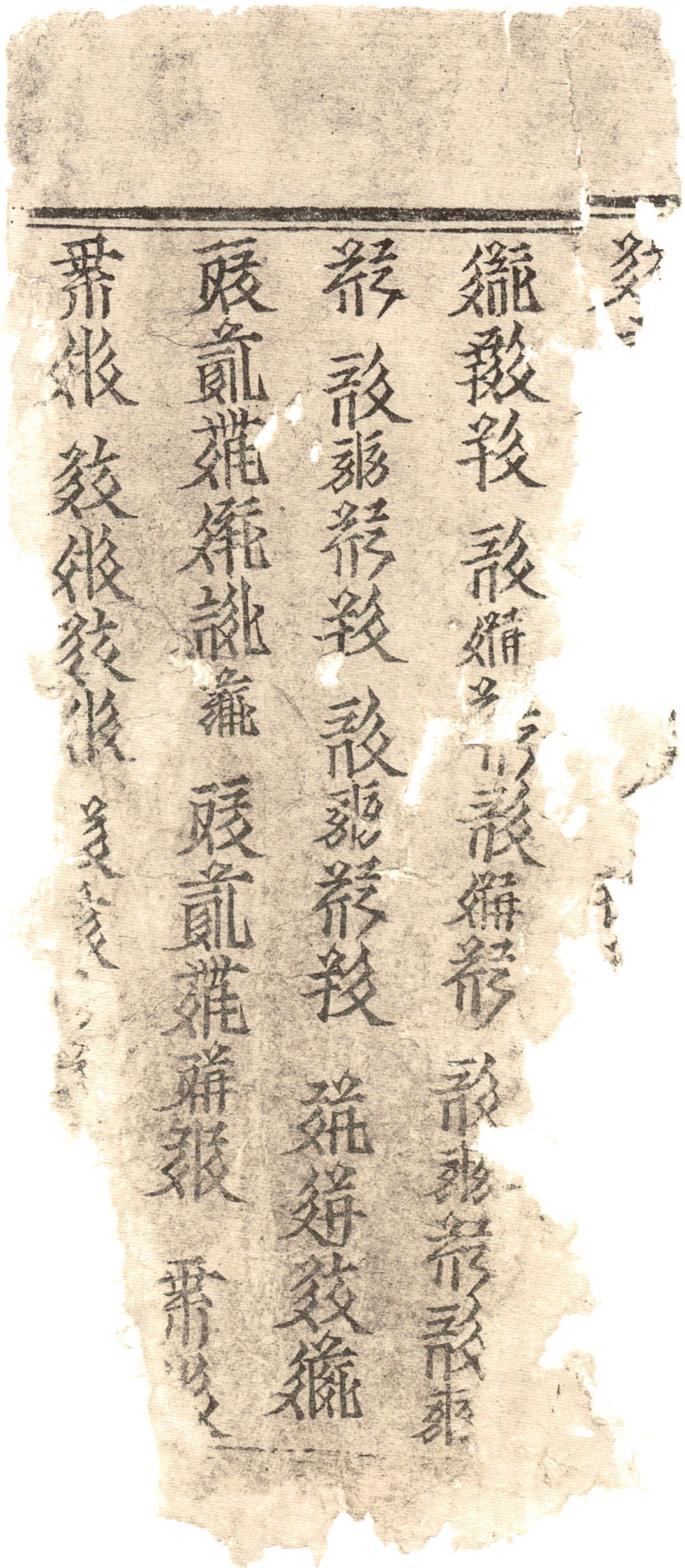

（二七四）勝相頂尊總持功能依經録（緑城出土）　**M1·274**［無號］　尺寸：9.55cm×22.3cm（縮放比例：107%）

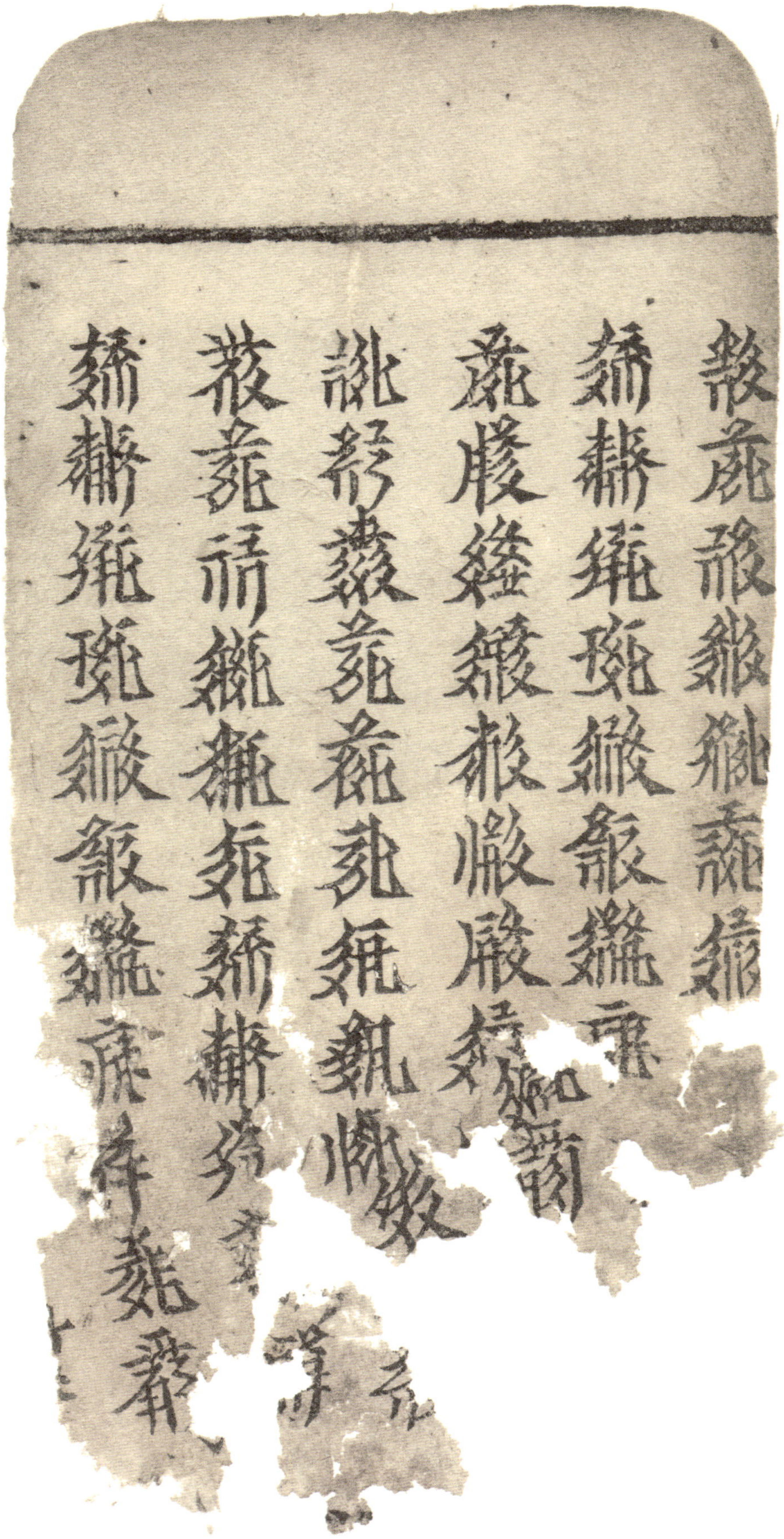

（二七五）十二宫吉祥偈（绿城出土）　**M1·275**［無號］　尺寸：8.8cm×17.86cm（縮放比例：151%）

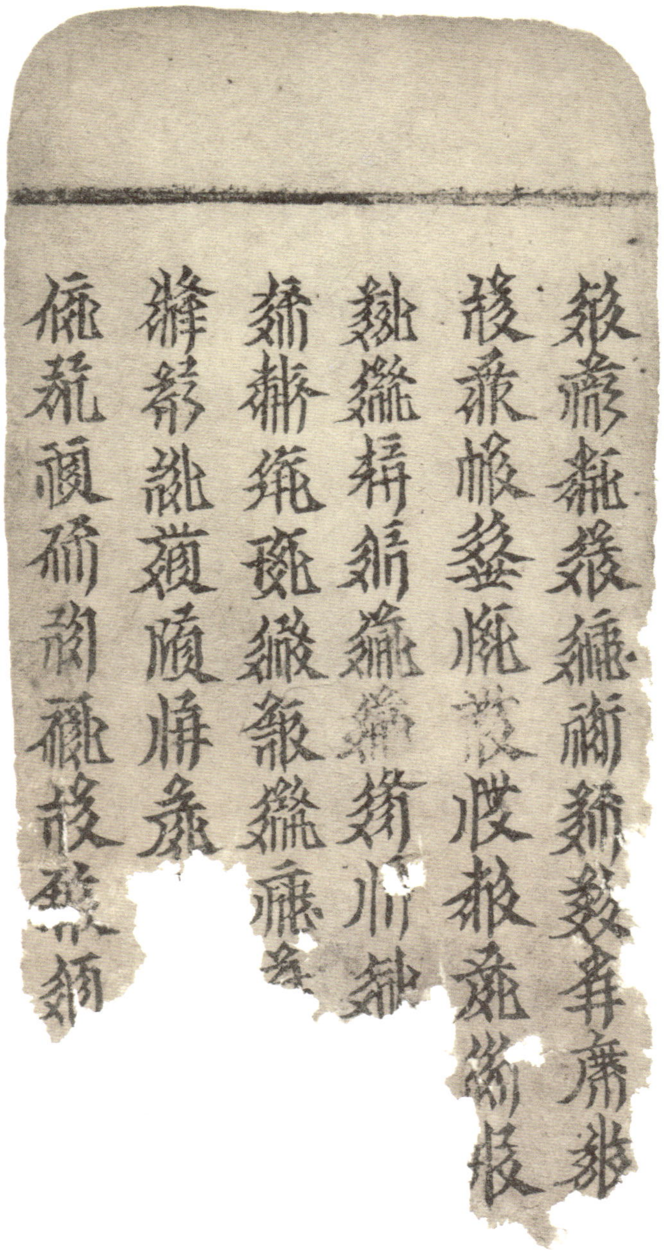

（二七六）十二宮吉祥偈（緑城出土） **M1·276**［無號］ 尺寸：8.67cm×17cm（縮放比例：100%）

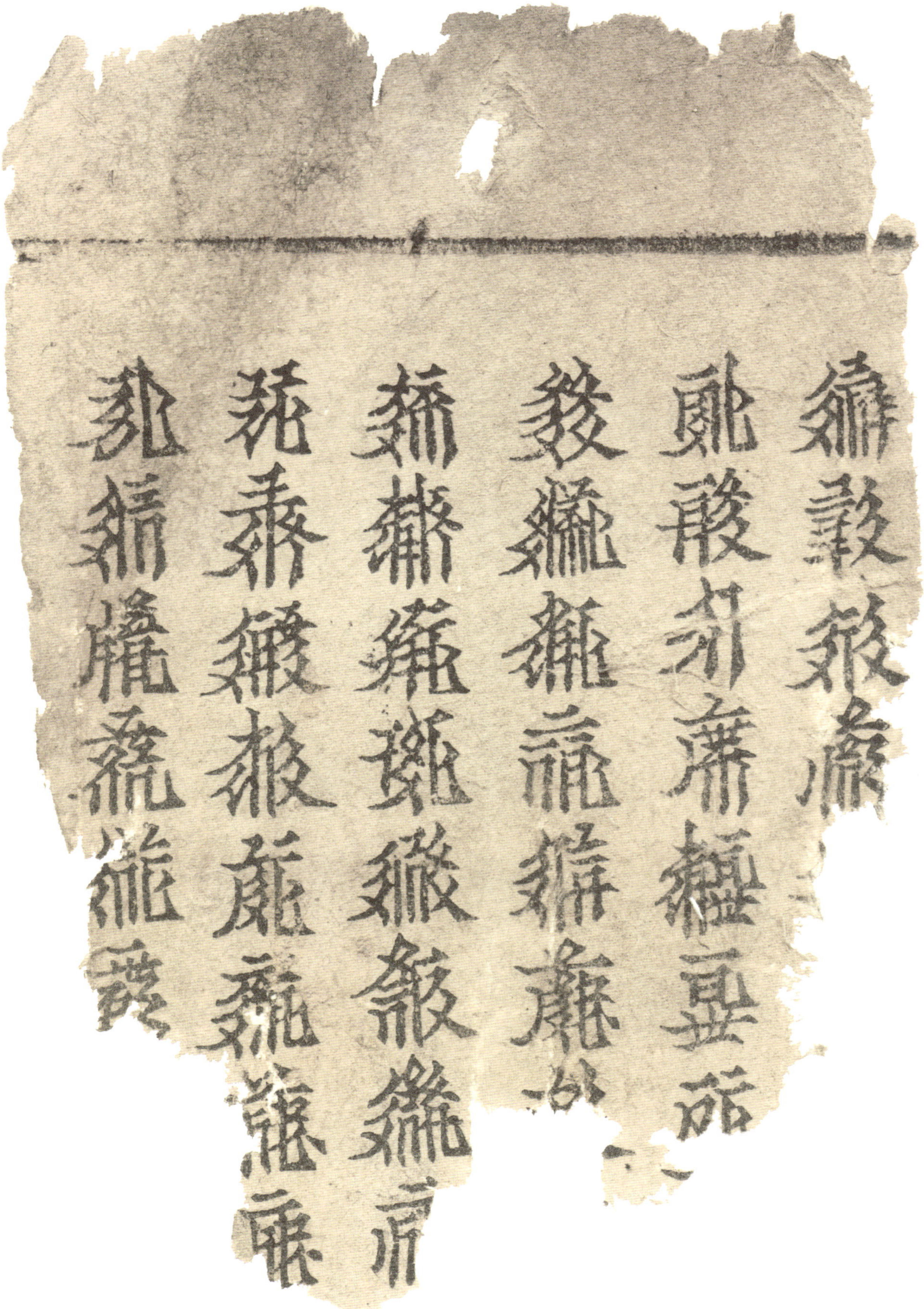

（二七七）十二宮吉祥偈（緑城出土）　M1·277［無號］　尺寸：8.79cm×12.9cm（縮放比例：186%）

（二七八）佛名經殘件（緑城出土）　**M1·278**［無號］　尺寸：17.6cm×15.3cm（縮放比例：119%）

（二七九）佛名經殘件（緑城出土） **M1·279**［無號］ 尺寸：9.1cm×12.43cm（縮放比例：119%）

（二八〇）佛名經殘件（綠城出土）　**M1·280**［無號］　尺寸：9cm×12.4cm（縮放比例：193%）

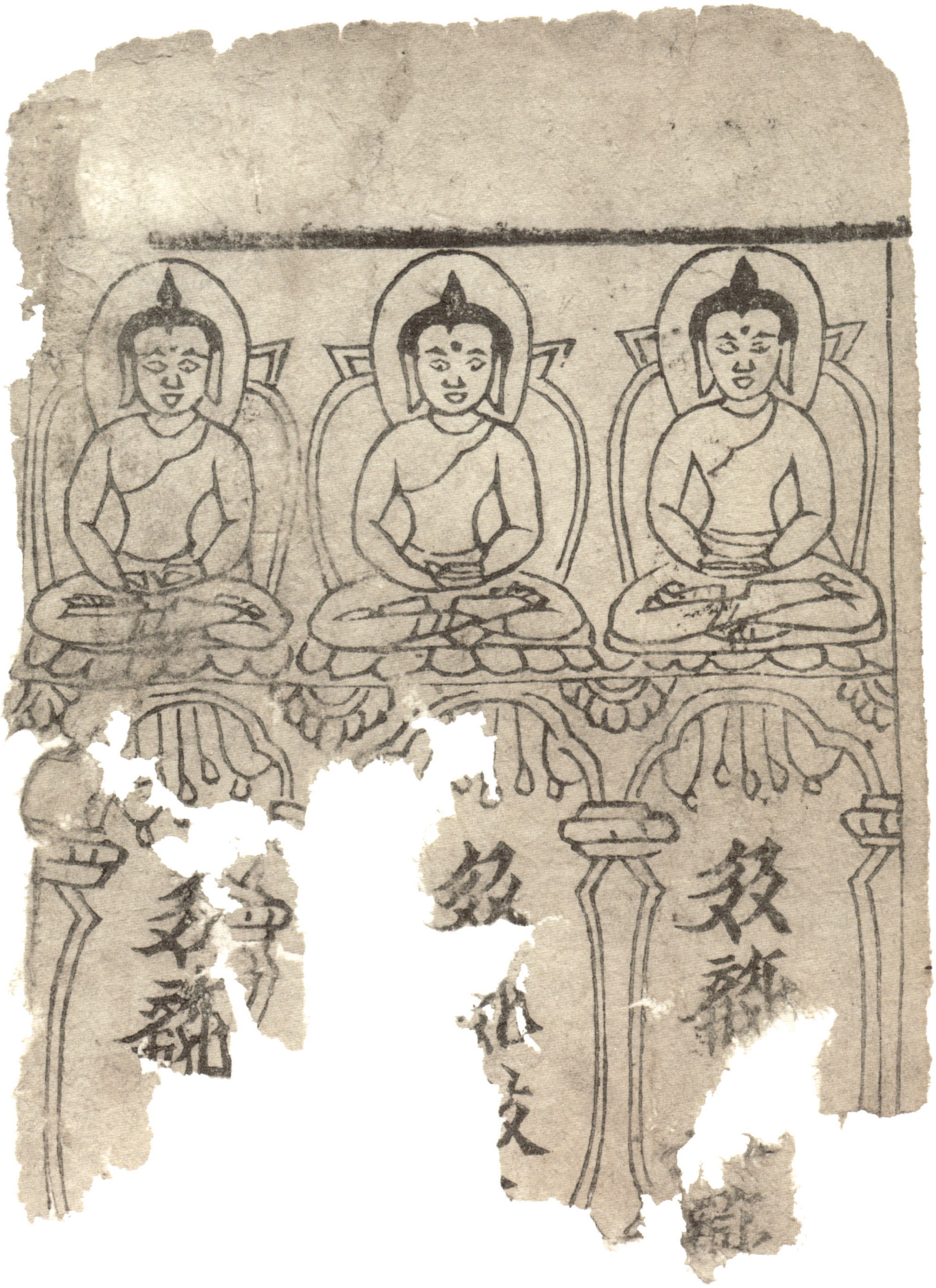

（二八一）佛名經殘件（緑城出土）　**M1·281**［無號］　尺寸：9.1cm×13cm（縮放比例：185%）

（二八二）佛經繪畫殘件（緑城出土）　M1·282［無號］　尺寸：12.15cm×19.2cm（縮放比例：125%）

（二八三）佛經繪畫殘件（緑城出土） **M1·283**［無號］ 尺寸：11.9cm×13.4cm（縮放比例：176%）

九、托忒蒙古文

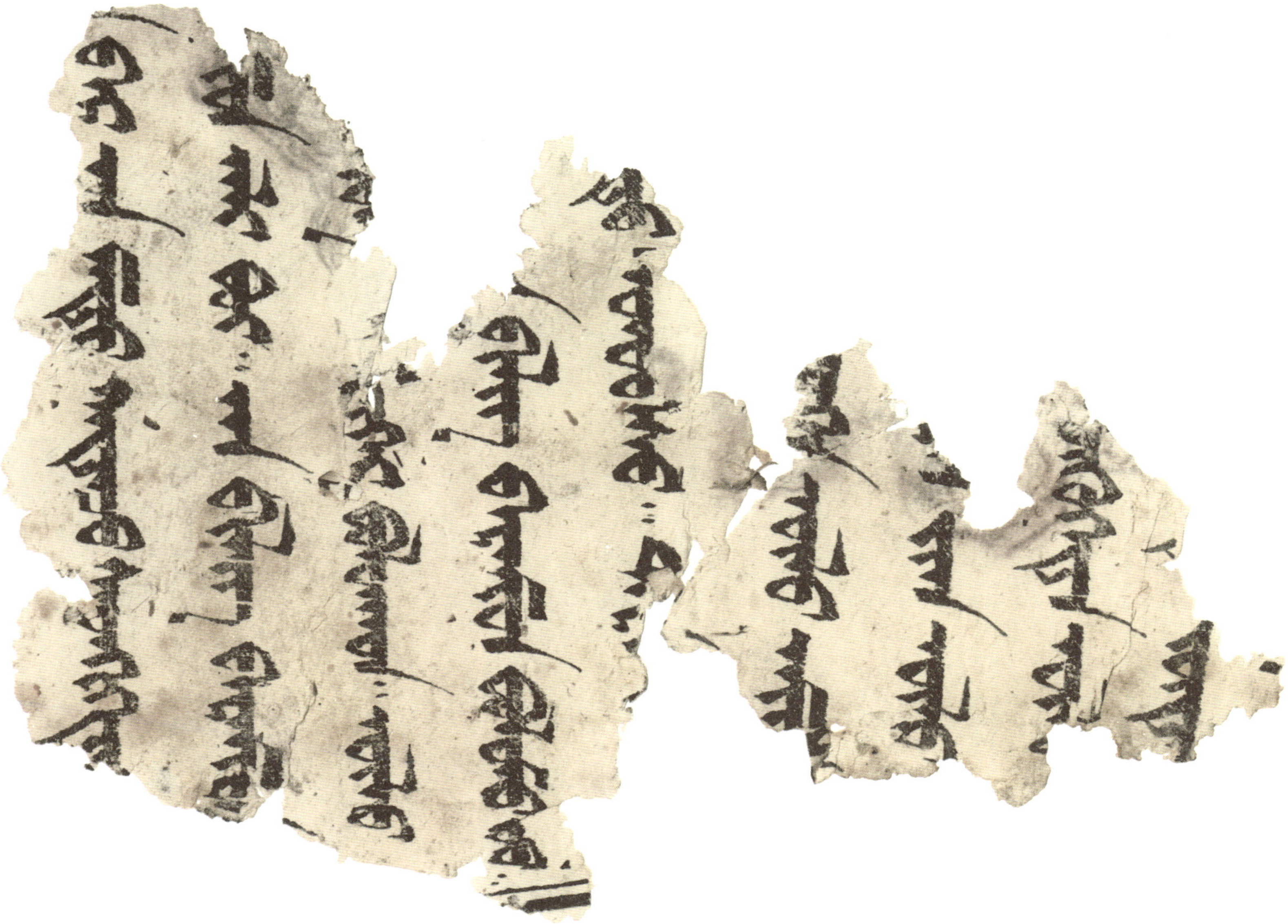

（二八四）殘件　**M1·284［無號025反］**　尺寸：14.8cm×10.9cm（縮放比例：142%）

（二八五）殘件　**M1·285［無號025正］**　尺寸：14.8cm×10.9cm（縮放比例：142%）

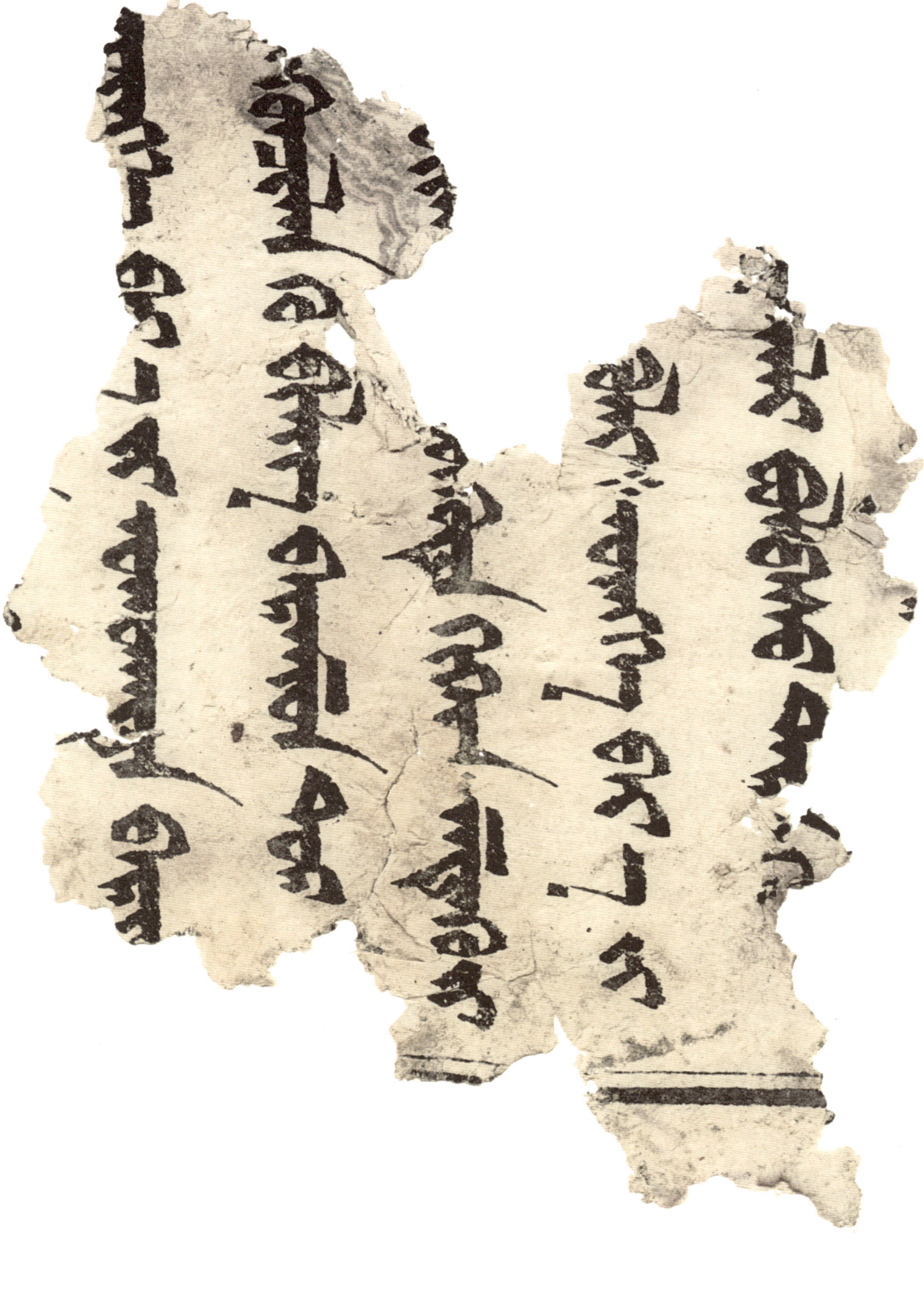

（二八六）殘件　**M1·286［無號026反］**　尺寸：12.3cm×8.9cm（縮放比例：195%）

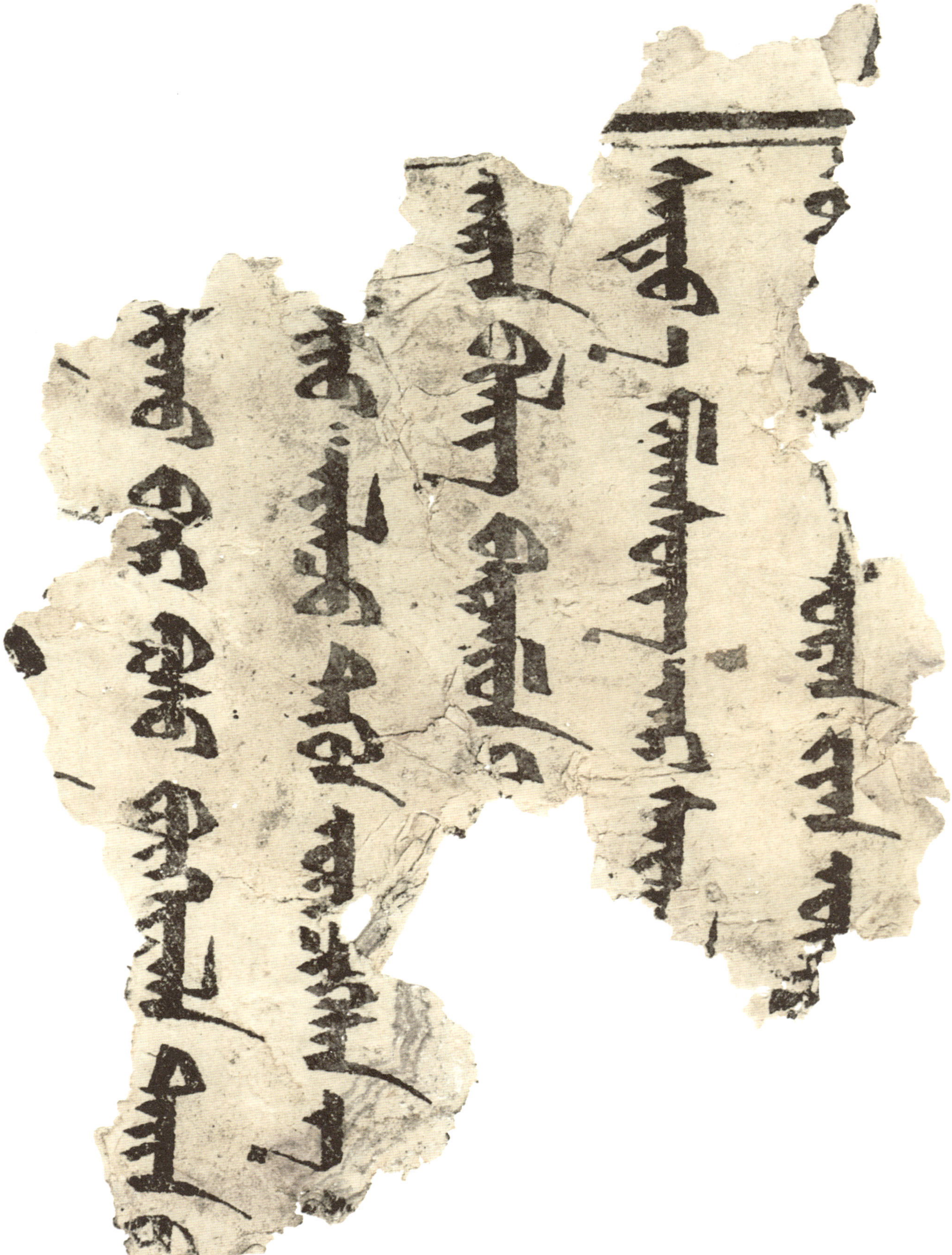

（二八七）殘件　M1·287［無號026正］　尺寸：12.3cm×8.9cm（縮放比例：195%）

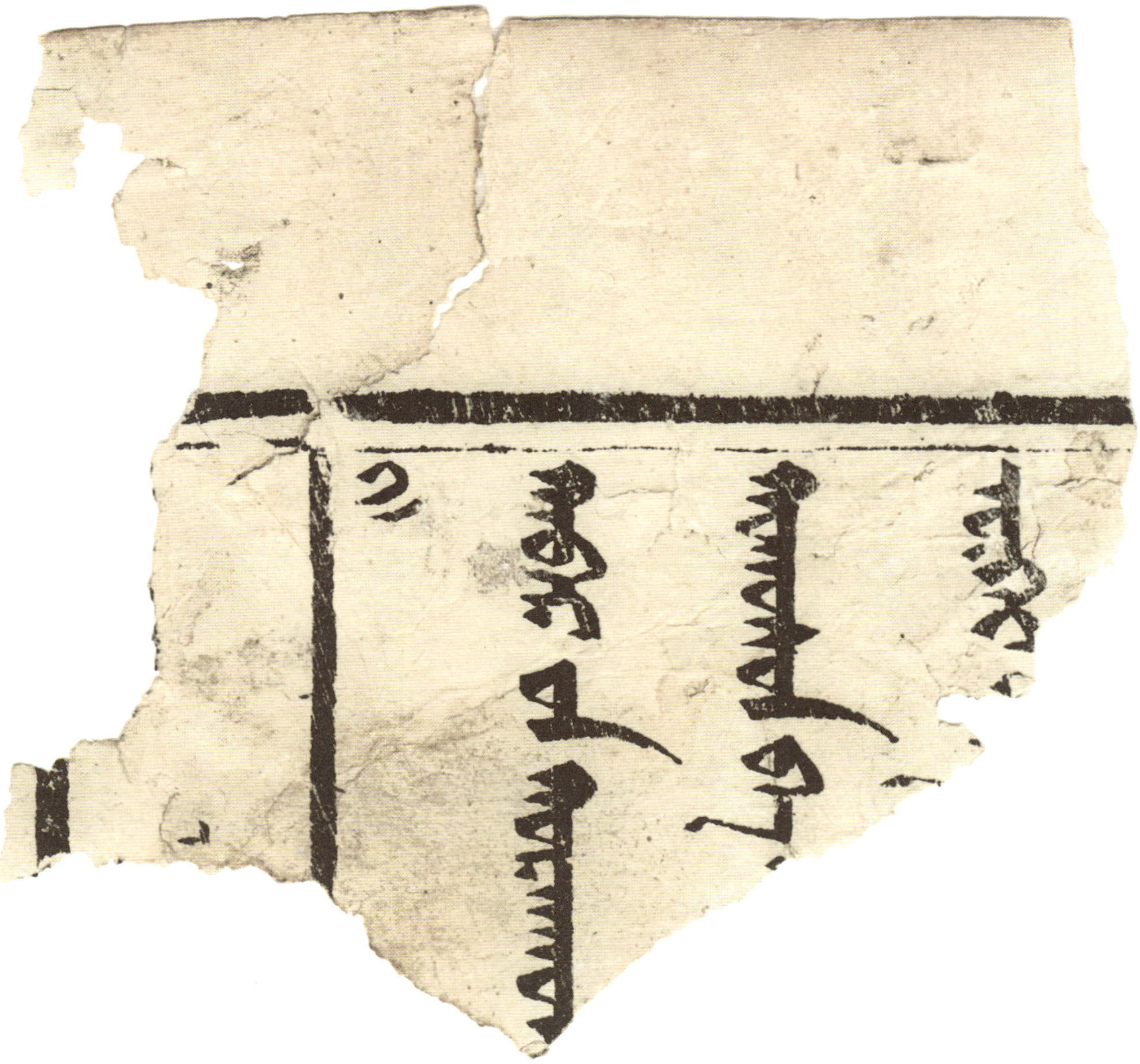

（二八八）殘件　**M1·288［無號027反］**　尺寸：8.5cm×8.2cm（縮放比例：200%）

（二八九）殘件 **M1·289**［**無號027正**］ 尺寸：8.5cm×8.2cm（縮放比例：200%）

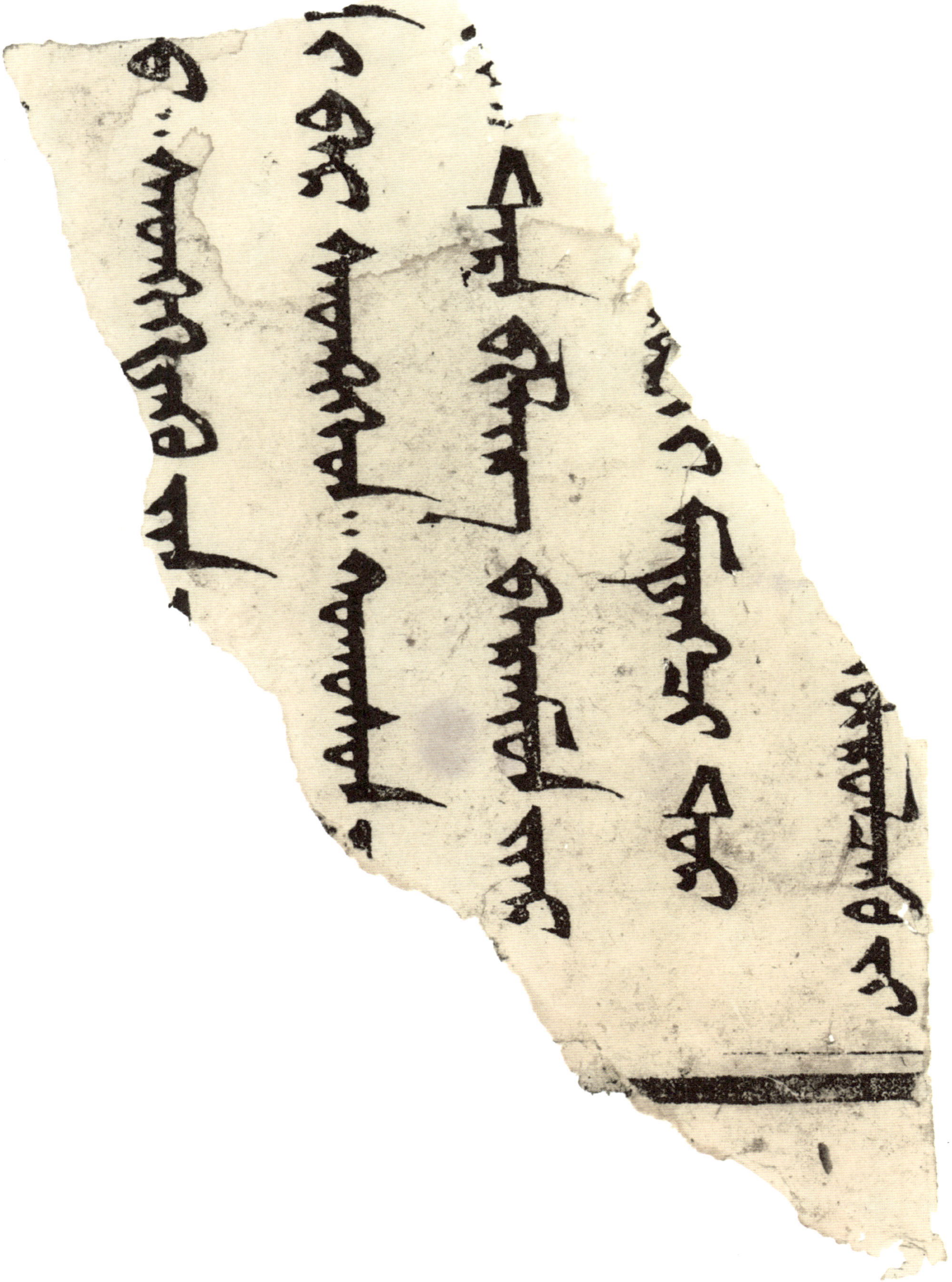

（二九〇）殘件　**M1·290**［**無號022反**］　尺寸：13.3cm×9.5cm（縮放比例：180%）

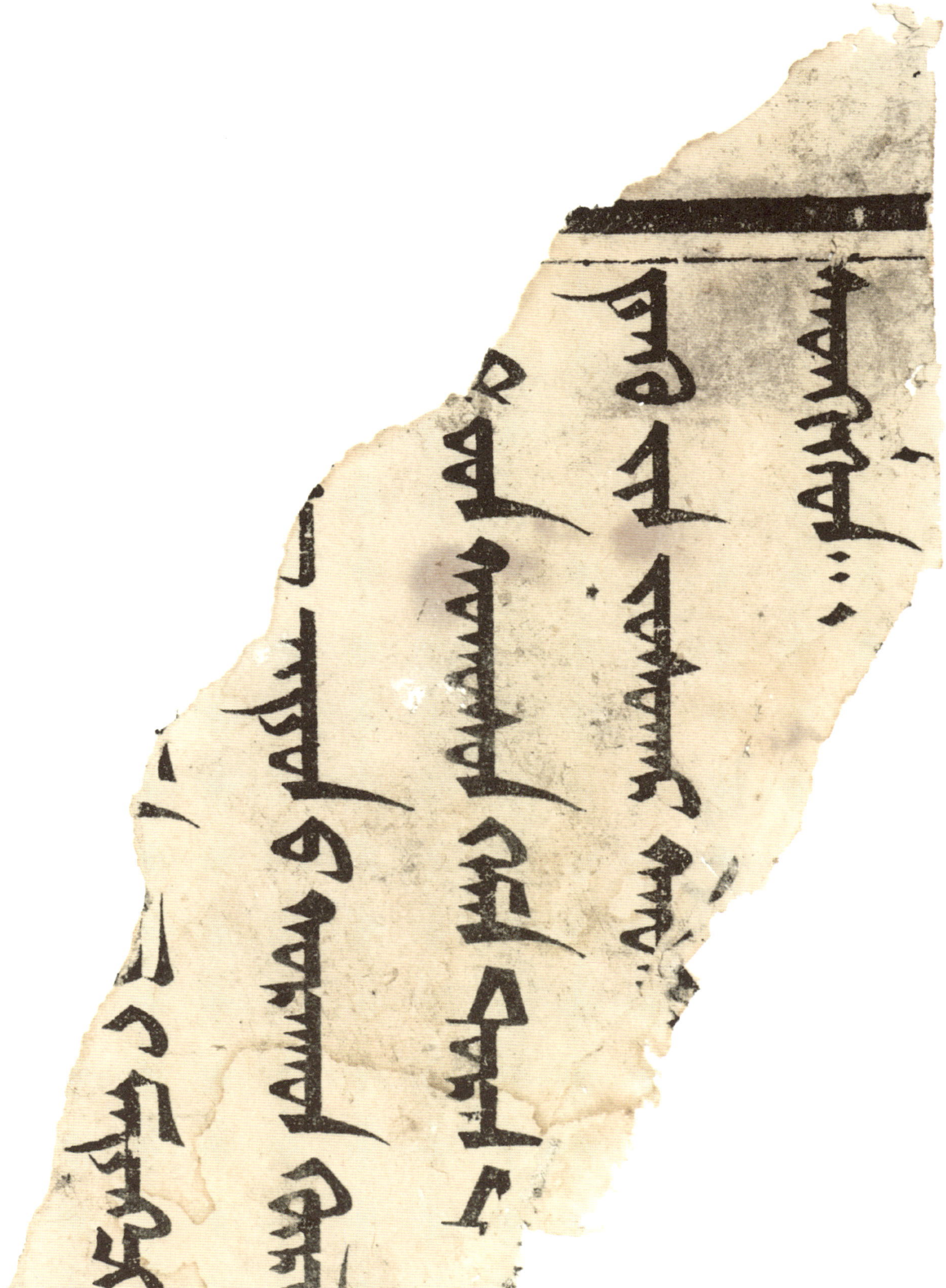

（二九一）殘件　**M1·291［無號022正］**　尺寸：13.3cm×9.5cm（縮放比例：180%）

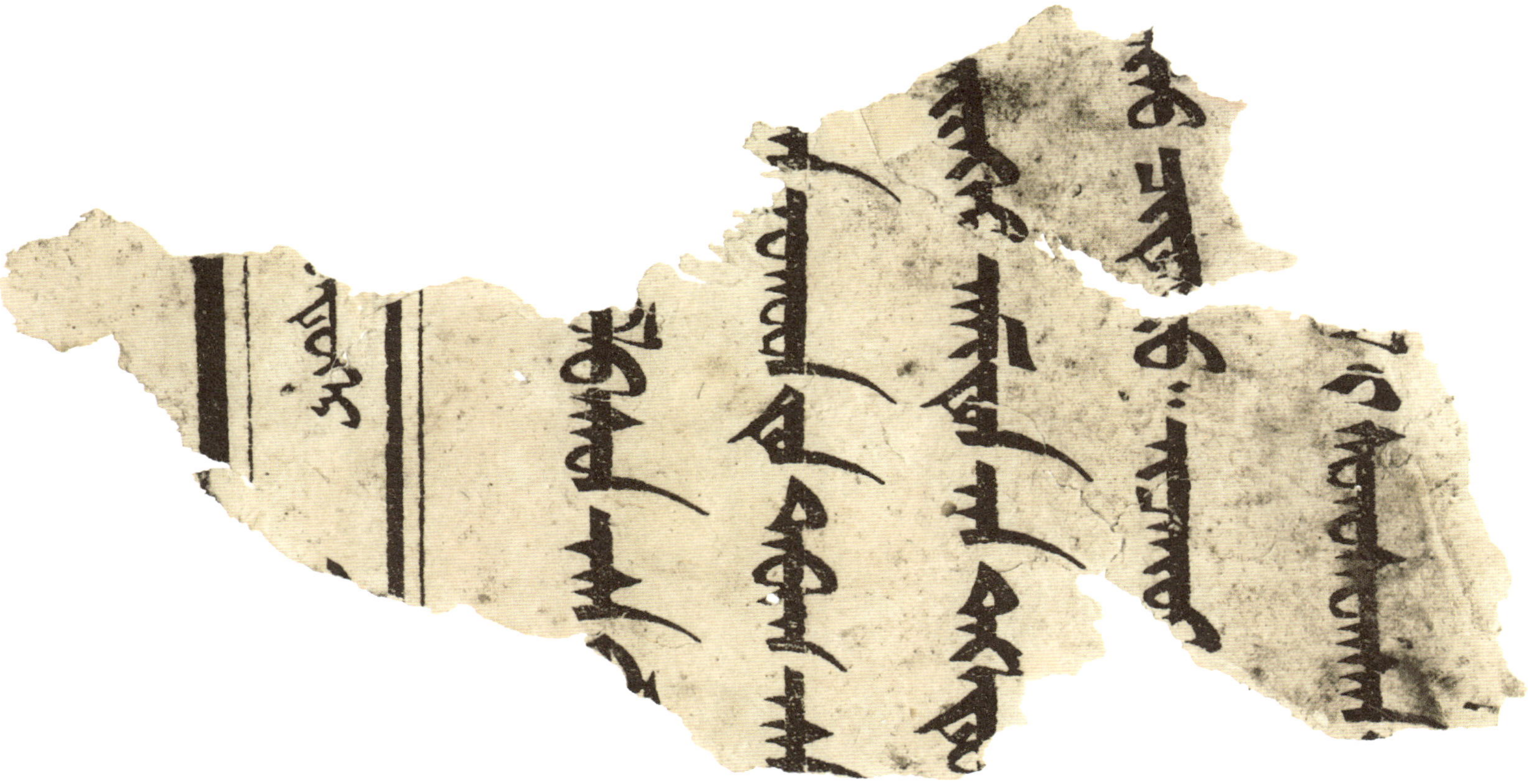

（二九二）殘件　**M1·292［無號023反］**　尺寸：14.2cm×7.5cm（縮放比例：148%）

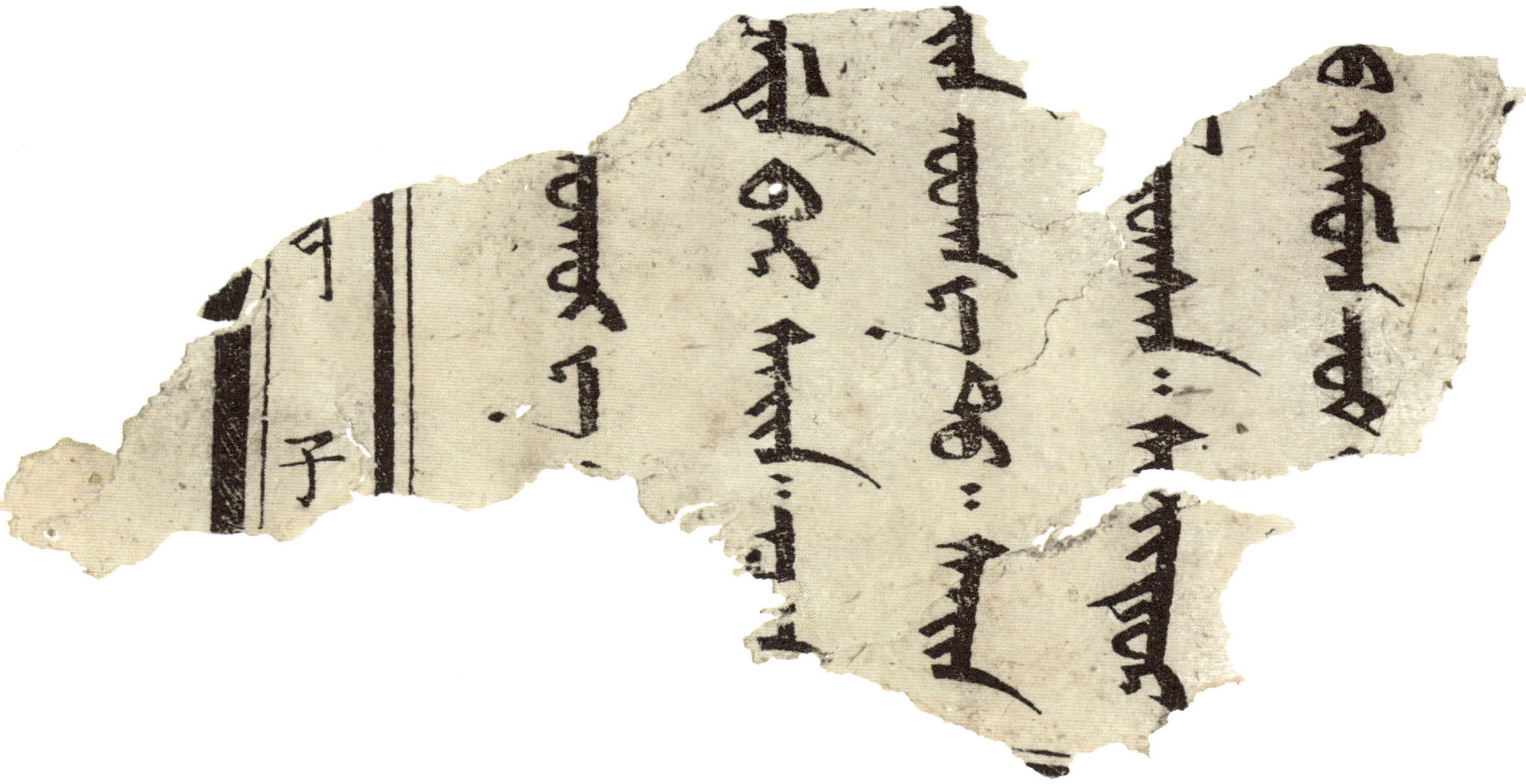

（二九三）殘件　**M1·293［無號023正］**　尺寸：14.2cm×7.5cm（縮放比例：148%）

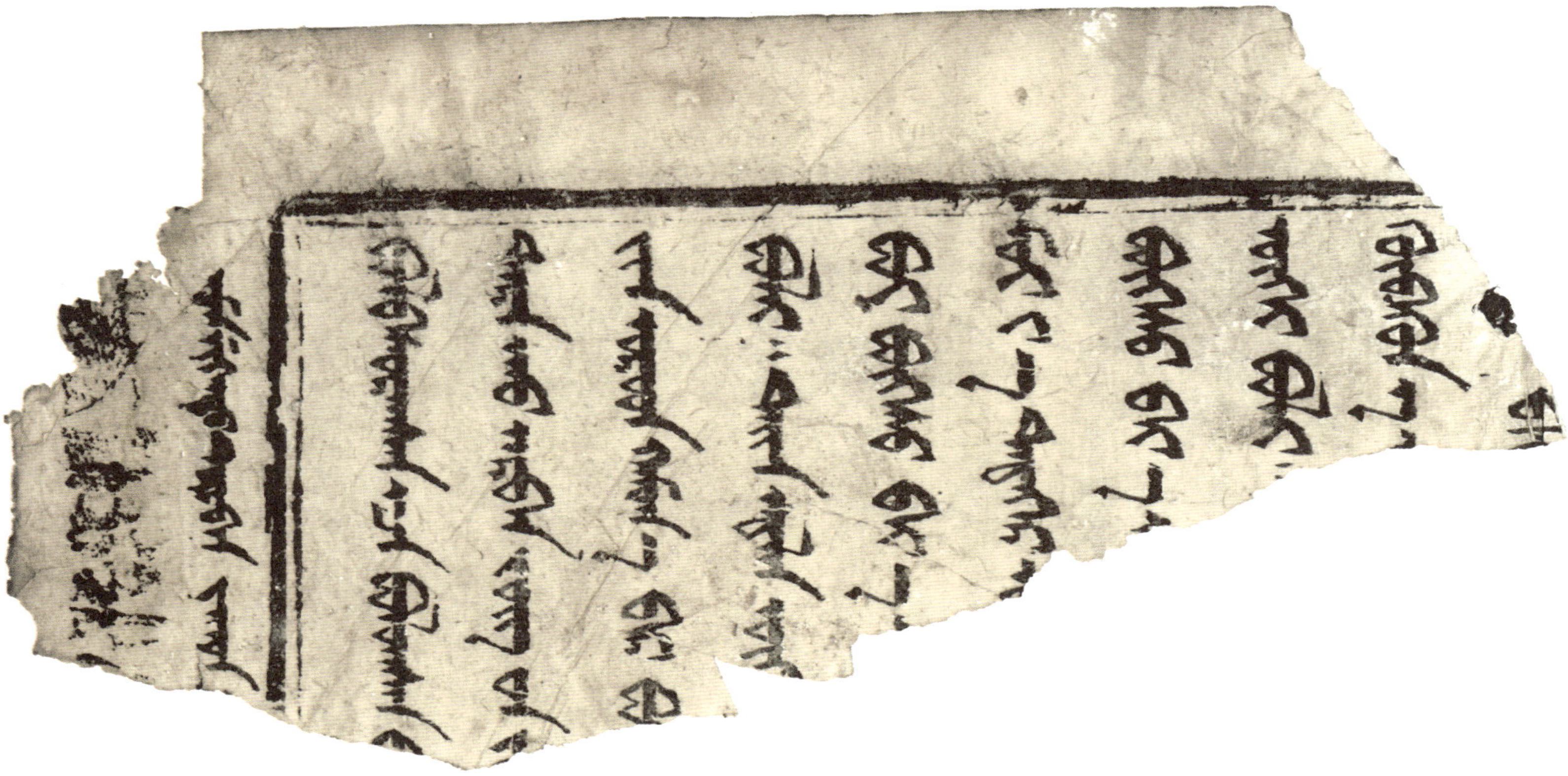

（二九四）殘件　M1·294［無號021反］　尺寸：14.3cm×7.4cm（縮放比例：147%）

（二九五）殘件　**M1·295［無號021正］**　尺寸：14.3cm×7.4cm（縮放比例：147%）

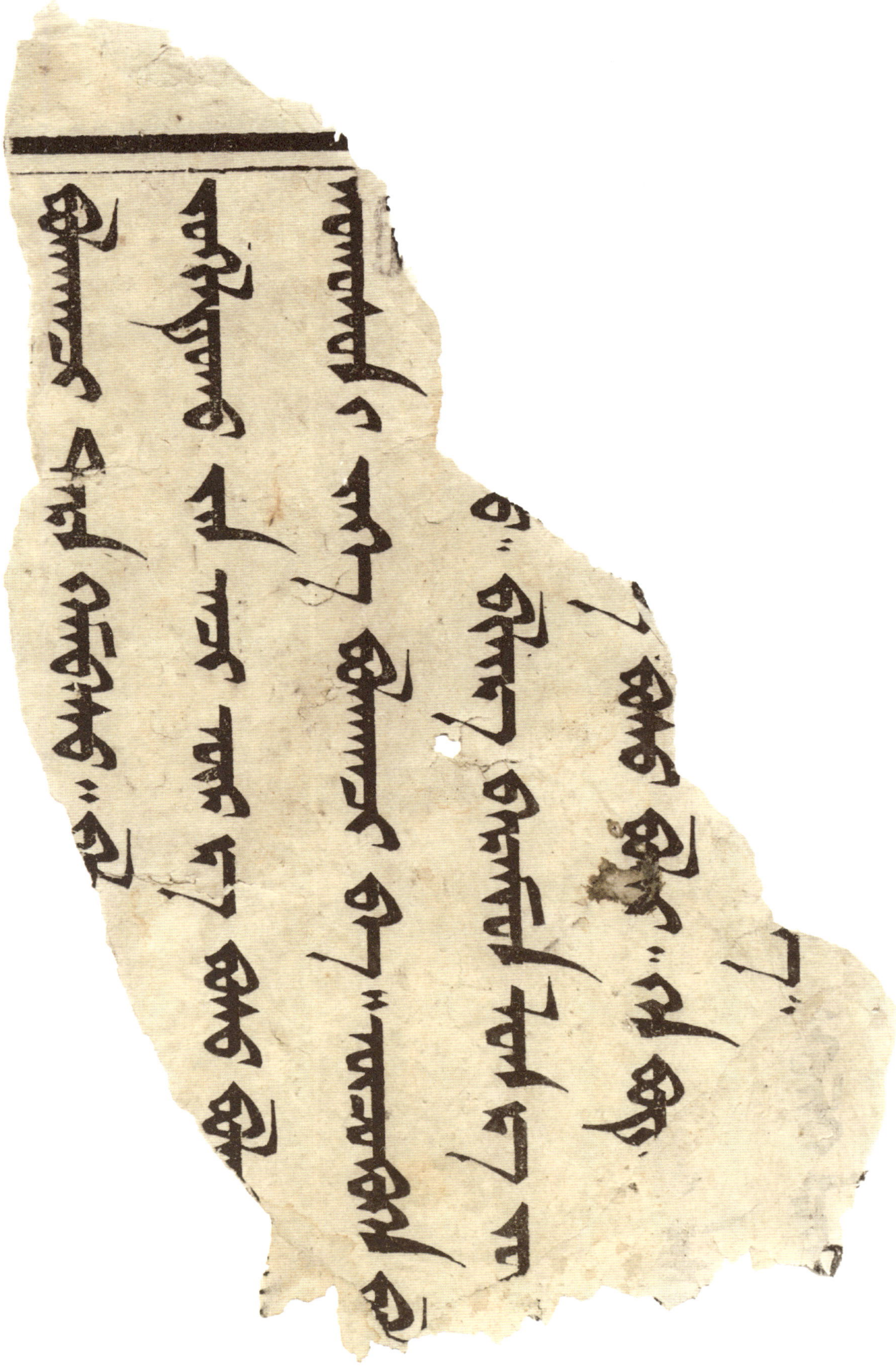

（二九六）殘件　M1·296［無號018反］　尺寸：15.6cm×10.6cm（縮放比例：154%）

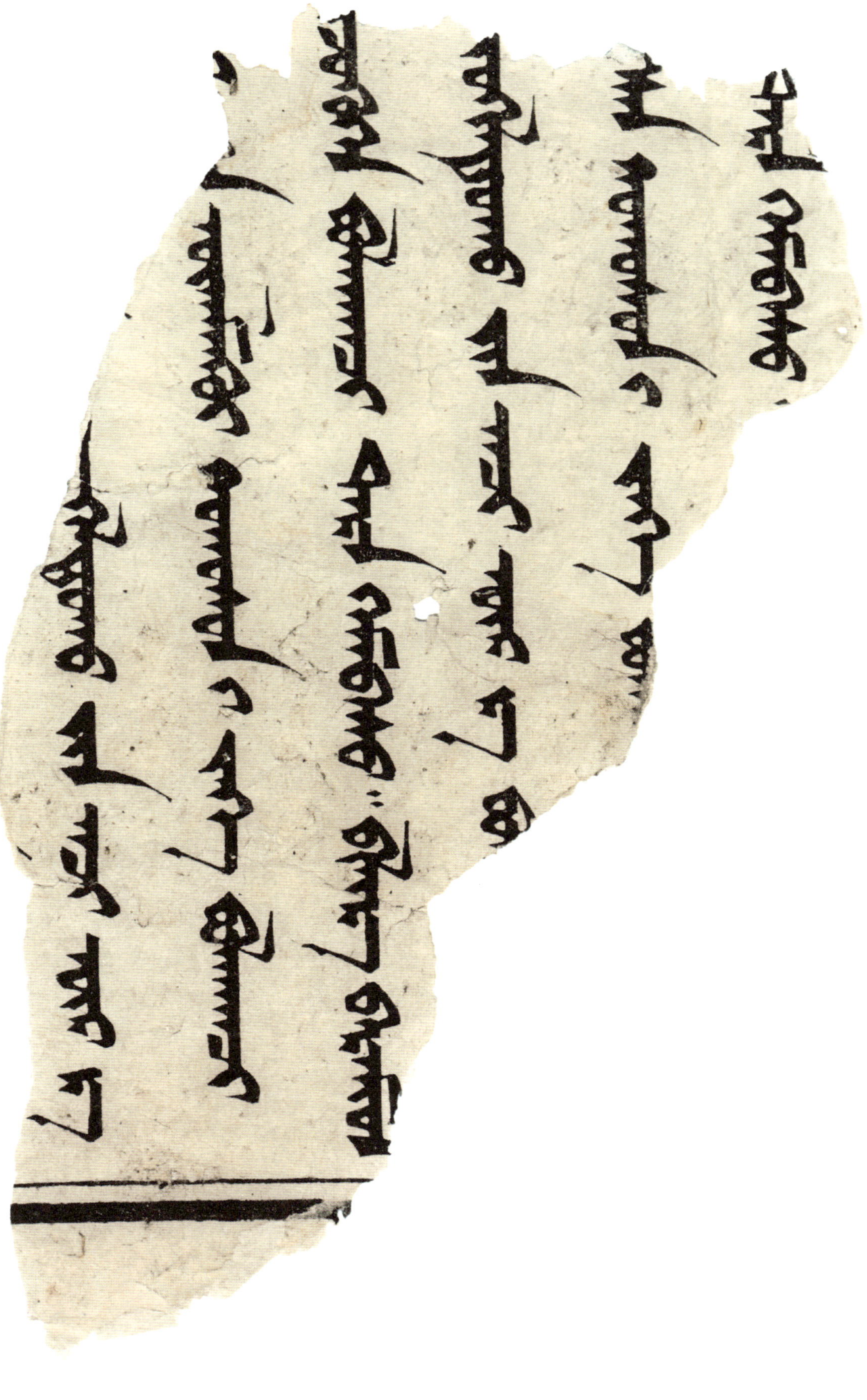

（二九七）殘件　**M1·297**［**無號018正**］　尺寸：15.6cm×10.6cm（縮放比例：154%）

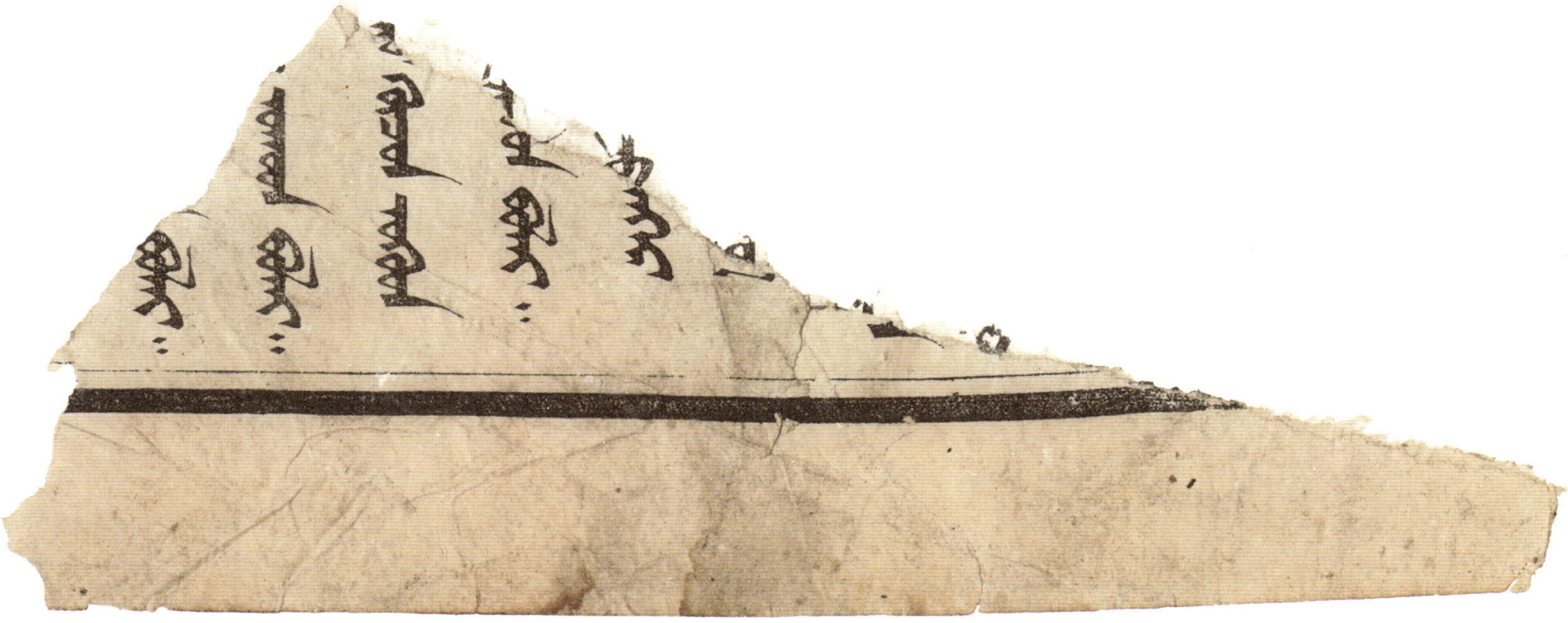

（二九八）殘件　**M1·298［無號019反］**　尺寸：21.3cm×9cm（縮放比例：99%）

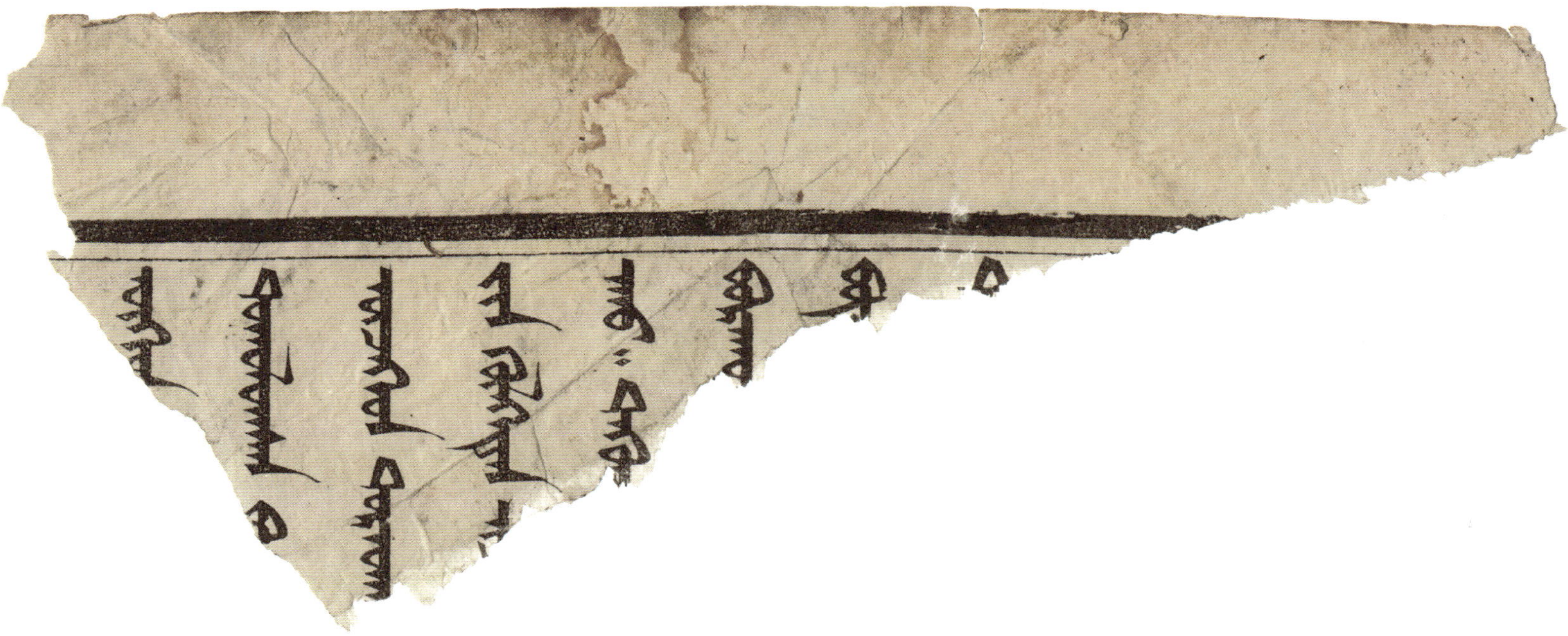

（二九九）殘件　**M1·299［無號019正］**　尺寸：21.3cm×9cm（縮放比例：99%）

（三〇〇）殘件　**M1·300［無號017反］**　尺寸：11.9cm×10cm（縮放比例：197%）

（三〇一）殘件　M1·301［無號017正］　尺寸：11.9cm×10cm（縮放比例：197%）

（三〇二）殘件　**M1 · 302**［**無號016反**］　尺寸：23.7cm×14.7cm（縮放比例：101%）

（三〇三）殘件　**M1·303**［**無號016正**］　尺寸：23.7cm×14.7cm（縮放比例：101%）

（三〇四）殘件　**M1·304［無號007反］**　尺寸：15.9cm×15.7cm（縮放比例：134%）

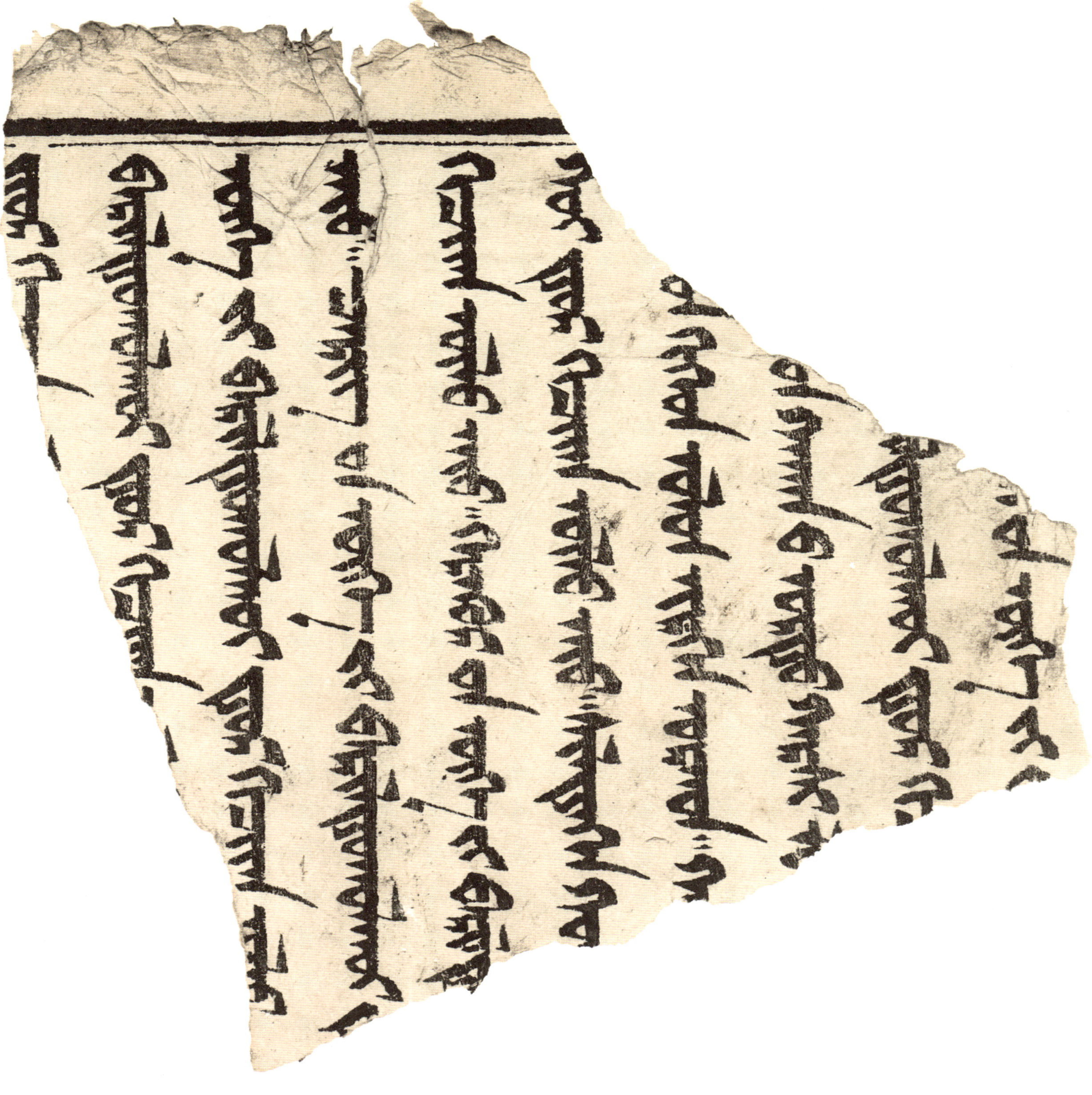

（三〇五）殘件　**M1·305［無號007正］**　尺寸：15.9cm×15.7cm（縮放比例：134%）